COLLECTION
FOLIO CLASSIQUE

Voltaire

Lettres philosophiques

Édition présentée,
établie et annotée par
Frédéric Deloffre
Professeur
à l'Université de Paris-Sorbonne

Gallimard

PRÉFACE

Une machine de guerre philosophique

Qui cherche les Lettres philosophiques *dans les grandes collections des œuvres de Voltaire depuis la fameuse édition de Kehl, procurée par Beaumarchais à partir de 1784, éprouve une surprise de taille : il ne les trouve pas. Ont-elles jamais existé, ou les a-t-on fait disparaître ? En fait, en même temps qu'elles étaient dispersées dans un* Dictionnaire philosophique *à leur place alphabétique (articles « Newton », « Pope » « Quakers »...), elles semblent s'être multipliées de façon monstrueuse : il y avait vingt-cinq lettres, il y a maintenant six cents articles ; les* Lettres philosophiques *sont devenues l'archétype de toute l'œuvre militante de Voltaire, pendant une cinquantaine d'années.*

Pourtant, les Lettres philosophiques *n'ont rien d'un* patchwork ; *elles constituent un ensemble dont l'unité, de fond comme de ton, est frappante. D'abord, elles sont « anglaises », tant selon le titre même des premières éditions publiées que selon la façon dont Voltaire lui-même les désigne longtemps, car ce n'est que petit à petit que le terme* philosophique(s) *apparaît sous sa plume (« les lettres philosophiques, politiques, critiques, poétiques, hérétiques et diaboliques... », à Formont, vers le 15 août 1733 ; « ces lettres ont paru seulement philosophiques aux lecteurs de Londres... », à Vernet, le 14 septembre 1733 ; « mes* Lettres anglaises, *un peu trop philosophiques... », à Maupertuis, janvier 1734).*

Anglaises et philosophiques, en effet, au sens que ce mot possède au XVIIIe siècle. Le motif fondamental est la tolérance, présenté page après page, sinon de façon théorique, au moins par quelque leçon pratique. Mais Voltaire vise un but plus caché et plus important à ses yeux : il s'agit pour lui de créer dans l'opinion un état d'indifférence, voire de mépris à l'égard de la religion, en suggérant que l'incrédulité l'emporte sur la « superstition » dans tous les domaines, non seulement intellectuel (celui qui intéressait Bayle), juridique (celui que visait Locke), mais aussi politique et social. Dans cette perspective, la composition des Lettres philosophiques s'éclaire. Les lettres sur les quakers sont une première atteinte portée au dogme et au culte chrétiens et surtout catholiques. Parmi celles-ci, la troisième, sur George Fox, rappelle implicitement que le christianisme a été créé par un « enthousiaste », un homme « saintement fou » ; et la quatrième complète la leçon : en portant en Amérique la liberté de conscience, Penn y a porté le bonheur. Le pacte avec les sauvages est le seul à ne pas avoir reçu de consécration religieuse (serment) et le seul à avoir été respecté. La cinquième lettre, « Sur la religion anglicane », permet à la fois d'attaquer le clergé français (les prêtres anglicans sont « plus réglés » ; en Angleterre il n'y a pas d'abbés) et de prêcher par l'exemple l'abaissement du pouvoir de l'Église. Dans la sixième, « Sur les presbytériens », il donne aux dissidents la parole pour leur permettre d'évoquer « la prostituée de Babylone » à propos des Églises « où quelques ecclésiastiques sont assez heureux pour avoir cinquante mille livres de rente, et où le peuple est assez bon pour le souffrir » ; mais il les abandonne pour célébrer les vertus économiques de l'indifférentisme et, en attendant, de la multiplicité des religions. Enfin, la septième, « Sur les sociniens, ou ariens, ou antitrinitaires », présente l'image positive d'un déisme indifférent à tous les dogmes.

Les lettres VIII, « Sur le parlement », IX, « Sur le

gouvernement », X, « Sur le commerce », proposent le tableau d'un gouvernement où le « roi par la grâce de Dieu » est remplacé par un « roi par la grâce de la raison », avec les avantages qui en résultent pour l'État.

Un troisième groupe de lettres (XI, « Sur l'insertion de la petite vérole »; XII, « Sur le chancelier Bacon »; XIII, « Sur M. Locke »; XIV, « Sur Descartes et Newton »; XV, « Sur le système de l'Attraction »; XVI, « Sur l'optique de M. Newton »; XVII, « Sur l'infini et sur la chronologie ») donne, en allant du plus concret (la médecine) au plus abstrait (l'infini), l'exemple de ce que peut une pensée dégagée de toute « superstition », qui remplace le « roman » de l'âme par son « histoire ».

Certes, le quatrième groupe de lettres, relatif à la littérature (XVIII, « Sur la tragédie »; XIX, « Sur la comédie ») et aux rapports entre la littérature et la société en Angleterre (XX, « Sur les seigneurs qui cultivent les lettres »; XXI, « Sur le comte de Rochester et M. Waller »; XXII, « Sur M. Pope et quelques autres poètes fameux »; XXIII, « Sur la considération qu'on doit aux gens de lettres »; XXIV, « Sur les académies »), ne se rattache pas à première vue au projet défini plus haut. Mais, outre que ces aperçus littéraires ne pouvaient pas ne pas figurer dans un tableau de l'Angleterre tracé par un homme de lettres comme Voltaire, celui-ci ne manque jamais de les utiliser à ses fins. Les auteurs du Dictionnaire antiphilosophique (1767) avaient certes raison d'observer : « Si l'auteur traduit quelques morceaux des écrivains anglais, il choisit toujours ceux qui sont le plus favorables à l'indépendance et à l'incrédulité, et l'estime qu'il en fait est toujours proportionnel à l'excès de leur licence. » Mais ils ne vont pas assez loin; on verra par les notes à la traduction du monologue de Hamlet ou des vers de Milord Hervey que Voltaire y introduit des pointes antichrétiennes qui ne s'y trouvaient pas. Du reste, tout ce tableau de l'Angleterre littéraire est destiné à faire apparaître, par contre-épreuve, les handicaps dont *souffrent les lettres en France, manque de vues audacieuses faute de liberté, formalisme et étroitesse faute d'un contact avec les forces vives de la nation. Enfin, dans la perspective d'une lutte pour l'indifférence en matière de religion, condition de la prospérité civile, la XXV*[e] *lettre, « Sur les* Pensées *de M. Pascal », ne se trouve pas seulement justifiée, elle apporte, de façon géniale, à la fois une clé de l'ouvrage et son indispensable couronnement.*

Une mésaventure profitable

Les Lettres philosophiques *ne sont pas seulement une machine de guerre philosophique bien réglée, un arsenal dans lequel Voltaire n'eut plus qu'à puiser des armes pour toutes ses luttes ultérieures : c'est aussi le témoignage d'une expérience vivement ressentie, et qui devait le marquer à jamais. Cette expérience qui fut l'occasion proche de la conception des* Lettres philosophiques, *on la devine grâce à un couplet anonyme (1736) qui fait parler Voltaire :*

Paris qui m'a vu naître
Me laisse sans éclat,
Et ma manie est d'être
Un ministre d'État,
Des Finances le maître,
Au moins ambassadeur
Comme feu Prieur.

Effectivement, l'ambition politique a, sans doute, été chez lui aussi vive que l'ambition littéraire. Avant de lui suggérer diverses prises de position dans sa vieillesse, par exemple lors des tentatives de Maupeou pour réformer l'administration de la justice, elle lui inspire dans sa jeunesse bien des démarches plus ou moins opportunes.

Fils de notaire, il n'est pas encore de la classe qui peut logiquement prétendre aux premières dignités : il y manque une génération. Pourtant, dès le collège Louis-le-Grand, il noue de solides amitiés avec des personnages qui deviendront considérables. Ses études de droit lui fournissent ensuite le bagage nécessaire pour entrer dans la magistrature, chemin naturel, dans son cas, à de plus hautes fonctions. Au Temple, il fréquente les Vendôme, qui rentreront en grâce après la mort de Louis XIV, et par eux bien d'autres grands seigneurs. A dix-neuf ans, en 1713, il est à La Haye comme secrétaire de l'ambassadeur de France : ce n'est pas la faute du système si sa liaison avec « Pimpette », Olympe Dunoyer, fille d'une aventurière, l'entraîne dans des démarches qui aboutissent à son retour précipité en France et provoquent la colère de son père. En 1718, le triomphe de sa tragédie d'Œdipe lui assure les faveurs du Régent, qu'il a pourtant cruellement attaqué dans ses vers, et un peu plus tard, sans doute en 1722, une pension du roi de deux mille livres. A l'âge de vingt-sept ans, il peut déjà songer à entrer à l'Académie. Un peu plus tard, il ménage le mariage de « son héros », le duc de Richelieu, futur maréchal de France, avec une descendante de la fameuse maison des Guise. En 1722, il hériterait de sa part du bien considérable de son père si, en raison des précautions prises par celui-ci pour empêcher qu'il ne le dilapide, il ne devait pas attendre l'année 1730 pour en disposer.

Déjà le jeune Voltaire songe, fait remarquable à l'époque, à pousser les jalons vers l'étranger. Il rencontre Bolingbroke, leader du parti tory, réfugié en France après la mort de la reine Anne (1714). En 1719, il lit des passages de La Ligue à l'ambassadeur Stair, qui apprécie les sentiments pro-anglais de l'auteur. Peut-être sur les conseils de Stair, Voltaire envoie à George Ier un exemplaire d'Œdipe, accompagné d'un poème flatteur : le roi l'en remercie par l'envoi d'une médaille d'or et d'une montre à répétition. Il ne néglige pas l'Autriche.

Par l'intermédiaire du poète Jean-Baptiste Rousseau, auquel il a rendu visite à Bruxelles en 1722, il se fait connaître de l'impératrice douairière Amélie et du fameux prince Eugène. Mais voici plus curieux. Goertz, ministre du roi de Suède, a de vastes projets de bouleversement européen : ils n'aboutiraient pas à moins qu'à restaurer le prétendant Stuart en Hanovre, à chasser de Paris le Régent au profit du roi d'Espagne, etc. Si, comme Voltaire lui-même l'expose dans son Histoire de Charles XII *et dans l'*Histoire de l'empire de Russie sous Pierre le Grand, *Goertz s'adresse à lui pour lui proposer d'être un de ses agents, c'est, bien sûr, qu'il a des raisons de le tenir pour un homme susceptible d'entrer dans de telles intrigues. Il est vrai que Voltaire a la sagesse de refuser, mais l'épisode lui donne des idées. Il fait la cour à Dubois, qu'il n'hésite pas à comparer au cardinal de Richelieu ; et bientôt il lui offre ses services d'agent secret à Vienne, pourvu qu'on le défraie ; il se dit prêt à y remplacer un certain Samuel Lévi, et se fait fort de faire mieux que « ce juif ». Si la chose n'aboutit pas, c'est seulement que Dubois se méfie d'un candidat trop remuant.*

Parallèlement, Voltaire mène de fructueuses opérations financières. Il se sert de ses relations avec les gens en place pour obtenir des marchés pour les traitants de ses amis, les Bernières notamment, qui lui ristournent une forte part des bénéfices escomptés. Par une habile combinaison, il gagne de grosses sommes à la loterie. Avant d'entrer en possession de son héritage, avant même de gagner cent cinquante mille livres dans la souscription anglaise de La Henriade, *il est en état de prêter de l'argent à de très hauts personnages.*

Ses ambitions prennent un tour plus honorable avec l'œuvre qui fait de lui le poète épique qui manquait à la France, La Ligue *(1723). Il avait songé à la dédier au jeune roi, qui venait d'atteindre sa majorité légale de douze ans. Un* Discours au roi, *en tête de l'ouvrage, devait proposer au jeune prince le modèle de son ancêtre Henri IV. On peut croire que Fleury sentit et fit sentir à son élève que Voltaire s'érigeait en précepteur, rôle qui ne lui convenait guère. La dédicace fut refusée ; des attaques contre le pape empêchèrent même que l'ouvrage n'obtînt permission et privilège, et il fut imprimé et distribué de façon clandestine, non sans la tolérance des autorités. Voltaire avait pris soin d'y faire intervenir en des rôles flatteurs Louis XV, le Régent, Villars, le prince Eugène, sans compter ceux qui disparurent des éditions ultérieures, soit qu'ils n'eussent plus d'intérêt (Mme de Prie), soit qu'ils eussent trahi les espoirs que Voltaire mettait en eux : le duc de Sully, compagnon de Henri IV, fut ainsi remplacé systématiquement par Mornay après que le duc eut abandonné l'écrivain dans l'affaire Rohan. Surtout, Voltaire utilise le magistère poétique pour donner au jeune roi et à ses ministres des leçons de politique et de tolérance.*

Elles auraient été mieux reçues si Voltaire n'avait en même temps fait ce qu'il fallait pour disqualifier celui qui les donnait. Les pères jésuites de Louis-le-Grand, grands experts en la matière, l'avaient déjà jugé « Puer ingeniosus, sed insignis nebulo », *« un enfant très doué, mais un insigne vaurien ». Comme pour leur donner raison, Voltaire n'avait pas résisté à l'envie d'écrire contre le Régent des vers satiriques d'une extrême violence, qui lui avaient déjà valu un séjour à la Bastille. Il n'évite pas non plus les querelles où son insolence éclate. Le comédien Poisson s'était moqué de Mlle de Livry, une maîtresse à qui Voltaire avait fait donner le premier rôle dans une reprise d'*Œdipe *en 1719, et qui y échoua : « Le succès de l'auteur, avait dit Poisson, n'a point passé à celle qu'il honorait de sa couche. » Voltaire se déchaîne, parle de le faire bâtonner. Poisson l'attend à la porte de la Comédie et lui propose un duel. Voltaire refuse, « un homme de sa condition ne se bat pas avec un comédien ». A son tour Poisson le menace du bâton* *s'il refuse le duel. Le lendemain, Voltaire se rend au domicile de son adversaire, accompagné de deux mauvais garçons et avec des pistolets dans ses poches. Poisson, méfiant, refuse de descendre. Il faut encore que Voltaire aille se plaindre à la justice et obtienne que son adversaire soit jeté, symboliquement, en prison. Étonnante préfiguration de ce qui allait lui arriver à lui-même quelques années plus tard avec le chevalier de Rohan.*

En 1725-1726, Voltaire est au comble de la faveur. Courtisan fort bien introduit, il vient de dédier à la marquise de Prie, maîtresse du Premier ministre, le duc de Bourbon, sa comédie de L'Indiscret. *Grâce à elle, il est à Versailles lorsque le roi annonce qu'il va épouser la princesse de Pologne. Il y est aussi, dans un appartement loué à la marquise, le jour des noces (5 septembre 1725). Il a même préparé le divertissement, qui lui sera payé, quoique au dernier moment on joue Molière au lieu de Voltaire. Et cela ne l'empêchera pas de gagner en peu de temps les bonnes grâces de la nouvelle reine en lui dédiant sa tragédie de* Mariamne. *Reconnaissante, elle l'appelle « mon pauvre Voltaire » et lui assure une pension de mille cinq cents livres sur sa cassette. Mais ce n'est pour lui qu'un acheminement vers le but qu'il s'est fixé : obtenir une charge qui l'attache à la cour.*

Survient, hélas ! l'affaire. A deux reprises, à l'Opéra et à la Comédie, Voltaire se prend de querelle avec le chevalier de Rohan-Chabot, « son meilleur ami », disent certains. Rohan lui a demandé s'il fallait l'appeler Arouet ou Voltaire. Celui-ci finit par lui dire qu'il commençait son nom alors que le chevalier terminait le sien. Rohan leva sa canne, puis se ravisa. Comme le dit un brevet du fameux « régiment de la Calotte », « Il le fit battre par autrui. N'ayant lui-même osé le faire. » Un jour que Voltaire est chez le duc de Sully, où il s'est rendu sur une invitation contrefaite, un laquais vient lui dire qu'on l'attend à la porte. Oubliant qu'il s'est lui-même servi de cette ruse, Voltaire descend et se fait bâtonner par les gens de Rohan, en présence de celui-ci, qui recommande seulement de ne pas le frapper à la tête et qui donne l'ordre d'arrêter quand il juge la punition suffisante. Incontestablement, Rohan a tous les torts. Comme le remarquait Montesquieu, qui n'aimait pas Voltaire, le fait que Rohan se dise infirme n'excuse pas sa conduite : « Les coups de bâton se donnent et ne s'envoient pas. »

En la circonstance, Voltaire eut sans doute le tort de vouloir se conduire non en simple particulier, mais en gentilhomme. Ses amis, le duc de Sully, la marquise de Prie, la reine, le plaignent mais n'interviennent pas. Le ministre Maurepas se contente de donner l'ordre d'arrêter les sbires de Rohan, mais de ne pas toucher au chevalier. Au lieu de porter plainte — et devant une juridiction parisienne, un bourgeois de Paris n'était pas forcément victime d'un déni de justice en plaidant contre un grand seigneur breton — Voltaire veut forcer le chevalier au duel : celui-ci se tient à l'abri de toute provocation. Voltaire s'installe chez un maître d'armes, s'entraîne à l'épée, au pistolet. Surveillé par la police, il change de domicile, engage des « coupe-jarrets » et va avec eux jusqu'à la porte du chevalier de Rohan : en vain. Dénoncé à la police, il est arrêté dans la nuit du 17 au 18 avril 1726 ; on trouve sur lui une forte somme en or et des pistolets de poche. On le met à la Bastille, où il reçoit force visites et se fait apporter un guide et un dictionnaire anglais. Mais déjà l'ordre de le libérer est arrivé. Il a offert de partir pour l'Angleterre : on le prend au mot. Avant même que l'affaire éclate, il avait demandé à des banquiers, les d'Acosta, juifs portugais établis à Londres, de transférer pour lui en Angleterre des sommes importantes. Depuis décembre 1725 il pensait en effet aller à Londres pour y faire imprimer sa Henriade *par souscription. Au début de mai 1726, il s'embarque à Calais.*

Observons que le fait important n'est pas tant le voyage que la situation d'esprit qui est celle de Voltaire quand il l'entreprend. Non qu'il ait été véritablement *persécuté : pendant ses douze jours à la Bastille, il y reçut, sur l'ordre des autorités, « tous les agréments possibles » ; le ministre des Affaires étrangères, Morville, va jusqu'à le recommander en Angleterre par l'intermédiaire de l'ambassadeur auprès des ministres whigs. Mais ses espoirs de faire une brillante carrière à la cour sont pour longtemps évanouis. Pis, les coups de bâton qu'il a reçus l'ont déconsidéré : un brevet du régiment de la Calotte l'a nommé « Grand bâtonnier du régiment, / Inspecteur et surintendant / Des coups de bâtons et de gaules / Dont on chargera les épaules / Des satiriques et faquins ». Son malheureux destin paraît au public un juste retour des « insolences » qu'il n'a pas ménagées tant à ses inférieurs qu'aux puissants. Ce n'est pas en homme de lettres désireux d'élargir ses horizons, ce n'est même pas en victime de l'absolutisme qu'il arrive en Angleterre, c'est en courtisan déçu dans ses ambitions, d'autant plus affligé que ses banquiers ont fait faillite et que le roi d'Angleterre doit l'aider de ses deniers. Ce n'est pas un hasard si Voltaire refuse les offres obligeantes des Bolingbroke de le loger, pour accepter seulement celles d'un riche marchand qui habite hors de la ville, à Wandsworth : il lui faut d'abord digérer sa honte et son dépit. Les* Lettres philosophiques *sont largement le fruit d'une grande amertume. Certes, elles ne paraîtront que bien plus tard, mais c'est qu'il faut que l'occasion qui leur a donné naissance soit un peu oubliée. Car Voltaire ne désarmera pas. Comme il le dira un jour de Spinoza, dans la* Lettre à Mgr le prince de *** *: « La persécution irrite ; elle enhardit quiconque se sent du génie ; elle rend irréconciliable celui que l'indulgence aurait retenu. »*

L'Angleterre et les *Lettres philosophiques*

« En partant pour l'Angleterre », a écrit John Morley dans son Voltaire *(1871), « Voltaire était un poète ; en*

revenant, c'était un sage. » Formule séduisante, mais inexacte si elle voulait dire que le séjour en Angleterre a fourni à Voltaire sa philosophie. En fait de religion, d'abord, son scepticisme antichrétien s'est formé dans des milieux français comme celui du Temple, avec des modèles français, Bayle notamment. Si l'on veut apprécier l'audace de Voltaire et son originalité, c'est à une œuvre française qu'il faut comparer la sienne, à ces Difficultés sur la religion proposées au père Malebranche, composées en 1711 par Robert Challe, auteur des Illustres Françaises, et que Voltaire saluera comme un chef-d'œuvre quand, après une longue clandestinité, l'ouvrage parut enfin, remanié par d'Holbach et Naigeon, en 1767. Formulées sur un ton plus irrévérencieux, quoique apparemment moins véhément que celles de Challe, les idées de Voltaire sont même plus audacieuses que celles de ses amis anglais. Bolingbroke n'aurait pas avoué cette épître du Pour et contre, adressée à Mme de Rupelmonde et qui avait choqué Jean-Baptiste Rousseau quand Voltaire la lui avait lue à Bruxelles en 1722, et il n'aurait guère aimé qu'on proclamât à la face du Dieu de l'Évangile : « Je ne suis pas chrétien, mais c'est pour t'aimer mieux. »

Il est clair, d'autre part, que Voltaire n'a pas attendu d'aller en Angleterre pour pratiquer l'anglophilie. L'époque s'y prêtait. Les Anglais étaient reçus avec faveur à Paris ; le club de l'Entresol chantait leurs louanges, et même les États se rapprochaient. C'est autant pour nouer avec l'Angleterre des liens littéraires que des relations d'intérêt que Voltaire, comme on l'a vu, s'était fait connaître de George Ier. Bolingbroke surtout lui avait apporté la révélation ; celle de la pensée anglaise, avec Bacon, Pope, Newton ; celle de sa personnalité : « un des plus brillants génies et l'homme le plus éloquent de son siècle », dit de lui Voltaire dans l'Histoire de Charles XII, « le plus grand maître de sagesse et de mœurs qui ait jamais été », précisera-t-il dans la

Défense de Milord Bolingbroke *(1752), tout en ajoutant cette restriction que « dans ses œuvres, il y a beaucoup de feuilles, mais peu de fruits ». C'est dire que l'homme l'a séduit encore plus que ses idées. Mais c'est l'essentiel ; Voltaire ne voit-il pas en lui un « sénateur de l'ancienne Rome », qui, privé de la plus grande partie de ses rentes, applique la doctrine stoïcienne de ne se frapper de rien ?*

*Non, certes, que le voyage en Angleterre n'ait beaucoup apporté à Voltaire : et avant tout l'audace intellectuelle. Quelques mois après son arrivée, le 12 août 1726, il écrivait à Thieriot que l'Angleterre lui « apprend à penser » : « C'est un pays où on pense librement et noblement sans être retenu par aucune crainte servile » (*Correspondance, *lettre 196, t. I, p. 201*[1]*). C'est au point qu'il n'hésite pas à parler au même, dans une lettre un peu postérieure (26 octobre 1726, lettre 199, t. I, p. 205), de sa « republican philosophy » ! D'Argenson a un mot très juste quand il remarque dans ses Mémoires que le séjour en Angleterre lui a « élevé l'âme et renforcé ses idées ». Si on l'entend du point de vue du caractère, et non en ce qui concerne le bagage intellectuel, la remarque de Morley citée plus haut prend une vérité nouvelle.*

On est tout naturellement tenté de croire que les relations que Voltaire se fit en Angleterre ont joué un grand rôle dans la composition des Lettres philosophiques. *Il y fréquenta en effet, discrètement, les émigrés français souvent peu orthodoxes qui y résidaient, comme Desmaizeaux, ami et éditeur de Saint-Évremond, ou Saint-Hyacinthe, satirique auteur du* Chef-d'œuvre d'un inconnu ; *encore eut-il vite fait de se brouiller avec le second. Il ne semble guère juger digne de lui de se lier avec l'abbé Prévost, qui passe de Paris à Londres à la fin de 1728. Voltaire préfère manifestement fréquenter des*

1. Toutes les références que nous donnons à la correspondance de Voltaire renvoient à : Voltaire, *Correspondance*, édition de Theodore Besterman, adaptée par Frédéric Deloffre, Bibliothèque de la Pléiade (Gallimard).

Anglais, et d'abord son hôte, Falkener, riche négociant, d'ailleurs d'excellente famille; Bolingbroke encore, puis les milieux whigs présidés par Walpole. S'il n'a pas eu à temps la curiosité de connaître Newton, dont il n'a vu que les obsèques, il rencontre des écrivains : Swift, avec qui il restera en correspondance, qui vient de publier Gulliver *et lui fournit, avec son* Craftsman, *un modèle de littérature journalistique « engagée » sans exemple en France; Pope, chez qui il sera reçu et dont il choquera la famille par ses propos antireligieux; le « docteur Clarke », dont le déisme l'enchante; Edward Young, Andrew Pitt, dont on rencontre les noms dans la correspondance. On est pourtant déçu qu'à part un mot de Congreve, Voltaire ne nous ait rien conservé des propos tenus dans ces entrevues. Les* Lettres philosophiques *ne sont pas, il faut l'avouer, des «* Lettres familières *»; ainsi, Voltaire n'a pas jugé digne de son propos d'évoquer son petit « sous-maître » de Wandsworth, Higginson, qui lui enseigna l'anglais et l'initia au quakerisme : sans les soins de quelques érudits, le nom même de celui-ci serait à jamais perdu.*

Quoique ayant assez bien appris l'anglais, à l'accent près, Voltaire était apparemment plus à l'aise dans la lecture que dans la conversation[2]. Sans le texte des pièces que lui fournissait son ami, le souffleur de Drury Lane, il aurait sans doute perdu beaucoup des œuvres qu'il y vit représenter. Effectivement, les sources livresques jouent dans les Lettres philosophiques *un rôle qu'on ne soupçonne pas à première vue, mais dont les carnets de Voltaire, ses* Note Books, *récemment publiés,*

2. Un document curieux sur la prononciation de Voltaire est fourni par une lettre écrite le 2 août 1772, de Genève, par John More à William Mure (*Correspondance,* éd. Besterman, lettre D 17846, commentaire); Voltaire demande par exemple à son interlocuteur de saluer de sa part Hume : « You mos write him that I am hees great admeerer; he is a very great onor to Ingland, and abofe all to Ecosse. »

montrent l'importance. Il est vrai qu'il a vu chanter le signor Senesino et la signora Cuzzoni dont il parle dans la lettre XXIII, et peut-être rencontré l'alderman Peter Delmet, qu'il évoque à côté de Jacques Cœur et de Samuel Bernard dans la lettre XXIV. Mais il en a aussi entendu parler par les journaux qu'il lit en Angleterre et dont il recevra encore certains après son retour en France. Ce London Journal, *ce* British Journal, *ce* Fog's Weekly Journal, *ce* British Gazeteer *nous semblent secs et de peu d'intérêt ; il n'en reste pas moins que tous chantent le commerce, évoquent les problèmes religieux, commentent la constitution anglaise. La* Gazette de France *n'avait pas ces curiosités.*

Mais aussi Voltaire se pourvoit de guides sûrs dès qu'il aborde une question précise : il a sous la main Chamberlayne et son État présent de l'Angleterre ; Il Teatro Britannico *de Gregorio Leti ; la collection du* Spectator *d'Addison (qui est traduite en français) ; il y joint une documentation appropriée à chaque lettre, Rapin-Thoiras et son* Histoire d'Angleterre ; *Barclay sur la doctrine quaker ; Croese sur l'histoire de l'Église en Angleterre ; la « Vie » de Penn en tête des œuvres de ce dernier ; Bayle et quelques articles de son* Dictionnaire ; *au moins la table des matières et quelques paragraphes de l'*Essai sur l'entendement humain *de Locke, traduit par Coste ; la* Vie de Descartes *de Baillet, et l'*Éloge de Newton *de Fontenelle pour le parallèle entre ces deux philosophes, auxquels viennent s'ajouter le* Discours sur les différentes figures des astres *de Maupertuis, et* A View of Sir Isaac Newton's Philosophy *de Pemberton pour les lettres XV-XVII, etc.*

Toutefois il a un sens trop sûr de son art pour que cette documentation transparaisse dans son œuvre. Il sait lui garder l'allure d'un reportage intellectuel par des scènes vécues (l'assemblée des quakers), des anecdotes (celle de la pomme de Newton viendrait de Mrs. Conduit), des formules brillantes, des raccourcis désinvoltes. Ses sources, parcourues d'ailleurs rapidement et non sans erreurs, lui fournissent moins une matière qu'une excitation première. A partir de là il choisit, oriente, généralise. C'était pour accabler Walpole que Bolingbroke disait de Marlborough : « C'était un si grand homme que j'ai oublié ses vices. » Voltaire en fait un trait à la Plutarque qui caractérise l'esprit anglais.

Il omet aussi tous les côtés défavorables qui contrediraient ses thèses de la tolérance, de la liberté d'esprit, de la candeur anglaises. Il ne signale pas que l'amiral Penn prétendait détourner son fils du quakerisme « by words and blows ». Il ne mentionne pas les combats de gladiateurs qui frappaient les autres voyageurs; il se rallie aisément à la thèse suivant laquelle l'Angleterre ne combattait contre Louis XIV qu'au nom de la liberté de l'Europe, oubliant que l'annexion de l'Acadie par le traité d'Utrecht prolongeait une ancienne politique visant à expulser les Français du Nouveau Monde; surtout il cache que la tolérance anglaise ne s'étend ni aux catholiques ni aux unitaires, pour lesquels de brutales discriminations restaient en vigueur.

La façon dont il traite les textes est aussi moins rigoureuse que polémique, si l'art y gagne. Barclay remarquait que, chez les autres chrétiens, des formules mensongères passent pour des politesses. Voltaire traduit : « ... en les assurant qu'ils sont, avec un profond respect et une fausseté infâme, leurs très humbles et très obéissants serviteurs ». D'après Croese, Fox lisait bien, au moins l'imprimé, s'il n'écrivait guère; Voltaire traduit qu'il ne savait « ni lire ni écrire ». Et il exprime la probité et la piété du même Fox par un mot : « un jeune homme de mœurs irréprochables et saintement fou ». Quant aux anecdotes, celles qui sont relatives au même Fox ne sont pas moins arrangées, comme on le verra par l'annotation; on citera seulement ici celle du prince Eugène qui, en une demi-heure, obtient cinquante millions des marchands de Londres et bat les Français; il avait fallu six jours, les cinquante millions n'étaient que six ; les marchands n'avaient été que des intermédiaires, et le taux de l'intérêt versé, huit pour cent, était pour l'époque exceptionnellement favorable...

Sortant de la Bastille après un emprisonnement injuste, il était naturel que le principal souci de Voltaire fût de recueillir en Angleterre tout ce qui pouvait, par contraste, montrer l'absurdité de son propre pays. C'est ainsi qu'il relève dans les idées anglaises tout ce qui peut ruiner les fondements du christianisme, la divinité du Christ, les mystères de la Trinité et de la transsubstantiation ; les usages de l'Église catholique, comme l'existence des « abbés », ces êtres « amphibies », mi-laïques mi-prêtres. On ne peut nier que le souci du bien public ne l'anime aussi. Il observe justement en Angleterre la tolérance qui encourage les échanges, la puissance et la considération des négociants, base d'un capitalisme moderne ; les honneurs accordés aux esprits qui honorent la nation ; la balance des pouvoirs et surtout le rôle de la loi, par laquelle « le prince, tout-puissant pour faire le bien, a les mains liées pour faire le mal ». Certes, Voltaire ne prétend nullement éclairer le peuple : « c'est le partage des apôtres », dira-t-il un jour avec mépris à d'Alembert (lettre 10888, du 2 septembre 1768, t. IX, p. 600). En revanche, il pressent avec acuité le rôle que les intellectuels joueront dans la diffusion de ses idées. « Daignez consulter sur mon livre », écrira-t-il à Hérault le 6 mai 1734 (lettre 480, t. I, p. 511), « un M. de Maupertuis, un M. de Mairan, un M. Boindin, un M. de Fontenelle, un M. du Fay, un M. de La Condamine. Voilà des gens qui pensent, et dont le sentiment devient tôt ou tard celui du public ».

Si le séjour en Angleterre a donc trempé l'âme de Voltaire au point de le mettre en condition de composer ses dangereuses Lettres philosophiques, *celles-ci ne sont pas le résultat immédiat de l'expérience anglaise.*

Comme pour le bon vin, une maturation était nécessaire. Il faut maintenant la suivre autant qu'on le peut.

Histoire du texte

Dans ses lettres à Thieriot, Voltaire lui fait la leçon : les Lettres philosophiques *lui ont été adressées « pour la plupart en 1728 » ; il ajoute : « Vous ne direz que la vérité. La plupart furent en effet écrites vers ce temps-là dans la maison de notre cher et vertueux Falkener » (lettre du 24 juillet 1733, n° 421, t. I, p. 445). On ne peut accepter au pied de la lettre, ni même prendre très au sérieux cette affirmation de Voltaire, faite à un moment où la publication prochaine de son ouvrage le tient dans l'inquiétude.*

*Non qu'il n'ait effectivement commencé à écrire quelque chose d'un projet visant à faire connaître l'Angleterre aux Français dès les premiers temps de son séjour. N'écrit-il pas à Thieriot le 26 octobre 1726 : « One day, I will acquaint you with the character of this strange people » (lettre 199, t. I, p. 206). Le projet a dû mûrir, puisqu'il n'hésite pas à l'annoncer au public dans l'avertissement de l'*Essay upon Epic Poetry *(seconde édition, mise en vente le 19 janvier 1728) : « I am ordered to give you an account of my journey to England. » C'est certainement à quoi répondait la rédaction d'une partie au moins de l'ouvrage, sous forme de lettres dont une semble nous être parvenue sous le titre « Projet d'une lettre sur les Anglais, à M*** », dont on trouvera le texte à l'appendice 1. Mais dans cette première version, les lettres, beaucoup plus « anglaises » que « philosophiques », n'avaient que le caractère d'un reportage presque encore touristique.*

C'est peut-être à 1728 que remontent les premières rédactions conservées dans les Lettres philosophiques *telles que nous les connaissons, quoique le sort réservé à la lettre rejetée fasse penser que peu de morceaux ont dû* subsister tels quels. Par exemple, la lettre XIV, « Sur Descartes et Newton », comporte les mots « l'an passé 1727 » qui la datent du séjour en Angleterre, et quelques autres détails confirment l'hypothèse (« chez vous... vous croyez... », en parlant des Français). Du reste, quand Voltaire écrit cette lettre, il n'a pas lu Pemberton et semble encore hésiter entre Descartes et Newton.

Il reste que d'autres indications montrent que la plus grande partie des Lettres philosophiques ne peut en aucune manière avoir été écrite en Angleterre, mais seulement à partir de 1729, et probablement pour l'essentiel seulement en 1730 et 1731. Ainsi, la lettre XII paraît contemporaine de l'opuscule Sottise des deux parts, qui ne peut être séparé de la lettre XIII, « Sur M. Locke », dont Voltaire dit expressément, dans une lettre à Formont du 6 décembre 1732 (lettre 363, t. I, p. 381), qu'il a dû la refaire entièrement. Entre autres observations, qu'on pourrait multiplier, on remarque que la lettre XX, « Sur les seigneurs qui cultivent les lettres », est contemporaine d'une lettre à John Hervey (lettre 303, t. I, p. 313), qui doit être de janvier 1732. Et ce n'est que vers le 1er avril 1733 que Voltaire envoie à Thieriot la lettre sur les académies qui sera « la dernière » — en attendant la lettre XXV, « Sur les Pensées de M. Pascal », à laquelle il ne songe pas encore. En définitive, on peut dire que Voltaire a conçu le projet d'écrire des lettres sur l'Angleterre dès les débuts de son séjour ; qu'il en a rédigé des fragments dès 1728 ; qu'à son retour en France, il a mené de front plusieurs ouvrages d'histoire, de théâtre, de poésie, qui ne lui ont pas fait perdre son projet de vue, car il complète sa documentation ; qu'un incident, peut-être, en mars 1730, la mort de Mlle Lecouvreur évoquée dans la lettre XXIII, en ébranlant sa sensibilité, l'amène à reprendre ses esquisses : plus que jamais, il trouve dans cette entreprise une occasion de critiquer ses compatriotes. Après quelques lectures complémentaires, de Newton *notamment, et des demandes de renseignements et de corrections adressées à des spécialistes comme Maupertuis, l'ouvrage est terminé dans les derniers jours de 1732. Il le fait lire à l'abbé Rothelin qui lui dit, paraît-il, qu'il donnerait « même dans ce temps-ci, son approbation à toutes les lettres, excepté seulement celle de M. Locke » (à Thieriot, lettre 380, du 24 février 1733, t. I, p. 403-404 ; cf. lettre 376 à Cideville, du 4 janvier 1733, t. I, p. 397). Il ne s'agit donc plus que de les publier.*

La publication des *Lettres philosophiques*

La première idée qui vient à Voltaire est de les publier en Angleterre : pas de censure, pas de persécutions à craindre de ce côté. Il envoie donc un manuscrit à Thieriot, « qui compte en tirer à Londres beaucoup d'utilité » (à Formont, lettre 378, du 27 janvier 1733, t. I, p. 399). Mais il hésite encore « à braver l'inquisition » en France. Il attend « le retour de Jore à Paris pour [se] *résoudre » (*ibid.*). La décision ne tarde pas, puisque, dès le 12 avril 1733, il demande à Cideville « si Jore y travaille » (lettre 394, t. I, p. 414). Tout en pressant Jore, il prend ses précautions pour être à l'abri des poursuites et le laisser seul exposé si les autorités se fâchent. Il force Jore à lui écrire le billet suivant : « J'ai reçu la vôtre par laquelle vous me priez de ne point imprimer et d'empêcher qu'on n'imprime à Rouen les lettres qui courent à Londres sous votre nom.* [...] *Il y a longtemps que j'ai pris la résolution de ne rien imprimer sans permission et je ne voudrais pas commencer à manquer à mon devoir pour vous désobliger » (lettre 413, à Cideville du 26 juin 1733, t. I, p. 433-434). Ce qui ne l'empêche pas d'envoyer au même moment au même Jore le texte de la « petite dispute » qu'il a avec Pascal, c'est-à-dire la dangereuse vingt-cinquième lettre (lettre 414, à Cideville, du 1er juillet 1733, t. I, p. 435), non sans « commencer à trembler de sa propre audace ».*

Quoi qu'il en soit, le *Mercure* de juin 1733 annonce la publication imminente, à Londres, d'une édition de l'ouvrage en anglais et d'une autre en français. Effectivement, le registre du libraire Bowyer, étudié par André M. Rousseau, montre que l'édition en anglais avait été réalisée entre le 24 avril et le 17 juillet 1733, et l'édition en français entre le 19 mai et le 28 juillet de la même année. Mais seule fut mise en vente l'édition en anglais, à partir du 14 août, comme en témoignent les journaux. En effet, Voltaire avait adjuré Thieriot de « retarder autant qu'[il] pourr[a] la publication » (lettre 421, du 24 janvier, t. I, p. 445) ; c'est, précise-t-il le 27 (lettre 424, t. I, p. 449), que le garde des Sceaux, furieux, le menace de la prison. On le soupçonne en effet à Paris d'avoir débité quelques exemplaires (lettre du 15 août, n° 430, t. I, p. 458). Effectivement, Henry Fox lui en a apporté (lettre à Hervey du 14 septembre, n° 434, t. I, p. 463) ; et du reste les journaux en rendent compte, à commencer par *Le Pour et le Contre* de l'abbé Prévost, t. I, n° 11, « approuvé » le 22 septembre 1733. Pendant quelques mois, Voltaire va vivre partagé entre deux sentiments, l'envie de voir paraître un ouvrage qui lui tient à cœur et la crainte des suites qu'il en redoute. Les éditeurs trancheront pour lui.

D'une part l'édition publiée en français à Londres par Thieriot paraît, peut-être au début de mai 1734 ; mais, averti apparemment à l'avance, Jore s'est mis à distribuer la sienne. « Ces maudites *Lettres anglaises* se débitent enfin sans qu'on m'ait consulté, sans qu'on m'en ait donné le moindre avis », écrit vertueusement Voltaire à Cideville le 24 avril 1734 (lettre 473, t. I, p. 505). « On a l'insolence de mettre mon nom à la tête [seulement " M. de V*** "], et de donner l'ouvrage avec la lettre sur les *Pensées* de Pascal, que j'avais le plus à cœur de supprimer », ajoute-t-il. Le 4 mai, Jore est arrêté (depuis longtemps la police le surveillait) ; un peu plus tard on découvre à Passy un stock de livres prohibés, au premier rang desquels les Lettres philosophiques. La procédure engagée contre Jore aboutira, le 23 octobre 1734, à un arrêt du Conseil lui retirant sa maîtrise de libraire et l'envoyant à la Bastille ; il sera ruiné. Avec « sa candeur et son innocence ordinaire », Voltaire n'a pas seulement désavoué Jore, il a aussi rendu, auprès de Fleury, Thieriot responsable de la publication. Il demande au lieutenant de police Hérault, son ancien condisciple de Louis-le-Grand, de se « servir de toute [son] autorité » contre Jore et contre « quiconque est soupçonné » de complicité avec lui (lettre du 6 mai 1734, n° 480, t. I, p. 511). Le parlement, qui est pieux et janséniste, ordonne le 10 juin que soit « lacéré et brûlé » le livre des Lettres philosophiques paru « à Amsterdam, chez E. Lucas » (c'est l'édition de Jore). L'auteur est « décrété de prise de corps ». Il n'a pas attendu ce moment pour quitter Paris. Ce n'est que quelques mois plus tard, le 2 mars 1735, qu'Hérault l'avertit, de la part du Premier ministre Fleury et du garde des Sceaux, qu'il peut rentrer à Paris à condition qu'il ne donnera plus « aucun sujet de former contre [lui] les mêmes plaintes que par le passé ». Connaissant Voltaire, on peut imaginer à quel point il était converti à la sagesse quand il revint à Paris, le 30 mars 1735, en attendant le prochain exil.

Accueil et échos

Les Lettres philosophiques ayant été interdites, il ne fut guère question d'elles, en France, pendant les premiers temps qui suivirent la publication ; ni le Mercure de France, ni le Journal des savants ne pouvaient décemment en rendre compte. C'est parce qu'il se référait à une édition en anglais, parue avant les foudres parlementaires, que l'abbé Prévost avait pu en faire un compte rendu à l'abri du privilège. Il se plaçait du reste *du point de vue des Anglais. Les lettres sur les quakers, disait-il, avaient plu à tous, sauf aux quakers eux-mêmes ; on avait crié à l'impiété à propos des lettres V et VI, dans lesquelles les épiscopaux n'étaient guère plus épargnés que les presbytériens ; on s'était plaint des réserves faites sur Shakespeare ; on avait jugé l'auteur insuffisamment profond sur certaines matières ; quant au beau sexe et « aux trois quarts de l'autre moitié, ils l'auraient volontiers dispensé de cet étalage de science philosophique ».*

En France, il est difficile, pour la raison qu'on a dite, de mesurer l'influence immédiate des Lettres *sur le plan « philosophique ». Il n'y a pas lieu de mettre en doute l'opinion de Voltaire lui-même qui, revenu à Paris, trouve « que la philosophie de Newton* [gagne] *un peu parmi les vrais philosophes » (lettre 556, au marquis de Caumont, du 19 avril 1735, t. I, p. 588) ; mais cette remarque ne va pas loin. Pourtant, l'occasion d'une discussion intéressante faillit se présenter. Marivaux, qui avait rendu compte des* Lettres persanes *dans un article mesuré de son* Spectateur français *(1722, huitième feuille, dans les* Journaux et œuvres diverses, *classiques Garnier, p. 153-154), avait songé, semble-t-il, à écrire une « réfutation » des* Lettres philosophiques. *Averti du projet par quelque indiscrétion, Voltaire, qui venait d'attaquer grossièrement Marivaux dans* Le Temple du goût *en janvier 1733, tente de le désarmer : ce n'est pas lui, lui fait-il discrètement savoir par l'intermédiaire de Berger (lettre 642, du début de février 1736, t. I, p. 714), qu'il a prétendu désigner comme l'auteur de « comédies métaphysiques ». Mais il se doute que Marivaux ne peut être dupe. Aussi prend-il d'autres voies. Par l'intermédiaire de Thieriot désormais, c'est d'abord un appel à la conscience de son adversaire : « Remerciez M. de Marivaux ; il fait un gros livre contre moi, qui lui vaudra cent pistoles. Je fais la fortune de mes ennemis » (lettre 662, du 4 mars 1736, t. I, p. 745). Sans attendre l'effet de ce premier message, il y ajoute les demandes d'intervention et les menaces :*

« A la bonne heure que ce misérable gagne de l'argent comme tant d'autres à me dire des injures. Il est juste que l'auteur de La Voiture embourbée, *du* Télémaque travesti, *et du* Paysan parvenu, *écrive contre l'auteur de* La Henriade, *mais il est aussi d'un trop malhonnête homme, de vouloir réveiller la querelle des* Lettres philosophiques *et de m'exposer à la colère du garde des Sceaux* [...]. *Mme la marquise du Châtelet a déjà écrit à M. le bailli de Froulai pour le prier d'en parler au garde des Sceaux. Suivez cela très sérieusement je vous en prie, parlez à M. le bailli de Froulai, faites prévenir M. Rouillé par M. d'Argental et par M. le président Hénault. Ils m'épargneront la peine de couvrir ce Zoïle impertinent de l'opprobre et de la confusion qu'il mérite » (lettre 663, du 6 mars 1736, t. I, p. 746).*

Le pouvoir n'a pas consenti à fermer la bouche à Marivaux. Ce dernier n'a pas encore cédé ; les menaces vont être mises à exécution : « M. Marivaux ne sait pas à quoi il s'expose. On va imprimer un recueil nouveau de mes ouvrages où je mettrai ses ridicules dans un jour qui le couvrira *d'opprobre » (lettre 670, du 17 mars 1736, t. I, p. 757). Homme modéré et bien élevé, Marivaux n'eut pas le courage d'affronter le scandale. Le seul homme qui aurait pu se mesurer avec Voltaire dans un véritable débat d'idées se tut. Nul ne releva l'importance des* Lettres philosophiques *en tant qu'œuvre de combat, destinée à influencer profondément les intellectuels du temps. Seuls, quelques aspects particuliers, parfois importants, furent mis en lumière.*

Le premier est l'anglophilie qui les anime. On la rapprocha des progrès, sensibles à l'époque, de la franc-maçonnerie. On lit dans L'Ordre des francs-maçons trahi *(1742), œuvre anonyme de l'abbé Pérau :*

« Ce qui est nouveau pour le Français a toujours pour lui l'agrément du mérite. Les femmes commencèrent il y

a quelques années à copier certaines modes anglaises ; ce sexe enchanteur, que les Français adorent sans se donner le temps de l'aimer, donne bientôt le branle au goût de toute la nation pour les nouvelles découvertes. On voulut d'abord s'habiller comme les Anglais, on s'en lassa peu après ; la mode des habits introduisit peu à peu la manière de penser ; on embrassa leur métaphysique ; comme eux on devint géomètre ; nos pièces de théâtre se ressentirent du commerce anglais ; on prétendit même puiser chez eux jusqu'aux principes de la théologie : Dieu sait si on y a gagné à cet égard ! Il ne manquait au Français que le bonheur d'être franc-maçon, et il l'est devenu. »

Mais c'est peut-être sur le plan politique que les Lettres philosophiques exercèrent l'influence la plus forte. « Le républicanisme », suivant une phrase du marquis d'Argenson qui en suit les progrès dans les années 1750-1755, « gagne chaque jour les esprits philosophiques. On prend en horreur le monarchisme » ; et, un peu plus tard, d'Argenson ajoute : « L'on n'a jamais été aussi instruit qu'aujourd'hui des droits de la nation et de la liberté... cela nous vient du parlement et des Anglais. » Voltaire, qui avait naguère proclamé devant Thieriot sa « philosophie républicaine » (« All that is King, or belongs to a King, frights my republican philosophy », lettre 199, du 26 octobre 1726, t. I, p. 205), a joué un rôle important dans cette évolution, même s'il devait, plus tard, prendre position contre les parlements à la française.

Quant à son opinion définitive sur l'Angleterre, elle ne devait guère changer, sauf une correction de taille concernant le théâtre. Il la résumera d'une phrase à Thieriot au plus fort de la guerre de Sept Ans : « Mon ami, il faut battre les Anglais et ne pas imiter leur barbare scène. Qu'on étudie leur philosophie, qu'on foule aux pieds comme eux les infâmes préjugés, qu'on *chasse les jésuites et les loups [les jansénistes], qu'on ne combatte sottement ni l'attraction ni l'inoculation, qu'on apprenne d'eux à cultiver la terre, mais qu'on se garde bien d'imiter leur théâtre sauvage » (lettre 6292, du 27 octobre 1760, t. VI, p. 50).*

Voltaire tel qu'en lui-même...

Voltaire n'a guère parlé, après 1734, de ses Lettres philosophiques. *Sans renier sa pensée, il la dépassait par les compléments d'information et les approfondissements qu'il lui apportait dans des œuvres telles que le* Siècle de Louis XIV, *l'*Essai sur les mœurs, *le* Traité sur la tolérance *et le* Dictionnaire philosophique. *Pourtant, aux yeux des contemporains, ce sont les* Lettres philosophiques *qui ont modelé son image de façon définitive. On en a pour preuve le fait que le « portrait » qui fut tracé de lui au moment où l'ouvrage fit le plus de bruit servit de modèle, pendant la vie entière de l'écrivain et presque jusqu'à nos jours, à tous ceux qu'on s'ingénia à faire de lui. Ce portrait original fut composé, apparemment, au moment où Voltaire fut autorisé à rentrer à Paris au printemps de 1735 ; lui-même en fut informé au mois de juin. A la même époque, le portrait courait dans les milieux provinciaux intéressés par la chose littéraire. Il est, suivant l'hypothèse la plus probable, d'Alexis Piron, qui avait eu souvent à se plaindre de Voltaire, d'abord parce que celui-ci avait essayé de le brouiller avec Mme de Mimeure, sa protectrice, ensuite parce qu'il avait tenté à plusieurs reprises de détourner les comédiens français de représenter ses pièces. On ignore qui est le « naturaliste » auquel il est adressé. En voici le texte*[3]*, qui fait revivre pour nous*

3. Voltaire le demande à Thieriot dans une lettre du 12 juin 1735 (nº 563, t. I, p. 596) et en accuse réception dans une lettre du 20 juin

l'auteur des Lettres philosophiques *tel que les contemporains pouvaient le voir.*

Portrait de M. de Voltaire

Vous me demandez, Monsieur, le portrait de M. de V*** que vous ne connaissez, dites-vous, que par ses ouvrages. C'est déjà beaucoup, selon moi, que de connaître l'auteur; vous voulez voir l'homme, je vais vous dépeindre l'un et l'autre.

M. de Voltaire est au-dessous de la taille des grands hommes, c'est-à-dire un peu au-dessus de la médiocre (je parle à un naturaliste, ainsi, point de chicane sur l'observation). Il est maigre, d'un tempérament sec. Il a la bile brûlée, le visage décharné, l'air spirituel et caustique, les yeux étincelants et malins. Tout le feu que vous trouverez dans ses ouvrages, il l'a dans son action. Vif jusqu'à l'étourderie : c'est un ardent qui va et vient, qui vous éblouit et qui pétille. Un homme ainsi constitué ne peut pas manquer d'être valétudinaire. La lame use le fourreau. Gai par complexion, sérieux par régime, ouvert sans franchise, politique sans finesse, sociable sans amis, il sait le monde et l'oublie : le matin Aristippe et Diogène le soir, il aime la grandeur et méprise les Grands, est aisé avec eux, contraint avec ses égaux. Il commence par la politesse, continue par la froideur, et finit par le dégoût. Il aime la Cour et s'y ennuie. Sensible sans attachement, voluptueux sans passion, il ne tient à rien par choix, et à tout par inconstance. Raisonnant sans principes, sa raison a des accès, comme la folie des autres. L'esprit droit, le cœur injuste, il pense tout, et se moque de tout. Libertin sans tempérament il sait aussi moraliser sans mœurs. Vain à l'excès, mais encore plus

---

environ (n° 566, t. I, p. 600). C'est le texte que nous reproduisons d'après un imprimé sans lieu ni date paru vers cette époque sous le titre indiqué.

intéressé, il travaille moins pour sa réputation que pour l'argent : il en a faim et soif. Enfin, il se presse de travailler pour se presser de vivre : il était fait pour jouir, il veut amasser. Voilà l'homme, voici l'auteur.

Né poète, les vers lui coûtent trop peu. Cette facilité lui nuit ; il en abuse, et ne donne presque rien d'achevé. Écrivain facile, ingénieux, élégant, après la poésie, son métier serait l'histoire, s'il faisait moins de raisonnements et jamais de parallèles, quoiqu'il en fasse quelquefois d'assez heureux.

M. de V***, dans son dernier ouvrage, a voulu suivre la manière de Bayle ; il tâche de le copier en le censurant [4]. On a dit depuis longtemps que pour faire un historien sans passions et sans préjugés, il faudrait qu'il n'eût ni religion ni patrie. Sur ce pied-là, M. de V*** marche à grands pas vers la perfection. On ne peut l'accuser d'être partisan de sa nation ; on lui trouve au contraire un tic approchant de la manie des vieillards. Les bonnes gens vantent toujours le passé, et sont mécontents du présent. M. de V*** est toujours mécontent de son pays, et loue avec excès ce qui est à mille lieues de lui. Pour la religion, on voit bien qu'il est indécis à cet égard. Sans doute il serait l'homme impartial que l'on cherche, sans un petit levain d'antijansénisme un peu marqué dans ses ouvrages.

M. de V*** a beaucoup de littérature étrangère et française, et de cette érudition mêlée qui est si fort à la mode aujourd'hui. Politique, physicien, géomètre, il est tout ce qu'il veut, mais toujours superficiel et incapable d'approfondir. Il faut pourtant avoir l'esprit bien délié pour effleurer comme lui toutes les

4. La phrase n'est pas satisfaisante. C'est dans les *Lettres philosophiques* que Voltaire « tâche de copier » Bayle, mais c'est dans *Le Temple du goût* qu'il vient de le censurer en suggérant de réduire toute son œuvre à un seul volume.

matières. Il a le goût plus délicat que sûr. Satirique, ingénieux, mauvais critique, il aime les sciences abstraites, et l'on ne s'en étonne point. L'imagination est son élément, mais il n'a point d'invention [5], et l'on s'en étonne. On lui reproche de n'être jamais dans un milieu raisonnable, tantôt philanthrope et tantôt satirique outré. Pour tout dire en un mot, M. de V*** veut être un homme extraordinaire, et il l'est à coup sûr.

Non vultus, non color unus [6].

Frédéric Deloffre

5. Piron reprochait notamment à Voltaire d'avoir pris le sujet de *Zaïre* d'un plan envoyé par son ami Formont ; voir les *Œuvres* de Piron, avec une notice par Édouard Fournier (Paris, 1857), p. LXI.

6. « Il change de visage, il change de couleur » Virgile, *Énéide*, VI, 47. — On comparera ce portrait à l'épître du même Piron *A Monsieur le marquis de L*** qui s'aimait mieux avec moi qu'avec M. de V***, pendant qu'au contraire la marquise aimait cent fois mieux M. de V*** que moi ;* on y trouvera, notamment, Voltaire décrit comme un « Corps aussi léger qu'une âme,/Et fourreau qu'usa la lame » (*Œuvres* de Piron, éd. Rigolley de Juvisy, t. VIII, p. 14).

Lettres philosophiques

PREMIÈRE LETTRE

SUR LES QUAKERS

J'ai cru que la doctrine et l'histoire d'un peuple si extraordinaire méritaient la curiosité d'un homme raisonnable[1]. Pour m'en instruire j'allai trouver un des plus célèbres quakers d'Angleterre, qui, après avoir été trente ans dans le commerce, avait su mettre des bornes à sa fortune et à ses désirs, et s'était retiré dans une campagne auprès de Londres. Je fus le chercher dans sa retraite; c'était une maison petite, mais bien bâtie, pleine de propreté sans ornement[2]. Le quaker était un vieillard frais qui n'avait jamais eu de maladie, parce qu'il n'avait jamais connu les passions ni l'intempérance : je n'ai point vu en ma vie d'air plus noble ni plus engageant que le sien. Il était vêtu comme tous ceux de sa religion, d'un habit sans plis dans les côtés et sans boutons sur les poches ni sur les manches, et portait un grand chapeau à bords rabattus, comme nos ecclésiastiques. Il me reçut avec son chapeau sur la tête, et s'avança vers moi sans faire la moindre inclination de corps; mais il y avait plus de politesse dans l'air ouvert et humain de son visage, qu'il n'y en a dans l'usage de tirer une jambe derrière l'autre, et de porter à la main ce qui est fait pour couvrir la tête. « Ami, me dit-il, je vois que tu es un étranger; si je puis t'être de quelque utilité, tu n'as qu'à parler. — Monsieur, lui dis-je en me courbant le corps et en glissant un pied vers lui, selon notre coutume, je me flatte que ma juste curiosité ne vous déplaira pas, et que vous voudrez bien me faire l'honneur de m'instruire de votre religion. — Les gens de ton pays, me répondit-il, font trop de compliments et de révérences ; mais je n'en ai encore vu aucun qui ait eu la même curiosité que toi. Entre, et dînons d'abord ensemble. » Je fis encore quelques mauvais compliments, parce qu'on ne se défait pas de ses habitudes tout d'un coup ; et après un repas sain et frugal qui commença et qui finit par une prière à Dieu[3], je me mis à interroger mon homme. Je débutai par la question que de bons catholiques ont fait plus d'une fois aux huguenots : « Mon cher Monsieur, lui dis-je, êtes-vous baptisé ? — Non, me répondit le quaker, et mes confrères ne le sont point. — Comment, morbleu, repris-je, vous n'êtes donc pas chrétiens[4] ? — Mon fils, repartit-il d'un ton doux, ne jure point ; nous sommes chrétiens et tâchons d'être bons chrétiens, mais nous ne pensons pas que le christianisme consiste à jeter de l'eau froide sur la tête, avec un peu de sel. — Eh ! ventrebleu, repris-je, outré de cette impiété, vous avez donc oublié que Jésus-Christ fut baptisé par Jean ? — Ami, point de jurements, encore un coup, dit le bénin quaker. Le Christ reçut le baptême de Jean, mais il ne baptisa jamais personne ; nous ne sommes pas les disciples de Jean, mais du Christ. — Hélas ! dis-je, comme vous seriez brûlé en pays d'Inquisition, pauvre homme !... Eh ! pour l'amour de Dieu, que je vous baptise et que je vous fasse chrétien ! — S'il ne fallait que cela pour condescendre à ta faiblesse, nous le ferions volontiers, repartit-il gravement ; nous ne condamnons personne pour user de la cérémonie du baptême, mais nous croyons que ceux qui professent une religion toute sainte et toute spirituelle doivent s'abstenir autant qu'ils le peuvent des cérémonies judaïques. — En voici bien d'un autre[5], m'écriai-je ! Des cérémonies judaïques !

— Oui, mon fils, continua-t-il, et si judaïques que plusieurs Juifs encore aujourd'hui usent quelquefois du baptême de Jean. Consulte l'Antiquité ; elle t'apprendra que Jean ne fit que renouveler cette pratique, laquelle était en usage longtemps avant lui parmi les Hébreux, comme le pèlerinage de La Mecque l'était parmi les Ismaélites. Jésus voulut bien recevoir le baptême de Jean, de même qu'il s'était soumis à la circoncision ; mais, et la circoncision, et le lavement d'eau doivent être tous deux abolis par le baptême du Christ, ce baptême de l'esprit, cette ablution de l'âme qui sauve les hommes. Aussi le précurseur Jean disait : *Je vous baptise à la vérité avec de l'eau, mais un autre viendra après moi, plus puissant que moi, et dont je ne suis pas digne de porter les sandales ; celui-là vous baptisera avec le feu et le Saint-Esprit*[6]. Aussi le grand apôtre des Gentils, Paul, écrit aux Corinthiens : *Le Christ ne m'a pas envoyé pour baptiser, mais pour prêcher l'Évangile*[7] ; aussi ce même Paul ne baptisa jamais avec de l'eau que deux personnes, encore fut-ce malgré lui ; il circoncit son disciple Timothée ; les autres apôtres circoncisaient aussi tous ceux qui voulaient. « Es-tu circoncis ? », ajouta-t-il. Je lui répondis que je n'avais pas cet honneur. « Eh bien, dit-il, l'ami, tu es chrétien sans être circoncis, et moi, sans être baptisé. »

Voilà comme mon saint homme abusait assez spécieusement de trois ou quatre passages de la Sainte Écriture, qui semblaient favoriser sa secte ; mais il oubliait de la meilleure foi du monde une centaine de passages qui l'écrasaient. Je me gardai bien de lui rien contester ; il n'y a rien à gagner avec un enthousiaste[8] : il ne faut point s'aviser de dire à un homme les défauts de sa maîtresse, ni à un plaideur le faible de sa cause, ni des raisons à un illuminé ; ainsi je passai à d'autres questions. « A l'égard de la communion, lui dis-je, comment en usez-vous ? — Nous n'en usons point, dit-il. — Quoi ! point de communion ? — Non, point d'autre que celle des cœurs. » Alors il me cita encore les Écritures. Il me fit un fort beau sermon contre la communion, et me parla d'un ton inspiré pour me prouver que tous les sacrements étaient tous d'invention humaine, et que le mot de sacrement ne se trouvait pas une seule fois dans l'Évangile. « Pardonne, dit-il, à mon ignorance, je ne t'ai pas apporté la centième partie des preuves de ma religion ; mais tu peux les voir dans l'exposition de notre foi par Robert Barclay[9] : c'est un des meilleurs livres qui soit jamais sorti de la main des hommes. Nos ennemis conviennent qu'il est très dangereux, cela prouve combien il est raisonnable. » Je lui promis de lire ce livre, et mon quaker me crut déjà converti.

Ensuite il me rendit raison en peu de mots de quelques singularités qui exposent cette secte au mépris des autres. « Avoue, dit-il, que tu as eu bien de la peine à t'empêcher de rire, quand j'ai répondu à toutes tes civilités avec mon chapeau sur ma tête et en te tutoyant ; cependant tu me parais trop instruit pour ignorer que du temps du Christ aucune nation ne tombait dans le ridicule de substituer le pluriel au singulier. On disait à César Auguste : *je t'aime, je te prie, je te remercie ;* il ne souffrait pas même qu'on l'appelât Monsieur, *Dominus*[10]. Ce ne fut que très longtemps après lui que les hommes s'avisèrent de se faire appeler *vous* au lieu de *tu,* comme s'ils étaient doubles, et d'usurper les titres impertinents de Grandeur, d'Éminence, de Sainteté[11], que des vers de terre donnent à d'autres vers de terre, en les assurant qu'ils sont, avec un profond respect et une fausseté infâme, leurs très humbles et très obéissants serviteurs. C'est pour être plus sur nos gardes contre cet indigne commerce de mensonges et de flatteries que nous tutoyons également les rois et les savetiers ; que nous ne saluons personne, n'ayant pour les hommes que de la charité, et du respect que pour les lois.

« Nous portons aussi un habit un peu différent des autres hommes, afin que ce soit pour nous un avertissement continuel de ne leur pas ressembler. Les autres portent les marques de leurs dignités, et nous celles de l'humilité chrétienne ; nous fuyons les assemblées de plaisir, les spectacles, le jeu ; car nous serions bien à plaindre de remplir de ces bagatelles des cœurs en qui Dieu doit habiter ; nous ne faisons jamais de serments, pas même en justice ; nous pensons que le nom du Très-Haut ne doit point être prostitué dans les débats misérables des hommes. Lorsqu'il faut que nous comparaissions devant les magistrats pour les affaires des autres (car nous n'avons jamais de procès), nous affirmons la vérité par un *oui* ou par un *non*, et les juges nous en croient sur notre simple parole, tandis que tant de chrétiens se parjurent sur l'Évangile. Nous n'allons jamais à la guerre ; ce n'est pas que nous craignions la mort, au contraire nous bénissons le moment qui nous unit à l'Être des Êtres ; mais c'est que nous ne sommes ni loups, ni tigres, ni dogues, mais hommes, mais chrétiens. Notre Dieu, qui nous a ordonné d'aimer nos ennemis et de souffrir sans murmure, ne veut pas sans doute que nous passions la mer pour aller égorger nos frères, parce que des meurtriers vêtus de rouge, avec un bonnet haut de deux pieds, enrôlent des citoyens en faisant du bruit avec deux petits bâtons sur une peau d'âne bien tendue[12], et lorsque après des batailles gagnées tout Londres brille d'illuminations, que le ciel est enflammé de fusées, que l'air retentit du bruit des actions de grâces, des cloches, des orgues, des canons, nous gémissons en silence sur ces meurtres qui causent la publique allégresse. »

SECONDE LETTRE

SUR LES QUAKERS

Telle fut à peu près la conversation que j'eus avec cet homme singulier ; mais je fus bien plus surpris quand, le dimanche suivant, il me mena à l'église des quakers. Ils ont plusieurs chapelles à Londres ; celle où j'allai est près de ce fameux pilier qu'on appelle *le Monument*[1]. On était déjà assemblé lorsque j'entrai avec mon conducteur. Il y avait environ quatre cents hommes dans l'église, et trois cents femmes : les femmes se cachaient le visage avec leur éventail, les hommes étaient couverts de leurs larges chapeaux ; tous étaient assis, tous dans un profond silence. Je passai au milieu d'eux sans qu'un seul levât les yeux sur moi. Ce silence dura un quart d'heure. Enfin un d'eux se leva, ôta son chapeau, et après quelques grimaces et quelques soupirs, débita, moitié avec la bouche, moitié avec le nez, un galimatias tiré de l'Évangile, à ce qu'il croyait, où ni lui ni personne n'entendait rien. Quand ce faiseur de contorsions eut fini son beau monologue, et que l'assemblée se fut séparée toute édifiée et toute stupide, je demandai à mon homme pourquoi les plus sages d'entre eux souffraient de pareilles sottises. « Nous sommes obligés de les tolérer, me dit-il, parce que nous ne pouvons pas savoir si un homme qui se lève pour parler sera inspiré par l'esprit ou par la folie ; dans le doute, nous écoutons tout patiemment, nous permettons même aux femmes de parler. Deux ou trois de nos dévotes se trouvent souvent inspirées à la fois, et c'est alors qu'il se fait un beau bruit dans la maison du Seigneur. — Vous n'avez donc point de prêtres ? lui dis-je. — Non, mon ami, dit le quaker, et nous nous en trouvons bien[2]. A Dieu ne plaise que nous osions ordonner à quelqu'un de recevoir le Saint-Esprit le dimanche à l'exclusion des autres fidèles. Grâce au Ciel nous sommes les seuls sur la terre qui n'ayons point de prêtres. Voudrais-tu nous ôter une distinction si heureuse ? Pourquoi abandonnerions-nous notre enfant à des nourrices mercenaires, quand nous avons du lait à lui donner ? Ces mercenaires domineraient bientôt dans la maison, et opprimeraient la mère et l'enfant. Dieu a dit : *Vous avez reçu gratis, donnez gratis*[3]. Irons-nous après cette parole marchander l'Évangile, vendre l'Esprit Saint, et faire d'une assemblée de chrétiens une boutique de marchands ? Nous ne donnons point d'argent à des hommes vêtus de noir pour assister nos pauvres, pour enterrer nos morts, pour prêcher les fidèles ; ces saints emplois nous sont trop chers pour nous en décharger sur d'autres.

— Mais comment pouvez-vous discerner, insistai-je, si c'est l'Esprit de Dieu qui vous anime dans vos discours ? — Quiconque, dit-il, priera Dieu de l'éclairer, et qui annoncera des vérités évangéliques qu'il sentira, que celui-là soit sûr que Dieu l'inspire[4]. » Alors il m'accabla de citations de l'Écriture, qui démontraient, selon lui, qu'il n'y a point de christianisme sans une révélation immédiate, et il ajouta ces paroles remarquables : « Quand tu fais mouvoir un de tes membres, est-ce ta propre force qui le remue ? Non sans doute, car ce membre a souvent des mouvements involontaires. C'est donc celui qui a créé ton corps qui meut ce corps de terre. Et les idées que reçoit ton âme, est-ce toi qui les formes ? Encore moins, car elles viennent malgré toi. C'est donc le créateur de ton âme qui te donne tes idées ; mais, comme il a laissé à ton cœur la liberté, il donne à ton esprit les idées que ton cœur mérite ; tu vis dans Dieu, tu agis, tu penses dans Dieu ; tu n'as donc qu'à ouvrir les yeux à cette lumière qui éclaire tous les hommes ; alors tu verras la vérité, et la feras voir [5]. — Eh ! voilà le père Malebranche tout pur ! m'écriai-je. — Je connais ton Malebranche, dit-il ; il était un peu quaker, mais il ne l'était pas assez. » Ce sont là les choses les plus importantes que j'ai apprises touchant la doctrine des quakers. Dans la première lettre vous aurez leur histoire, que vous trouverez encore plus singulière que leur doctrine.

TROISIÈME LETTRE

SUR LES QUAKERS

Vous avez déjà vu que les quakers datent depuis Jésus-Christ, qui fut, selon eux, le premier quaker[1]. La religion, disent-ils, fut corrompue presque après sa mort, et resta dans cette corruption environ seize cents années; mais il y avait toujours quelques quakers cachés dans le monde[2], qui prenaient soin de conserver le feu sacré éteint partout ailleurs, jusqu'à ce qu'enfin cette lumière s'étendit en Angleterre en l'an 1642[3].

Ce fut dans le temps que trois ou quatre sectes déchiraient la Grande-Bretagne par des guerres civiles entreprises au nom de Dieu, qu'un nommé Georges Fox, du comté de Leicester, fils d'un ouvrier en soie, s'avisa de prêcher en vrai apôtre, à ce qu'il prétendait, c'est-à-dire sans savoir ni lire ni écrire[4]; c'était un jeune homme de vingt-cinq ans, de mœurs irréprochables et saintement fou. Il était vêtu de cuir depuis les pieds jusqu'à la tête; il allait de village en village criant contre la guerre et contre le clergé[5]. S'il n'avait prêché que contre les gens de guerre, il n'avait rien à craindre mais il attaquait les gens d'Église : il fut bientôt mis en prison. On le mena à Derby devant le juge de paix. Fox se présenta au juge avec son bonnet de cuir sur la tête. Un sergent lui donna un grand soufflet, en lui disant : « Gueux, ne sais-tu pas qu'il faut paraître nu-tête devant Monsieur le juge ? »

Fox tendit l'autre joue, et pria le sergent de vouloir bien lui donner un autre soufflet pour l'amour de Dieu[6]. Le juge de Derby voulut lui faire prêter serment avant de l'interroger. « Mon ami, sache, dit-il au juge, que je ne prends jamais le nom de Dieu en vain. » Le juge, voyant que cet homme le tutoyait, l'envoya aux Petites-Maisons de Derby pour y être fouetté. Georges Fox alla, en louant Dieu, à l'hôpital des fous, où l'on ne manqua pas d'exécuter à la rigueur la sentence du juge. Ceux qui lui infligèrent la pénitence du fouet furent bien surpris quand il les pria de lui appliquer encore quelques coups de verges pour le bien de son âme. Ces Messieurs ne se firent pas prier; Fox eut sa double dose, dont il les remercia très cordialement. Il se mit à les prêcher; d'abord on rit, ensuite on l'écouta; et, comme l'enthousiasme est une maladie qui se gagne, plusieurs furent persuadés, et ceux qui l'avaient fouetté devinrent ses premiers disciples[7].

Délivré de sa prison, il courut les champs avec une douzaine de prosélytes[8], prêchant toujours contre le clergé, et fouetté de temps en temps. Un jour, étant mis au pilori, il harangua tout le peuple avec tant de force qu'il convertit une cinquantaine d'auditeurs, et mit le reste tellement dans ses intérêts qu'on le tira en tumulte du trou où il était; on alla chercher le curé anglican dont le crédit avait fait condamner Fox à ce supplice, et on le piloria à sa place[9].

Il osa bien convertir quelques soldats de Cromwell, qui quittèrent le métier des armes[10] et refusèrent de prêter le serment. Cromwell ne voulait pas d'une secte où l'on ne se battait point, de même que Sixte Quint augurait mal d'une secte, *dove non si chiavava*[11]. Il se servit de son pouvoir pour persécuter ces nouveaux venus, on en remplissait les prisons; mais les persécutions ne servent presque jamais qu'à faire des prosélytes : ils sortaient des prisons affermis dans leur créance et suivis de leurs geôliers qu'ils avaient convertis. Mais voici ce qui contribua le plus à étendre la secte. Fox se croyait inspiré. Il crut par conséquent devoir parler d'une manière différente des autres hommes ; il se mit à trembler, à faire des contorsions et des grimaces, à retenir son haleine, à la pousser avec violence ; la prêtresse de Delphes n'eût pas mieux fait. En peu de temps il acquit une grande habitude d'inspiration, et bientôt après il ne fut guère en son pouvoir de parler autrement. Ce fut le premier don qu'il communiqua à ses disciples. Ils firent de bonne foi toutes les grimaces de leur maître ; ils tremblaient de toutes leurs forces au moment de l'inspiration. De là ils en eurent le nom de *Quakers*, qui signifie *trembleurs*[12]. Le petit peuple s'amusait à les contrefaire[13]. On tremblait, on parlait du nez, on avait des convulsions, et on croyait avoir le Saint-Esprit. Il leur fallait quelques miracles, ils en firent.

Le patriarche Fox dit publiquement à un juge de paix, en présence d'une grande assemblée : « Ami, prends garde à toi ; Dieu te punira bientôt de persécuter les saints. » Ce juge était un ivrogne qui buvait tous les jours trop de mauvaise bière et d'eau-de-vie ; il mourut d'apoplexie deux jours après, précisément comme il venait de signer un ordre pour envoyer quelques quakers en prison[14]. Cette mort soudaine ne fut point attribuée à l'intempérance du juge ; tout le monde la regarda comme un effet des prédictions du saint homme.

Cette mort fit plus de quakers que mille sermons et autant de convulsions n'en auraient pu faire. Cromwell, voyant que leur nombre augmentait tous les jours, voulut les attirer à son parti : il leur fit offrir de l'argent, mais ils furent incorruptibles ; et il dit un jour que cette religion était la seule contre laquelle il n'avait pu prévaloir avec des guinées.

Ils furent quelquefois persécutés sous Charles II,

non pour leur religion mais pour ne vouloir pas payer les dîmes au clergé, pour tutoyer les magistrats, et refuser de prêter les serments prescrits par la Loi.

Enfin Robert Barclay, Écossais, présenta au roi, en 1675, son *Apologie des quakers*[15], ouvrage aussi bon qu'il pouvait l'être. L'épître dédicatoire à Charles II contient, non de basses flatteries, mais des vérités hardies et des conseils justes.

« Tu as goûté, dit-il à Charles à la fin de cette épître, de la douceur et de l'amertume, de la prospérité et des plus grands malheurs ; tu as été chassé des pays où tu règnes ; tu as senti le poids de l'oppression, et tu dois savoir combien l'oppresseur est détestable devant Dieu et devant les hommes. Que si, après tant d'épreuves et de bénédictions, ton cœur s'endurcissait et oubliait le Dieu qui s'est souvenu de toi dans tes disgrâces, ton crime en serait plus grand et ta condamnation plus terrible. Au lieu donc d'écouter les flatteurs de ta cour, écoute la voix de ta conscience, qui ne te flattera jamais. Je suis ton fidèle ami et sujet BARCLAY[16]. »

Ce qui est plus étonnant, c'est que cette lettre, écrite à un roi par un particulier obscur, eut son effet, et la persécution cessa.

QUATRIÈME LETTRE

SUR LES QUAKERS[1]

Environ ce temps[2] parut l'illustre Guillaume Penn, qui établit la puissance des quakers en Amérique, et qui les aurait rendus respectables en Europe, si les hommes pouvaient respecter la vertu sous des apparences ridicules; il était fils unique du chevalier Penn, vice-amiral d'Angleterre et favori du duc d'York, depuis Jacques II.

Guillaume Penn, à l'âge de quinze ans, rencontra un quaker à Oxford, où il faisait ses études; ce quaker le persuada, et le jeune homme, qui était vif, naturellement éloquent, et qui avait de la noblesse dans sa physionomie et dans ses manières, gagna bientôt quelques-uns de ses camarades. Il établit insensiblement une société de jeunes quakers qui s'assemblaient chez lui; de sorte qu'il se trouva chef de secte à l'âge de seize ans.

De retour chez le vice-amiral son père au sortir du collège, au lieu de se mettre à genoux devant lui et de lui demander sa bénédiction, selon l'usage des Anglais, il l'aborda le chapeau sur la tête, et lui dit : « Je suis fort aise, l'ami, de te voir en bonne santé. » Le vice-amiral crut que son fils était devenu fol; il s'aperçut bientôt qu'il était quaker. Il mit en usage tous les moyens que la prudence humaine peut employer pour l'engager à vivre comme un autre; le jeune homme ne répondit à son père qu'en l'exhortant à se faire quaker lui-même.

Enfin le père se relâcha à ne lui demander autre chose, sinon qu'il allât voir le roi et le duc d'York le chapeau sous le bras, et qu'il ne les tutoyât point. Guillaume répondit que sa conscience ne le lui permettait pas, et le père, indigné et au désespoir, le chassa de sa maison. Le jeune Penn remercia Dieu de ce qu'il souffrait déjà pour sa cause ; il alla prêcher dans la Cité ; il y fit beaucoup de prosélytes.

Les prêches des ministres éclaircissaient[3] tous les jours ; et comme Penn était jeune, beau et bien fait, les femmes de la Cour et de la ville accouraient dévotement pour l'entendre. Le patriarche Georges Fox vint du fond de l'Angleterre le voir à Londres sur sa réputation ; tous deux résolurent de faire des missions dans les pays étrangers. Ils s'embarquèrent pour la Hollande, après avoir laissé des ouvriers en assez bon nombre pour avoir soin de la vigne de Londres. Leurs travaux eurent un heureux succès à Amsterdam ; mais ce qui leur fit le plus d'honneur et ce qui mit le plus leur humilité en danger, fut la réception que leur fit la princesse Palatine Élisabeth, tante de Georges Ier, roi d'Angleterre, femme illustre par son esprit et par son savoir, et à qui Descartes avait dédié son roman de philosophie.

Elle était alors retirée à La Haye, où elle vit ces *amis,* car c'est ainsi qu'on appelait alors les quakers en Hollande[4] ; elle eut plusieurs conférences avec eux, ils prêchèrent souvent chez elle, et, s'ils ne firent pas d'elle une parfaite quakeresse, ils avouèrent au moins qu'elle n'était pas loin du royaume des Cieux.

Les amis semèrent aussi en Allemagne, mais ils recueillirent peu. On ne goûta pas la mode de tutoyer, dans un pays où il faut toujours avoir à la bouche les termes d'Altesse et d'Excellence[5]. Penn repassa bientôt en Angleterre sur la nouvelle de la maladie de son père, il vint recueillir ses derniers soupirs. Le vice-amiral se réconcilia avec lui et l'embrassa avec tendresse, quoiqu'il fût d'une différente religion ; Guillaume l'exhorta en vain à ne point recevoir le sacrement et à mourir quaker ; et le vieux bonhomme recommanda inutilement à Guillaume d'avoir des boutons sur ses manches et des ganses à son chapeau.

Guillaume hérita de grands biens, parmi lesquels il se trouvait des dettes de la Couronne, pour des avances faites par le vice-amiral dans des expéditions maritimes. Rien n'était moins assuré alors que l'argent dû par le roi ; Penn fut obligé d'aller tutoyer Charles II et ses ministres plus d'une fois pour son paiement. Le gouvernement lui donna en 1680, au lieu d'argent, la propriété et la souveraineté d'une province d'Amérique, au sud de Maryland : voilà un quaker devenu souverain. Il partit pour ses nouveaux États avec deux vaisseaux chargés de quakers qui le suivirent. On appela dès lors le pays *Pennsylvania,* du nom de Penn. Il y fonda la ville de Philadelphie, qui est aujourd'hui très florissante. Il commença par faire une ligue avec les Américains ses voisins. C'est le seul traité entre ces peuples et les chrétiens qui n'ait point été juré, et qui n'ait point été rompu. Le nouveau souverain fut aussi le législateur de la Pennsylvanie ; il donna des lois très sages, dont aucune n'a été changée depuis lui. La première est de ne maltraiter personne au sujet de la religion, et de regarder comme frères tous ceux qui croient un Dieu.

A peine eut-il établi son gouvernement que plusieurs marchands de l'Amérique vinrent peupler cette colonie. Les naturels du pays, au lieu de fuir dans les forêts, s'accoutumèrent insensiblement avec les pacifiques quakers : autant ils détestaient les autres chrétiens conquérants et destructeurs de l'Amérique, autant ils aimaient ces nouveaux venus. En peu de temps un grand nombre de ces prétendus sauvages, charmés de la douceur de ces voisins, vinrent en foule demander à Guillaume Penn de les recevoir au nombre de ses vassaux. C'était un spectacle bien nouveau qu'un souverain que tout le monde tutoyait et à qui on parlait le chapeau sur la tête, un gouvernement sans prêtres, un peuple sans armes, des citoyens tous égaux à la magistrature près, et des voisins sans jalousie.

Guillaume Penn pouvait se vanter d'avoir apporté sur la terre l'âge d'or dont on parle tant, et qui n'a vraisemblablement existé qu'en Pennsylvanie[6]. Il revint en Angleterre pour les affaires de son nouveau pays [7]. Après la mort de Charles II, le roi Jacques, qui avait aimé son père, eut la même affection pour le fils, et ne le considéra plus comme un sectaire obscur, mais comme un très grand homme. La politique du roi s'accordait en cela avec son goût ; il avait envie de flatter les quakers, en abolissant les lois faites contre les non-conformistes, afin de pouvoir introduire la religion catholique à la faveur de cette liberté. Toutes les sectes d'Angleterre virent le piège, et ne s'y laissèrent pas prendre ; elles sont toujours réunies contre le catholicisme leur ennemi commun[8] ; mais Penn ne crut pas devoir renoncer à ses principes pour favoriser des protestants qui le haïssaient, contre un roi qui l'aimait. Il avait établi la liberté de conscience en Amérique ; il n'avait pas envie de vouloir paraître la détruire en Europe ; il demeura donc fidèle à Jacques II, au point qu'il fut généralement accusé d'être jésuite. Cette calomnie l'affligea sensiblement ; il fut obligé de s'en justifier par des écrits publics. Cependant, le malheureux Jacques II, qui comme presque tous les Stuarts était un composé de grandeur et de faiblesse, et qui, comme eux, en fit trop et trop peu, perdit son royaume sans qu'on pût dire comment la chose arriva.

Toutes les sectes anglaises reçurent de Guillaume III et de son Parlement cette même liberté qu'elles n'avaient pas voulu tenir des mains de Jacques. Ce fut alors que les quakers commencèrent à jouir, par la force des lois, de tous les privilèges dont ils sont en possession aujourd'hui. Penn, après avoir vu enfin sa secte établie sans contradiction dans le pays de sa naissance, retourna en Pennsylvanie. Les siens et les Américains le reçurent avec des larmes de joie comme un père qui revenait voir ses enfants. Toutes ses lois avaient été religieusement observées pendant son absence, ce qui n'était arrivé à aucun législateur avant lui. Il resta quelques années à Philadelphie ; il en partit enfin malgré lui pour aller solliciter à Londres des avantages nouveaux en faveur du commerce des Pennsylvains ; il vécut depuis à Londres jusqu'à une extrême vieillesse, considéré comme le chef d'un peuple et d'une religion. Il n'est mort qu'en 1718.

On conserva à ses descendants la propriété et le gouvernement de la Pennsylvanie, et ils vendirent au roi le gouvernement pour douze mille pièces. Les affaires du roi ne lui permirent d'en payer que mille. Un lecteur français croira peut-être que le ministère paya le reste en promesses et s'empara toujours du gouvernement : point du tout ; la Couronne n'ayant pu satisfaire dans le temps marqué au paiement de la somme entière, le contrat fut déclaré nul, et la famille de Penn rentra dans ses droits.

Je ne puis deviner quel sera le sort de la religion des quakers en Amérique ; mais je vois qu'elle dépérit tous les jours à Londres. Par tout pays la religion dominante, quand elle ne persécute point, engloutit à la longue toutes les autres. Les quakers ne peuvent être membres du parlement, ni posséder aucun office, parce qu'il faudrait prêter serment et qu'ils ne veulent point jurer. Ils sont réduits à la nécessité de gagner de l'argent par le commerce ; leurs enfants, enrichis par l'industrie de leurs pères, veulent jouir, avoir des honneurs, des boutons et des manchettes; ils sont honteux d'être appelés quakers, et se font protestants pour être à la mode[9].

CINQUIÈME LETTRE

SUR LA RELIGION ANGLICANE

C'est ici[1] le pays des sectes. Un Anglais, comme homme libre, va au Ciel par le chemin qui lui plaît.

Cependant, quoique chacun puisse ici servir Dieu à sa mode, leur véritable religion, celle où l'on fait fortune, est la secte des épiscopaux, appelée l'Église anglicane, ou l'Église par excellence. On ne peut avoir d'emploi, ni en Angleterre ni en Irlande, sans être du nombre des fidèles anglicans[2]; cette raison, qui est une excellente preuve, a converti tant de non-conformistes, qu'aujourd'hui il n'y a pas la vingtième partie de la nation qui soit hors du giron de l'Église dominante[3].

Le clergé anglican a retenu beaucoup des cérémonies catholiques, et surtout celle de recevoir les dîmes avec une attention très scrupuleuse. Ils ont aussi la pieuse ambition d'être les maîtres.

De plus, ils fomentent autant qu'ils peuvent dans leurs ouailles un saint zèle contre les non-conformistes. Ce zèle était assez vif sous le gouvernement des tories, dans les dernières années de la reine Anne; mais il ne s'étendait pas plus loin qu'à casser quelquefois les vitres des chapelles hérétiques; car la rage des sectes a fini en Angleterre avec les guerres civiles, et ce n'était plus sous la reine Anne que les bruits sourds d'une mer encore agitée longtemps après la tempête. Quand les whigs et les tories déchirèrent leur pays, comme autrefois les Guelfes et les Gibelins[4], il fallut bien que la religion entrât dans les partis. Les tories étaient dans l'Épiscopat ; les whigs le voulaient abolir, mais ils se sont contentés de l'abaisser quand ils ont été les maîtres.

Du temps que le comte Harley d'Oxford et milord Bolingbroke[5] faisaient boire la santé des tories, l'Église anglicane les regardait comme les défenseurs de ses saints privilèges. L'assemblée du bas clergé, qui est une espèce de Chambre des communes composée d'ecclésiastiques, avait alors quelque crédit ; elle jouissait au moins de la liberté de s'assembler, de raisonner de controverse, et de faire brûler de temps en temps quelques livres impies, c'est-à-dire écrits contre elle. Le ministère, qui est whig aujourd'hui, ne permet pas seulement à ces Messieurs de tenir leur assemblée ; ils se sont réduits, dans l'obscurité de leur paroisse, au triste emploi de prier Dieu pour le gouvernement qu'ils ne seraient pas fâchés de troubler. Quant aux évêques, qui sont vingt-six en tout, ils ont séance dans la Chambre haute en dépit des whigs, parce que le vieil abus de les regarder comme barons subsiste encore ; mais ils n'ont pas plus de pouvoir dans la chambre que les ducs et pairs dans le parlement de Paris. Il y a une clause dans le serment que l'on prête à l'État, laquelle exerce bien la patience chrétienne de ces Messieurs.

On y promet d'être de l'Église, comme elle est établie par la loi. Il n'y a guère d'évêque, de doyen, d'archiprêtre, qui ne pense être de droit divin ; c'est donc un grand sujet de mortification pour eux d'être obligés d'avouer qu'ils tiennent tout d'une misérable loi faite par des profanes laïques. Un religieux (le père Courayer) a écrit depuis peu un livre pour prouver la validité et la succession des ordinations anglicanes[6]. Cet ouvrage a été proscrit en France ; mais croyez-vous qu'il ait plu au ministère d'Angleterre ? Point du tout. Ces maudits whigs se soucient très peu que la succession épiscopale ait été interrompue chez eux ou non, et que l'évêque Parker ait été consacré dans un cabaret (comme on le veut) ou dans une église; ils aiment mieux que les évêques tirent leur autorité du Parlement plutôt que des apôtres. Le lord B***[7] dit que cette idée de droit divin ne servirait qu'à faire des tyrans en camail et en rochet, mais que la loi fait des citoyens.

A l'égard des mœurs, le clergé anglican est plus réglé que celui de France[8], et en voici la cause : tous les ecclésiastiques sont élevés dans l'Université d'Oxford ou dans celle de Cambridge, loin de la corruption de la capitale; ils ne sont appelés aux dignités de l'Église que très tard, et dans un âge où les hommes n'ont d'autres passions que l'avarice, lorsque leur ambition manque d'aliments. Les emplois sont ici la récompense des longs services dans l'Église aussi bien que dans l'armée; on n'y voit point de jeunes gens évêques ou colonels au sortir du collège. De plus, les prêtres sont presque tous mariés; la mauvaise grâce contractée dans l'Université et le peu de commerce qu'on a ici avec les femmes font que d'ordinaire un évêque est forcé de se contenter de la sienne. Les prêtres vont quelquefois au cabaret, parce que l'usage le leur permet, et s'ils s'enivrent, c'est sérieusement et sans scandale[9].

Cet être indéfinissable qui n'est ni ecclésiastique ni séculier, en un mot ce que l'on appelle un abbé[10], est une espèce inconnue en Angleterre; les ecclésiastiques sont tous ici réservés et presque tous pédants. Quand ils apprennent qu'en France de jeunes gens connus par leurs débauches, et élevés à la prélature par des intrigues de femmes, font publiquement l'amour[11], s'égaient à composer des chansons tendres, donnent tous les jours des soupers délicats et longs, et de là vont implorer les lumières du Saint-Esprit, et se nommment hardiment les successeurs des apôtres, ils remercient Dieu d'être protestants. Mais ce sont de vilains hérétiques, à brûler à tous les diables[12], comme dit Maître François Rabelais ; c'est pourquoi je ne me mêle de leurs affaires.

SIXIÈME LETTRE

SUR LES PRESBYTÉRIENS

La religion anglicane ne s'étend qu'en Angleterre et en Irlande. Le presbytéranisme est la religion dominante en Écosse. Ce présbytéranisme n'est autre chose que le calvinisme pur, tel qu'il avait été établi en France et qu'il subsiste à Genève. Comme les prêtres de cette secte ne reçoivent de leurs Églises que des gages très médiocres, et que par conséquent ils ne peuvent vivre dans le même luxe que les évêques, ils ont pris le parti naturel de crier contre des honneurs où ils ne peuvent atteindre. Figurez-vous l'orgueilleux Diogène qui foulait aux pieds l'orgueil de Platon : les presbytériens d'Écosse ne ressemblent pas mal à ce fier et gueux raisonneur. Ils traitèrent le roi Charles II avec bien moins d'égards que Diogène n'avait traité Alexandre [1]. Car lorsqu'ils prirent les armes pour lui contre Cromwell qui les avait trompés, ils firent essuyer à ce pauvre roi quatre sermons par jour, ils lui défendaient de jouer, ils le mettaient en pénitence, si bien que Charles se lassa bientôt d'être roi de ces pédants, et s'échappa de leurs mains comme un écolier se sauve du collège.

Devant un jeune et vif bachelier français [2], criaillant le matin dans les écoles de théologie, et le soir chantant avec les dames, un théologien anglican est un Caton ; mais ce Caton paraît un galant devant un presbytérien d'Écosse. Ce dernier affecte une démarche grave, un air fâché, porte un vaste chapeau, un long manteau par-dessus un habit court, prêche du nez, et donne le nom de la prostituée de Babylone à toutes les Églises où quelques ecclésiastiques sont assez heureux pour avoir cinquante mille livres de rente, et où le peuple est assez bon pour le souffrir, et pour les appeler Monseigneur, Votre Grandeur, Votre Éminence.

Ces Messieurs, qui ont aussi quelques Églises en Angleterre, ont mis les airs graves et sévères à la mode en ce pays. C'est à eux qu'on doit la sanctification du dimanche dans les trois royaumes ; il est défendu ce jour-là de travailler et de se divertir, ce qui est le double de la sévérité des Églises catholiques[3] ; point d'opéra, point de comédies, point de concerts à Londres le dimanche ; les cartes même y sont si expressément défendues, qu'il n'y a que les personnes de qualité et ce qu'on appelle les honnêtes gens qui jouent ce jour-là. Le reste de la nation va au sermon, au cabaret et chez les filles de joie.

Quoique la secte épiscopale et la presbytérienne soient les deux dominantes dans la Grande-Bretagne, toutes les autres y sont bien venues et vivent toutes assez bien ensemble, pendant que la plupart de leurs prédicants se détestent réciproquement avec presque autant de cordialité qu'un janséniste damne un jésuite[4].

Entrez dans la Bourse de Londres, cette place plus respectable que bien des cours, vous y voyez rassemblés les députés de toutes les nations pour l'utilité des hommes. Là le juif, le mahométan et le chrétien traitent l'un avec l'autre comme s'ils étaient de la même religion, et ne donnent le nom d'infidèles qu'à ceux qui font banqueroute ; là le presbytérien se fie à l'anabaptiste, et l'anglican reçoit la promesse du quaker. Au sortir de ces pacifiques et libres assemblées, les uns vont à la synagogue, les autres vont boire ; celui-ci va se faire baptiser dans une grande cuve au nom du Père par le Fils au Saint-Esprit ; celui-là fait couper le prépuce de son fils et fait marmotter sur l'enfant des paroles hébraïques qu'il n'entend point ; ces autres vont dans leur église attendre l'inspiration de Dieu leur chapeau sur la tête, et tous sont contents.

S'il n'y avait en Angleterre qu'une religion, le despotisme serait à craindre ; s'il y en avait deux, elles se couperaient la gorge ; mais il y en a trente, et elles vivent en paix et heureuses[5].

SEPTIÈME LETTRE

SUR LES SOCINIENS, OU ARIENS, OU ANTITRINITAIRES[1]

Il y a ici une petite secte d'ecclésiastiques et de quelques séculiers très savants, qui ne prennent ni le nom d'ariens ni celui de sociniens, mais qui ne sont point du tout de l'avis de saint Athanase sur le chapitre de la Trinité, et qui vous disent nettement que le Père est plus grand que le Fils.

Vous souvenez-vous d'un certain évêque orthodoxe qui, pour convaincre un empereur de la consubstantiation, s'avisa de prendre le fils de l'empereur sous le menton et de lui tirer le nez en présence de sa sacrée Majesté ? L'empereur allait se fâcher contre l'évêque, quand le bon homme lui dit ces belles et convaincantes paroles : « Seigneur, si Votre Majesté est en colère de ce que l'on manque de respect à son fils, comment pensez-vous que Dieu le Père traitera ceux qui refusent à Jésus-Christ les titres qui lui sont dus[2] ? » Les gens dont je vous parle disent que le saint évêque était fort mal avisé, que son argument n'était rien moins que concluant, et que l'empereur devait lui répondre : « Apprenez qu'il y a deux façons de me manquer de respect : la première de ne rendre pas assez d'honneur à mon fils ; et la seconde de lui en rendre autant qu'à moi. »

Quoi qu'il en soit, le parti d'Arius commence à revivre en Angleterre, aussi bien qu'en Hollande et en Pologne. Le grand Monsieur Newton faisait à cette opinion l'honneur de la favoriser ; ce philosophe pensait que les unitaires raisonnaient plus géométriquement que nous[3]. Mais le plus ferme patron de la doctrine arienne est l'illustre docteur Clarke[4]. Cet homme est d'une vertu rigide et d'un caractère doux, plus amateur de ses opinions que passionné pour faire des prosélytes, uniquement occupé de calculs et de démonstrations, une vraie machine à raisonnements.

C'est lui qui est l'auteur d'un livre assez peu entendu, mais estimé, sur l'existence de Dieu, et d'un autre plus intelligible, mais assez méprisé, sur la vérité de la religion chrétienne[5].

Il ne s'est point engagé dans de belles disputes scolastiques, que notre ami[6]... appelle de vénérables billevesées ; il s'est contenté de faire imprimer un livre qui contient tous les témoignages des premiers siècles pour et contre les unitaires, et a laissé au lecteur le soin de compter les voix et de juger[7]. Ce livre du docteur lui a attiré beaucoup de partisans, mais l'a empêché d'être archevêque de Cantorbéry[8] ; je crois que le docteur s'est trompé dans son calcul, et qu'il valait mieux être Primat d'Angleterre que curé arien.

Vous voyez quelles révolutions arrivent dans les opinions comme dans les empires. Le parti d'Arius, après trois cents ans de triomphe et douze siècles d'oubli, renaît enfin de sa cendre ; mais il prend très mal son temps de reparaître dans un âge où le monde est rassasié de disputes et de sectes. Celle-ci est encore trop petite pour obtenir la liberté des assemblées publiques[9] ; elle l'obtiendra sans doute, si elle devient plus nombreuse ; mais on est si tiède à présent sur tout cela, qu'il n'y a plus guère de fortune à faire pour une religion nouvelle ou renouvelée[10] ; n'est-ce pas une chose plaisante que Luther, Calvin, Zwingle, tous écrivains qu'on ne peut lire, aient fondé des sectes qui partagent l'Europe, que l'ignorant Mahomet ait donné une religion à l'Asie et à l'Afrique, et que Messieurs

Newton, Clarke, Locke, Le Clerc[11], etc., les plus grands philosophes et les meilleures plumes de leur temps, aient pu à peine venir à bout d'établir un petit troupeau qui même diminue tous les jours[12] ?

Voilà ce que c'est que de venir au monde à propos. Si le cardinal de Retz reparaissait aujourd'hui, il n'ameuterait pas dix femmes dans Paris.

Si Cromwell renaissait, lui qui a fait couper la tête à son roi et s'est fait souverain, serait un simple marchand de Londres.

HUITIÈME LETTRE

SUR LE PARLEMENT

Les membres du parlement d'Angleterre aiment à se comparer aux anciens Romains autant qu'ils le peuvent[1].

Il n'y a pas longtemps que M. Shipping[2], dans la Chambre des communes, commença son discours par ces mots : *la majesté du peuple anglais serait blessée*, etc. La singularité de l'expression causa un grand éclat de rire ; mais, sans se déconcerter, il répéta les mêmes paroles d'un air ferme, et on ne rit plus. J'avoue que je ne vois rien de commun entre la majesté du peuple anglais et celle du peuple romain, encore moins entre leurs gouvernements. Il y a un sénat à Londres dont quelques membres sont soupçonnés, quoique à tort sans doute, de vendre leurs voix dans l'occasion, comme on faisait à Rome : voilà toute la ressemblance. D'ailleurs les deux nations me paraissent entièrement différentes, soit en bien, soit en mal[3]. On n'a jamais connu chez les Romains la folie horrible des guerres de religion ; cette abomination était réservée à des dévots prêcheurs d'humilité et de patience. Marius et Sylla, Pompée et César, Antoine et Auguste ne se battaient point pour décider si le *Flamen* devait porter sa chemise par-dessus sa robe, ou sa robe par-dessus sa chemise, et si les poulets sacrés doivent manger et boire, ou bien manger seulement, pour qu'on prît les augures. Les

Anglais se sont fait pendre autrefois réciproquement à leurs assises, et se sont détruits en bataille rangée pour des querelles de pareille espèce ; la secte des épiscopaux et le presbytéranisme ont tourné pour un temps ces têtes sérieuses. Je m'imagine que pareille sottise ne leur arrivera plus ; ils me paraissent devenir sages à leurs dépens, et je ne leur vois nulle envie de s'égorger dorénavant pour des syllogismes[4].

Voici une différence plus essentielle entre Rome et l'Angleterre, qui met tout l'avantage du côté de la dernière : c'est que le fruit des guerres civiles à Rome a été l'esclavage, et celui des troubles d'Angleterre la liberté[5]. La nation anglaise est la seule de la terre qui soit parvenue à régler le pouvoir des rois en leur résistant, et qui d'efforts en efforts ait enfin établi ce gouvernement sage où le prince, tout-puissant pour faire du bien, a les mains liées pour faire le mal[6], où les seigneurs sont grands sans insolence et sans vassaux, et où le peuple partage le gouvernement sans confusion.

La Chambre des pairs et celle des communes sont les arbitres de la nation, le roi est le sur-arbitre. Cette balance[7] manquait aux Romains : les grands et le peuple étaient toujours en division à Rome, sans qu'il y eût un pouvoir mitoyen qui pût les accorder. Le sénat de Rome, qui avait l'injuste et punissable orgueil de ne vouloir rien partager avec les plébéiens, ne connaissait d'autre secret pour les éloigner du gouvernement que de les occuper toujours dans les guerres étrangères. Ils regardaient le peuple comme une bête féroce qu'il fallait lâcher sur leurs voisins de peur qu'elle ne dévorât ses maîtres ; ainsi le plus grand défaut du gouvernement des Romains en fit des conquérants. C'est parce qu'ils étaient malheureux chez eux qu'ils devinrent les maîtres du monde, jusqu'à ce qu'enfin leurs divisions les rendirent esclaves.

Le gouvernement d'Angleterre n'est point fait pour un si grand éclat, ni pour une fin si funeste ; son but n'est point la brillante folie de faire des conquêtes, mais d'empêcher que ses voisins n'en fassent ; ce peuple n'est pas seulement jaloux de sa liberté, il l'est encore de celle des autres. Les Anglais étaient acharnés contre Louis XIV uniquement parce qu'ils lui croyaient de l'ambition. Ils lui ont fait la guerre de gaieté de cœur, assurément sans aucun intérêt[8].

Il en a coûté sans doute pour établir la liberté en Angleterre ; c'est dans des mers de sang qu'on a noyé l'idole du pouvoir despotique ; mais les Anglais ne croient point avoir acheté trop cher de bonnes lois. Les autres nations n'ont pas eu moins de troubles, n'ont pas versé moins de sang qu'eux ; mais ce sang qu'elles ont répandu pour la cause de leur liberté n'a fait que cimenter leur servitude.

Ce qui devient une révolution en Angleterre n'est qu'une sédition dans les autres pays. Une ville prend les armes pour défendre ses privilèges, soit en Espagne, soit en Barbarie, soit en Turquie[9] : aussitôt des soldats mercenaires la subjuguent, des bourreaux la punissent, et le reste de la nation baise ses chaînes. Les Français pensent que le gouvernement de cette île est plus orageux que la mer qui l'environne[10], et cela est vrai ; mais c'est quand le roi commence la tempête, c'est quand il veut se rendre le maître du vaisseau dont il n'est que le premier pilote. Les guerres civiles de France ont été plus longues, plus cruelles, plus fécondes en crimes que celles d'Angleterre ; mais de toutes ces guerres civiles, aucune n'a eu une liberté sage pour objet.

Dans les temps détestables de Charles IX et d'Henri III, il s'agissait seulement de savoir si on serait l'esclave des Guise. Pour la dernière guerre de Paris, elle ne mérite que des sifflets ; il me semble que je vois des écoliers qui se mutinent contre le préfet d'un collège, et qui finissent par être fouettés ; le cardinal de Retz, avec beaucoup d'esprit et de courage mal employés, rebelle sans aucun sujet, factieux sans dessein, chef de parti sans armée, cabalait pour cabaler, et semblait faire la guerre civile pour son plaisir. Le parlement ne savait ce qu'il voulait ni ce qu'il ne voulait pas ; il levait des troupes par arrêt, il les cassait ; il menaçait, il demandait pardon ; il mettait à prix la tête du cardinal Mazarin, et ensuite venait le complimenter en cérémonie. Nos guerres civiles sous Charles VI avaient été cruelles, celles de la Ligue furent abominables, celle de la Fronde fut ridicule.

Ce qu'on reproche le plus en France aux Anglais, c'est le supplice de Charles Ier [11], qui fut traité par ses vainqueurs comme il les eût traités s'il eût été heureux.

Après tout regardez d'un côté Charles Ier vaincu en bataille rangée, prisonnier, jugé, condamné dans Westminster, et de l'autre l'empereur Henri VII empoisonné par son chapelain en communiant [12], Henri III assassiné par un moine ministre de la rage de tout un parti [13], trente assassinats médités contre Henri IV, plusieurs exécutés, et le dernier privant enfin la France de ce grand roi. Pesez ces attentats et jugez [14].

NEUVIÈME LETTRE

SUR LE GOUVERNEMENT

Ce mélange heureux dans le gouvernement d'Angleterre, ce concert entre les communes, les lords et le roi n'a pas toujours subsisté. L'Angleterre a été longtemps esclave ; elle l'a été des Romains, des Saxons, des Danois, des Français. Guillaume le Conquérant surtout la gouverna avec un sceptre de fer ; il disposait des biens et de la vie de ses nouveaux sujets comme un monarque de l'Orient ; il défendit sous peine de mort qu'aucun Anglais osât avoir du feu et de la lumière chez lui passé huit heures du soir, soit qu'il prétendît par là prévenir leurs assemblées nocturnes, soit qu'il voulût essayer, par une défense si bizarre, jusqu'où peut aller le pouvoir d'un homme sur d'autres hommes[1].

Il est vrai qu'avant et après Guillaume le Conquérant les Anglais ont eu des parlements ; ils s'en vantent, comme si ces assemblées appelées alors parlements, composées de tyrans ecclésiastiques et de pillards nommés barons, avaient été les gardiens de la liberté et de la félicité publique.

Les barbares, qui des bords de la mer Baltique fondaient dans le reste de l'Europe, apportèrent avec eux l'usage de ces États ou parlements dont on a fait tant de bruit et qu'on connaît si peu. Les rois alors n'étaient point despotiques, cela est vrai ; mais les peuples n'en gémissaient que plus dans une servitude misérable[2]. Les chefs de ces sauvages qui avaient ravagé la France, l'Italie, l'Espagne, l'Angleterre se firent monarques ; leurs capitaines partagèrent entre eux les terres des vaincus. De là ces margraves, ces lairds, ces barons, ces sous-tyrans qui disputaient souvent avec leur roi les dépouilles des peuples. C'étaient des oiseaux de proie combattant contre un aigle pour sucer le sang des colombes ; chaque peuple avait cent tyrans au lieu d'un maître[3]. Les prêtres se mirent bientôt de la partie. De tout temps le sort des Gaulois, des Germains, des insulaires d'Angleterre avait été d'être gouvernés par leurs druides et par les chefs de leurs villages, ancienne espèce de barons, mais moins tyrans que leurs successeurs. Ces druides se disaient médiateurs entre la divinité et les hommes, ils faisaient des lois, ils excommuniaient, ils condamnaient à la mort. Les évêques succédèrent peu à peu à leur autorité temporelle dans le gouvernement goth et vandale. Les papes se mirent à leur tête, et avec des brefs, des bulles et des moines, firent trembler les rois, les déposèrent, les firent assassiner, et tirèrent à eux tout l'argent qu'ils purent de l'Europe. L'imbécile Inas, l'un des tyrans de l'Heptarchie[4] d'Angleterre, fut le premier qui dans un pèlerinage à Rome se soumit à payer le denier de Saint-Pierre (ce qui était environ un écu de notre monnaie) pour chaque maison de son territoire. Toute l'île suivit bientôt cet exemple. L'Angleterre devint petit à petit une province du pape ; le Saint-Père y envoyait de temps en temps ses légats, pour y lever des impôts exorbitants. Jean Sans-Terre fit enfin une cession en bonne forme de son royaume à Sa Sainteté qui l'avait excommunié ; et les barons, qui n'y trouvèrent pas leur compte, chassèrent ce misérable roi ; ils mirent à sa place Louis VIII, père de saint Louis, roi de France ; mais ils se dégoûtèrent bientôt de ce nouveau venu et lui firent repasser la mer.

Tandis que les barons, les évêques, les papes déchiraient ainsi l'Angleterre, où tous voulaient commander, le peuple, la plus nombreuse, la plus vertueuse même et par conséquent la plus respectable partie des hommes, composée de ceux qui étudient les lois et les sciences, des négociants, des artisans, en un mot de tout ce qui n'était point tyran[5], le peuple, dis-je, était regardé par eux comme des animaux au-dessous de l'homme. Il s'en fallait bien que les communes eussent alors part au gouvernement[6]; c'étaient des vilains : leur travail, leur sang appartenaient à leurs maîtres, qui s'appelaient nobles[7]. Le plus grand nombre des hommes étaient en Europe ce qu'ils sont encore en plusieurs endroits du Nord, serfs d'un seigneur, espèce de bétail qu'on vend et qu'on achète avec la terre. Il a fallu des siècles pour rendre justice à l'humanité, pour sentir qu'il était horrible que le grand nombre semât et que le petit nombre recueillît; et n'est-ce pas un bonheur pour le genre humain que l'autorité de ces petits brigands ait été éteinte en France par la puissance légitime de nos rois, et en Angleterre par la puissance légitime des rois et du peuple ?

Heureusement, dans les secousses que les querelles des rois et des grands donnaient aux empires, les fers des nations se sont plus ou moins relâchés; la liberté est née en Angleterre des querelles des tyrans. Les barons forcèrent Jean Sans-Terre et Henri III à accorder cette fameuse Chartre, dont le principal but était à la vérité de mettre les rois dans la dépendance des lords, mais dans laquelle le reste de la nation fut un peu favorisé[8], afin que dans l'occasion elle se rangeât du parti de ses prétendus protecteurs. Cette Grande Charte, qui est regardée comme l'origine sacrée des libertés anglaises, fait bien voir elle-même combien peu la liberté était connue. Le titre seul prouve que le roi se croyait absolu de droit, et que les barons et le clergé même ne le forçaient à se relâcher de ce droit prétendu que parce qu'ils étaient les plus forts.

Voici comme commence la Grande Charte : « Nous accordons de notre libre volonté les privilèges suivants aux archevêques, évêques, abbés, prieurs et barons de notre Royaume, etc.[9]. »

Dans les articles de cet Charte il n'est pas dit un mot de la Chambre des communes, preuve qu'elle n'existait pas encore, ou qu'elle existait sans pouvoir. On y spécifie les hommes libres d'Angleterre : triste démonstration qu'il y en avait qui ne l'étaient pas[10]. On voit par l'article 32 que ces hommes prétendus libres devaient des services à leur seigneur. Une telle liberté tenait encore beaucoup de l'esclavage.

Par l'article 21 le roi ordonne que ses officiers ne pourront dorénavant prendre de force les chevaux et les charrettes des hommes libres qu'en payant[11], et ce règlement parut au peuple une vraie liberté, parce qu'il ôtait une plus grande tyrannie.

Henri VII, usurpateur heureux et grand politique, qui faisait semblant d'aimer les barons, mais qui les haïssait et les craignait, s'avisa de procurer l'aliénation de leurs terres[12]. Par là, les vilains, qui, dans la suite, acquirent du bien par leurs travaux, achetèrent les châteaux des illustres pairs qui s'étaient ruinés par leurs folies. Peu à peu toutes les terres changèrent de maîtres.

La Chambre des communes devint de jour en jour plus puissante. Les familles des anciens pairs s'éteignirent avec le temps ; et, comme il n'y a proprement que les pairs qui soient nobles en Angleterre dans la rigueur de la loi, il n'y aurait plus du tout de noblesse en ce pays-là, si les rois n'avaient pas créé de nouveaux barons de temps en temps, et conservé l'ordre des pairs, qu'ils avaient tant craint autrefois, pour l'opposer à celui des communes devenu trop redoutable[13].

Tous ces nouveaux pairs qui composent la Chambre

haute reçoivent du roi leur titre et rien de plus; presque aucun d'eux n'a la terre dont il porte le nom. L'un est duc de Dorset et n'a pas un pouce de terre en Dorsetshire.

L'autre est comte d'un village qui sait à peine où ce village est situé. Ils ont du pouvoir dans le Parlement, non ailleurs.

Vous n'entendez point ici parler de haute, moyenne et basse justice[14], ni du droit de chasser sur les terres d'un citoyen, lequel n'a pas la liberté de tirer un coup de fusil sur son propre champ.

Un homme, parce qu'il est noble ou parce qu'il est prêtre, n'est point ici exempt de payer certaines taxes; tous les impôts sont réglés par la Chambre des communes, qui, n'étant que la seconde par son rang, est la première par son crédit.

Les seigneurs et les évêques peuvent bien rejeter le bill des communes pour les taxes; mais il ne leur est pas permis d'y rien changer; il faut ou qu'ils le reçoivent ou qu'ils le rejettent sans restriction. Quand le bill est confirmé par les lords et approuvé par le roi, alors tout le monde paie. Chacun donne, non selon sa qualité (ce qui est absurde), mais selon son revenu; il n'y a point de taille ni de capitation arbitraire[15], mais une taxe réelle sur les terres. Elles ont toutes été évaluées[16], sous le fameux roi Guillaume III, et mises au-dessous de leur prix.

La taxe subsiste toujours la même, quoique les revenus des terres aient augmenté; ainsi personne n'est foulé, et personne ne se plaint. Le paysan n'a point les pieds meurtris par des sabots, il mange du pain blanc, il est bien vêtu, il ne craint point d'augmenter le nombre de ses bestiaux ni de couvrir son toit de tuiles, de peur que l'on ne hausse ses impôts l'année d'après[17]. Il y a ici beaucoup de paysans qui ont environ deux cent mille francs de bien, et qui ne dédaignent pas de continuer à cultiver la terre qui les a enrichis, et dans laquelle ils vivent libres.

DIXIÈME LETTRE

SUR LE COMMERCE

Le commerce, qui a enrichi les citoyens en Angleterre, a contribué à les rendre libres, et cette liberté a étendu le commerce à son tour ; de là s'est formée la grandeur de l'État. C'est le commerce qui a établi peu à peu les forces navales par qui les Anglais sont les maîtres des mers. Ils ont à présent près de deux cents vaisseaux de guerre. La postérité apprendra peut-être avec surprise qu'une petite île, qui n'a de soi-même qu'un peu de plomb, de l'étain, de la terre à foulon, et de la laine grossière, est devenue par son commerce assez puissante pour envoyer, en 1723 [1], trois flottes à la fois en trois extrémités du monde, l'une devant Gibraltar conquise et conservée par ses armes, l'autre à Porto-Bello, pour ôter au roi d'Espagne la jouissance des trésors des Indes, et la troisième dans la mer Baltique, pour empêcher les Puissances du Nord de se battre [2].

Quand Louis XIV faisait trembler l'Italie, et que ses armées déjà maîtresses de la Savoie et du Piémont étaient prêtes de prendre Turin, il fallut que le prince Eugène marchât du fond de l'Allemagne au secours du duc de Savoie ; il n'avait point d'argent, sans quoi on ne prend ni ne défend les villes ; il eut recours à des marchands anglais ; en une demi-heure de temps, on lui prêta cinquante millions. Avec cela il délivra Turin, battit les Français, et écrivit à ceux qui avaient prêté cette somme ce petit billet : « Messieurs, j'ai reçu votre argent et je me flatte de l'avoir employé à votre satisfaction[3]. »

Tout cela donne un juste orgueil à un marchand anglais, et fait qu'il ose se comparer, non sans quelque raison, à un citoyen romain[4]. Aussi le cadet d'un pair du royaume ne dédaigne point le négoce. Milord Townshend[5], ministre d'État, a un frère qui se contente d'être marchand dans la Cité. Dans le temps que Milord Oxford gouvernait l'Angleterre, son cadet était facteur à Alep[6], d'où il ne voulut pas revenir, et où il est mort.

Cette coutume, qui pourtant commence trop à se passer[7], paraît monstrueuse à des Allemands entêtés de leurs *quartiers ;* ils ne sauraient concevoir que le fils d'un pair d'Angleterre ne soit qu'un riche et puissant bourgeois, au lieu qu'en Allemagne tout est prince ; on a vu jusqu'à trente Altesses du même nom n'ayant pour tout bien que des armoiries et de l'orgueil.

En France est marquis qui veut ; et quiconque arrive à Paris du fond d'une province avec de l'argent à dépenser et un nom en *Ac* ou en *Ille,* peut dire « un homme comme moi, un homme de ma qualité », et mépriser souverainement un négociant ; le négociant entend lui-même parler si souvent avec mépris de sa profession, qu'il est assez sot pour en rougir. Je ne sais pourtant lequel est le plus utile à un État, ou un seigneur bien poudré qui sait précisément à quelle heure le roi se lève, à quelle heure il se couche, et qui se donne des airs de grandeur en jouant le rôle d'esclave dans l'antichambre d'un ministre, ou un négociant qui enrichit son pays, donne de son cabinet des ordres à Surate et au Caire, et contribue au bonheur du monde[8].

ONZIÈME LETTRE

SUR L'INSERTION DE LA PETITE VÉROLE[1]

On dit doucement dans l'Europe chrétienne que les Anglais sont des fous et des enragés : des fous, parce qu'ils donnent la petite vérole à leurs enfants pour les empêcher de l'avoir; des enragés, parce qu'ils communiquent de gaieté de cœur à ces enfants une maladie certaine et affreuse dans la vue de prévenir un mal incertain. Les Anglais, de leur côté, disent : « Les autres Européens sont des lâches et des dénaturés : ils sont lâches en ce qu'ils craignent de faire un peu de mal à leurs enfants; dénaturés, en ce qu'ils les exposent à mourir un jour de la petite vérole[2]. » Pour juger qui a raison dans cette dispute, voici l'histoire de cette fameuse insertion dont on parle hors d'Angleterre avec tant d'effroi.

Les femmes de Circassie sont de temps immémorial dans l'usage de donner la petite vérole à leurs enfants, même à l'âge de six mois, en leur faisant une incision au bras, et en insérant dans cette incision une pustule qu'elles ont soigneusement enlevée du corps d'un autre enfant. Cette pustule fait, dans le bras où elle est insinuée, l'effet du levain dans un morceau de pâte; elle y fermente, et répand dans la masse du sang les qualités dont elle est empreinte. Les boutons de l'enfant à qui l'on a donné cette petite vérole artificielle servent à porter la même maladie à d'autres; c'est une circulation presque continuelle en Circassie;

et quand malheureusement il n'y a point de petite vérole dans le pays, on est aussi embarrassé qu'on l'est ailleurs dans une mauvaise année[3].

Ce qui a introduit en Circassie cette coutume, qui paraît si étrange à d'autres peuples, est pourtant une cause commune à toute la terre, c'est la tendresse maternelle et l'intérêt.

Les Circassiens sont pauvres et leurs filles sont belles ; aussi ce sont elles dont ils font le plus de trafic. Ils fournissent de beautés les harems du Grand Seigneur, du Sophi de Perse, et de ceux qui sont assez riches pour acheter et pour entretenir cette marchandise précieuse. Ils élèvent ces filles en tout bien et en tout honneur à caresser les hommes, à former des danses pleines de lascivité et de mollesse, à rallumer par tous les artifices les plus voluptueux le goût des maîtres dédaigneux à qui elles sont destinées : ces pauvres créatures répètent tous les jours leur leçon avec leur mère, comme nos petites filles répètent leur catéchisme, sans y rien comprendre[4].

Or, il arrivait souvent qu'un père et une mère, après avoir bien pris des peines pour donner une bonne éducation à leurs enfants, se voyaient tout d'un coup frustrés de leur espérance ; la petite vérole se mettait dans la famille, une fille en mourait, une autre perdait un œil, une troisième relevait avec un gros nez ; et les pauvres gens étaient ruinés sans ressource. Souvent même, quand la petite vérole devenait épidémique, le commerce était interrompu pour plusieurs années, ce qui causait une notable diminution dans les sérails de Perse et de Turquie.

Une nation commerçante est toujours fort alerte sur ses intérêts, et ne néglige rien des connaissances qui peuvent être utiles à son négoce. Les Circassiens s'aperçurent que sur mille personnes il s'en trouvait à peine une seule qui fût attaquée deux fois d'une petite vérole bien complète ; qu'à la vérité on essuie quelquefois trois ou quatre petites véroles légères, mais jamais deux qui soient décidées et dangereuses ; qu'en un mot jamais on n'a véritablement cette maladie deux fois en sa vie. Ils remarquèrent encore que quand les petites véroles sont très bénignes, et que leur éruption ne trouve à percer qu'une peau délicate et fine, elles ne laissent aucune impression sur le visage. De ces observations naturelles ils conclurent que si un enfant de six mois ou d'un an avait une petite vérole bénigne, il n'en mourrait pas, il n'en serait pas marqué et serait quitte de cette maladie pour le reste de ses jours.

Il restait donc pour conserver la vie et la beauté de leurs enfants de leur donner la petite vérole de bonne heure ; c'est ce que l'on fit, en insérant dans le corps d'un enfant un bouton que l'on prit de la petite vérole la plus complète, et en même temps la plus favorable qu'on pût trouver.

L'expérience ne pouvait pas manquer de réussir. Les Turcs, qui sont gens sensés, adoptèrent bientôt après cette coutume, et aujourd'hui il n'y a point de Bacha, dans Constantinople, qui ne donne la petite vérole à son fils et à sa fille en les faisant sevrer.

Il y a quelques gens qui prétendent que les Circassiens prirent autrefois cette coutume des Arabes[5] ; mais nous laissons ce point d'histoire à éclaircir par quelque savant bénédictin, qui ne manquera pas de composer là-dessus plusieurs volumes in-folio avec les preuves. Tout ce que j'ai à dire sur cette matière, c'est que, dans le commencement du règne de Georges Ier, Mme de Wortley-Montaigu, une des femmes d'Angleterre qui a le plus d'esprit et le plus de force dans l'esprit, étant avec son mari en ambassade à Constantinople, s'avisa de donner sans scrupule la petite vérole à un enfant dont elle était accouchée en ce pays[6] ; son chapelain eut beau lui dire que cette expérience n'était pas chrétienne, et ne pouvait réussir que chez les Infidèles, le fils de Mme Wortley s'en trouva à merveille. Cette dame, de retour à Londres, fit part de son expérience à la princesse de Galles, qui est aujourd'hui reine[7]. Il faut avouer que, titres et couronnes à part, cette princesse est née pour encourager tous les arts et pour faire du bien aux hommes; c'est un philosophe aimable sur le trône; elle n'a jamais perdu ni une occasion de s'instruire, ni une occasion d'exercer sa générosité; c'est elle qui, ayant entendu dire qu'une fille de Milton vivait encore, et vivait dans la misère, lui envoya sur-le-champ un présent considérable[8]; c'est elle qui protège ce pauvre père Courayer[9], c'est elle qui daigna être la médiatrice entre le docteur Clarke et M. Leibnitz. Dès qu'elle eut entendu parler de l'inoculation ou insertion de la petite vérole, elle en fit faire l'épreuve sur quatre criminels condamnés à mort[10], à qui elle sauva doublement la vie; car non seulement elle les tira de la potence, mais, à la faveur de cette petite vérole artificielle, elle prévint la naturelle qu'ils auraient probablement eue, et dont ils seraient morts peut-être dans un âge plus avancé.

La princesse, assurée de l'utilité de cette épreuve, fit inoculer ses enfants : l'Angleterre suivit son exemple, et, depuis ce temps, dix mille enfants de famille au moins doivent ainsi la vie à la reine et à Mme Wortley-Montaigu, et autant de filles leur doivent leur beauté.

Sur cent personnes dans le monde, soixante au moins ont la petite vérole; de ces soixante, vingt en meurent dans les années les plus favorables, et vingt en conservent pour toujours de fâcheux restes : voilà donc la cinquième partie des hommes que cette maladie tue ou enlaidit sûrement[11]. De tous ceux qui sont inoculés en Turquie ou en Angleterre, aucun ne meurt, s'il n'est infirme et condamné à mort d'ailleurs, personne n'est marqué, aucun n'a la petite vérole une seconde fois, supposé que l'inoculation ait été parfaite. Il est donc certain que si quelque ambassadrice française avait rapporté ce secret de Constantinople à Paris, elle aurait rendu un service éternel à la nation ; le duc de Villequier, père du duc d'Aumont d'aujourd'hui, l'homme de France le mieux constitué et le plus sain, ne serait pas mort à la fleur de son âge.

Le prince de Soubise, qui avait la santé la plus brillante, n'aurait pas été emporté à l'âge de vingt-cinq ans ; Monseigneur, grand-père de Louis XV, n'aurait pas été enterré dans sa cinquantième année ; vingt mille personnes mortes à Paris de la petite vérole en 1723 vivraient encore[12]. Quoi donc ? Est-ce que les Français n'aiment point la vie ? est-ce que leurs femmes ne se soucient point de leur beauté ? En vérité, nous sommes d'étranges gens. Peut-être dans dix ans prendra-t-on cette méthode anglaise, si les curés et les médecins le permettent ; ou bien les Français dans trois mois se serviront de l'inoculation par fantaisie, si les Anglais s'en dégoûtent par inconstance.

J'apprends[13] que depuis cent ans les Chinois sont dans cet usage ; c'est un grand préjugé que l'exemple d'une nation qui passe pour être la plus sage et la mieux policée de l'univers. Il est vrai que les Chinois s'y prennent d'une façon différente ; ils ne font point d'incision ; ils font prendre la petite vérole par le nez, comme du tabac en poudre ; cette façon est plus agréable, mais elle revient au même, et sert également à confirmer que, si on avait pratiqué l'inoculation en France, on aurait sauvé la vie à des milliers d'hommes.

DOUZIÈME LETTRE

SUR LE CHANCELIER BACON

Il n'y a pas longtemps que l'on agitait dans une compagnie célèbre [1] cette question usée et frivole, quel était le plus grand homme, de César, d'Alexandre, de Tamerlan, de Cromwell, etc.

Quelqu'un répondit que c'était sans contredit Isaac Newton. Cet homme avait raison ; car si la vraie grandeur consiste à avoir reçu du Ciel un puissant génie, et à s'en être servi pour s'éclairer soi-même et les autres, un homme comme Monsieur Newton, tel qu'il s'en trouve à peine en dix siècles, est véritablement le grand homme ; et ces politiques et ces conquérants dont aucun siècle n'a manqué ne sont d'ordinaire que d'illustres méchants. C'est à celui qui domine sur les esprits par la force de la vérité, non à ceux qui font des esclaves par la violence, c'est à celui qui connaît l'Univers, non à ceux qui le défigurent, que nous devons nos respects.

Puis donc que vous exigez que je vous parle des hommes célèbres qu'a portés l'Angleterre, je commencerai par les Bacon, les Locke, les Newton, etc. Les généraux et les ministres viendront à leur tour [2].

Il faut commencer par le fameux comte de Verulam [3], connu en Europe sous le nom de Bacon, qui était son nom de famille. Il était fils d'un garde des Sceaux, et fut longtemps chancelier sous le roi Jacques Ier. Cependant, au milieu des intrigues de la cour et des occupations de sa charge, qui demandaient un homme tout entier, il trouva le temps d'être grand philosophe, bon historien et écrivain élégant ; et ce qui est encore plus étonnant, c'est qu'il vivait dans un siècle où l'on ne connaissait guère l'art de bien écrire, encore moins la bonne philosophie. Il a été, comme c'est l'usage parmi les hommes, plus estimé après sa mort que de son vivant : ses ennemis étaient à la cour de Londres ; ses admirateurs étaient dans toute l'Europe.

Lorsque le marquis d'Effiat amena en Angleterre la princesse Marie, fille de Henri le Grand, qui devait épouser le prince de Galles[4], ce ministre alla visiter Bacon qui, alors étant malade au lit, le reçut les rideaux fermés. « Vous ressemblez aux anges, lui dit d'Effiat ; on entend toujours parler d'eux, on les croit bien supérieurs aux hommes, et on n'a jamais la consolation de les voir. »

Vous savez, Monsieur, comment Bacon fut accusé d'un crime qui n'est guère d'un philosophe, de s'être laissé corrompre par argent ; vous savez comment il fut condamné par la chambre des pairs à une amende d'environ quatre cent mille livres de notre monnaie[5], à perdre sa dignité de chancelier et de pair.

Aujourd'hui les Anglais révèrent sa mémoire au point qu'ils ne veulent point avouer qu'il ait été coupable. Si vous me demandez ce que j'en pense, je me servirai, pour vous répondre, d'un mot que j'ai ouï dire à Milord Bolingbroke. On parlait en sa présence de l'avarice dont le duc de Marlborough avait été accusé, et on en citait des traits sur lesquels on appelait au témoignage de Milord Bolingbroke, qui, ayant été son ennemi déclaré, pouvait peut-être avec bienséance dire ce qui en était. « C'était un si grand homme, répondit-il, que j'ai oublié ses vices[6]. »

Je me bornerai donc à vous parler de ce qui a mérité au chancelier Bacon l'estime de l'Europe.

Le plus singulier et le meilleur de ses ouvrages est celui qui est aujourd'hui le moins lu et le plus inutile : je veux parler de son *Novum scientiarum organum.* C'est l'échafaud avec lequel on a bâti la nouvelle philosophie ; et quand cet édifice a été élevé au moins en partie, l'échafaud n'a plus été d'aucun usage.

Le chancelier Bacon ne connaissait pas encore la nature ; mais il savait et indiquait tous les chemins qui mènent à elle[7]. Il avait méprisé de bonne heure ce que les universités appelaient la philosophie[8] et il faisait tout ce qui dépendait de lui, afin que ces compagnies, instituées pour la perfection de la raison humaine, ne continuassent pas de la gâter par leurs *quiddités,* leur *horreur du vide,* leurs *formes substantielles* et tous les mots impertinents que non seulement l'ignorance rendait respectables, mais qu'un mélange ridicule avec la religion avait rendus presque sacrés[9].

Il est le père de la philosophie expérimentale. Il est bien vrai qu'avant lui on avait découvert des secrets étonnants. On avait inventé la boussole, l'imprimerie, la gravure des estampes, la peinture à l'huile, les glaces, l'art de rendre en quelque façon la vue aux vieillards par les lunettes qu'on appelle bésicles, la poudre à canon, etc. On avait cherché, trouvé et conquis un nouveau monde. Qui ne croirait que ces sublimes découvertes eussent été faites par les plus grands philosophes, et dans des temps bien plus éclairés que le nôtre ? Point du tout : c'est dans le temps de la plus stupide barbarie que ces grands changements ont été faits sur la terre : le hasard seul a produit presque toutes ces inventions, et il y a même bien de l'apparence que ce qu'on appelle hasard a eu grande part dans la découverte de l'Amérique ; du moins a-t-on toujours cru que Christophe Colomb n'entreprit son voyage que sur la foi d'un capitaine de vaisseau qu'une tempête avait jeté jusqu'à la hauteur des îles Caraïbes.

Quoi qu'il en soit, les hommes savaient aller au bout du monde, ils savaient détruire des villes avec un tonnerre artificiel plus terrible que le tonnerre véritable, mais ils ne connaissaient pas la circulation du sang, la pesanteur de l'air, les lois du mouvement, la lumière, le nombre de nos planètes, etc., et un homme qui soutenait une thèse sur les catégories d'Aristote, sur l'universel *a parte rei*[10] ou telle autre sottise, était regardé comme un prodige.

Les inventions les plus étonnantes et les plus utiles ne sont pas celles qui font le plus d'honneur à l'esprit humain.

C'est à un instinct mécanique, qui est chez la plupart des hommes, que nous devons tous les arts, et nullement à la saine philosophie.

La découverte du feu, l'art de faire du pain, de fondre et de préparer les métaux, de bâtir des maisons, l'invention de la navette, sont d'une toute autre nécessité que l'imprimerie et la boussole ; cependant ces arts furent inventés par des hommes encore sauvages.

Quel prodigieux usage les Grecs et les Romains ne firent-ils pas depuis des mécaniques ? Cependant on croyait de leur temps qu'il y avait des cieux de cristal, et que les étoiles étaient de petites lampes qui tombaient quelquefois dans la mer ; et un de leurs grands philosophes, après bien des recherches, avait trouvé que les astres étaient des cailloux qui s'étaient détachés de la terre[11].

En un mot[12] personne avant le chancelier Bacon n'avait connu la philosophie expérimentale ; et de toutes les épreuves physiques qu'on a faites depuis lui, il n'y en a presque pas une qui ne soit indiquée dans son livre. Il en avait fait lui-même plusieurs ; il fit des espèces de machines pneumatiques, par lesquelles il devina l'élasticité de l'air ; il a tourné tout autour de la découverte de sa pesanteur, il y touchait ; cette vérité fut saisie par Torricelli. Peu de temps après, la physique expérimentale commença tout d'un coup à être cultivée à la fois dans presque toutes les parties de l'Europe. C'était un trésor caché dont Bacon s'était douté, et que tous les philosophes, encouragés par sa promesse, s'efforcèrent de déterrer.

Mais ce qui m'a le plus surpris, ç'a été de voir dans son livre, en termes exprès, cette attraction nouvelle dont Monsieur Newton passe pour l'inventeur.

« Il faut chercher, dit Bacon, s'il n'y aurait point une espèce de force magnétique qui opère entre la terre et les choses pesantes, entre la lune et l'océan, entre les planètes, etc. »

En un autre endroit, il dit : « Il faut ou que les corps graves soient portés vers le centre de la terre, ou qu'ils en soient mutuellement attirés, et en ce dernier cas, il est évident que plus les corps en tombant s'approcheront de la terre, plus fortement ils s'attireront. Il faut, poursuit-il, expérimenter si la même horloge à poids ira plus vite sur le haut d'une montagne ou au fond d'une mine; si la force des poids diminue sur la montagne et augmente dans la mine, il y a apparence que la terre a une vraie attraction [13]. »

Ce précurseur de la philosophie a été aussi un écrivain élégant, un historien, un bel esprit.

Ses essais de morale [14] sont très estimés; mais ils sont faits pour instruire plutôt que pour plaire; et, n'étant ni la satire de la nature humaine comme les *Maximes* de M. de La Rochefoucauld, ni l'école du scepticisme comme Montaigne, ils sont moins lus que ces deux livres ingénieux.

Son histoire de Henri VII [15] a passé pour un chef-d'œuvre ; mais je serais fort trompé si elle pouvait être comparée à l'ouvrage de notre illustre de Thou.

En parlant de ce fameux imposteur Parkins [16], juif de naissance, qui prit si hardiment le nom de Richard IV, roi d'Angleterre, encouragé par la duchesse de Bourgogne, et qui disputa la couronne à Henri VII, voici comme le chancelier Bacon s'exprime.

« Environ ce temps, le roi Henri fut obsédé d'esprits malins par la magie de la duchesse de Bourgogne, qui évoqua des enfers l'ombre d'Édouard IV pour venir tourmenter le roi Henri.

« Quand la duchesse de Bourgogne eut instruit Parkins, elle commença à délibérer par quelle région du ciel elle ferait paraître cette comète, et elle résolut qu'elle éclaterait d'abord sur l'horizon de l'Irlande. »

Il me semble que notre sage de Thou ne donne guère dans ce phébus, qu'on prenait autrefois pour du sublime, mais qu'à présent on nomme avec raison galimatias[17].

TREIZIÈME LETTRE

SUR M. LOCKE[1]

Jamais il ne fut peut-être un esprit plus sage, plus méthodique, un logicien plus exact que M. Locke; cependant il n'était pas grand mathématicien. Il n'avait jamais pu se soumettre à la fatigue des calculs ni à la sécheresse des vérités mathématiques, qui ne présente d'abord rien de sensible à l'esprit; et personne n'a mieux prouvé que lui qu'on pouvait avoir l'esprit géomètre sans le secours de la géométrie. Avant lui, de grands philosophes avaient décidé positivement ce que c'est que l'âme de l'homme; mais puisqu'ils n'en savaient rien du tout, il est bien juste qu'ils aient tous été d'avis différents.

Dans la Grèce, berceau des arts et des erreurs, et où l'on poussa si loin la grandeur et la sottise de l'esprit humain, on raisonnait comme chez nous sur l'âme.

Le divin Anaxagoras, à qui on dressa un autel pour avoir appris aux hommes que le soleil était plus grand que le Péloponèse, que la neige était noire et que les cieux étaient de pierre, affirma que l'âme était un esprit aérien, mais cependant immortel[2].

Diogène, un autre que celui qui devint cynique après avoir été faux-monnayeur, assurait que l'âme était une portion de la substance même de Dieu[3], et cette idée au moins était brillante.

Épicure la composait de parties comme le corps. Aristote, qu'on a expliqué de mille façons, parce qu'il était inintelligible[4], croyait, si l'on s'en rapporte à quelques-uns de ses disciples, que l'entendement de tous les hommes était une seule et même substance.

Le divin Platon, maître du divin Aristote, et le divin Socrate, maître du divin Platon, disaient l'âme corporelle et éternelle ; le démon de Socrate lui avait appris sans doute ce qui en était. Il y a des gens à la vérité qui prétendent qu'un homme qui se vantait d'avoir un génie familier était indubitablement un fou ou un fripon ; mais ces gens-là sont trop difficiles.

Quant à nos Pères de l'Église, plusieurs dans les premiers siècles ont cru l'âme humaine, les anges et Dieu corporels.

Le monde se raffine toujours. Saint Bernard, selon l'aveu du père Mabillon, enseigna à propos de l'âme qu'après la mort elle ne voyait point Dieu dans le Ciel, mais qu'elle conversait seulement avec l'humanité de Jésus-Christ[5] ; on ne le crut pas cette fois sur sa parole. L'aventure de la Croisade avait un peu décrédité ses oracles. Mille scolastiques sont venus ensuite, comme le Docteur irréfragable, le Docteur subtil, le Docteur angélique, le Docteur séraphique, le Docteur chérubique[6], qui tous ont été bien sûrs de connaître l'âme très clairement, mais qui n'ont pas laissé d'en parler comme s'ils avaient voulu que personne n'y entendît rien.

Notre Descartes, né pour découvrir les erreurs de l'Antiquité, mais pour y substituer les siennes, et entraîné par cet esprit systématique qui aveugle les plus grands hommes, s'imagina avoir démontré que l'âme était la même chose que la pensée, comme la matière, selon lui, est la même chose que l'étendue : il assura que l'on pense toujours, et que l'âme arrive dans le corps pourvue de toutes les notions métaphysiques, connaissant Dieu, l'espace, l'infini, ayant toutes les idées abstraites, remplie enfin de belles connaissances, qu'elle oublie malheureusement en sortant du ventre de sa mère[7].

M. Malebranche, de l'Oratoire, dans ses illusions sublimes, non seulement admit les idées innées, mais il ne doutait pas que nous ne vissions tout en Dieu[8], et que Dieu, pour ainsi dire, ne fût notre âme.

Tant de raisonneurs ayant fait le roman de l'âme, un sage est venu, qui en a fait modestement l'histoire[9]. Locke a développé à l'homme la raison humaine, comme un excellent anatomiste explique les ressorts du corps humain. Il s'aide partout du flambeau de la physique ; il ose quelquefois parler affirmativement, mais il ose aussi douter ; au lieu de définir tout d'un coup ce que nous ne connaissons pas, il examine par degrés ce que nous voulons connaître. Il prend un enfant au moment de sa naissance, il suit pas à pas les progrès de son entendement, il voit ce qu'il a de commun avec les bêtes, et ce qu'il a au-dessus d'elles, il consulte surtout son propre témoignage, la conscience de sa pensée.

« Je laisse, dit-il, à discuter à ceux qui en savent plus que moi si notre âme existe avant ou après l'organisation de notre corps ; mais j'avoue qu'il m'est tombé en partage une de ces âmes grossières qui ne pensent pas toujours, et j'ai même le malheur de ne pas concevoir qu'il soit plus nécessaire à l'âme de penser toujours qu'au corps d'être toujours en mouvement[10]. »

Pour moi, je me vante de l'honneur d'être en ce point aussi stupide que Locke. Personne ne me fera jamais croire que je pense toujours ; et je ne me sens pas plus disposé que lui à imaginer que quelques semaines après ma conception j'étais une fort savante âme, sachant alors mille choses que j'ai oubliées en naissant, et ayant fort inutilement possédé dans l'*utérus* des connaissances qui m'ont échappé dès que j'ai pu en avoir besoin, et que je n'ai jamais bien pu rapprendre depuis.

Locke, après avoir ruiné les idées innées, après avoir bien renoncé à la vanité de croire qu'on pense toujours, établit que toutes nos idées nous viennent par les sens, examine nos idées simples et celles qui sont composées, suit l'esprit de l'homme dans toutes ses opérations, fait voir combien les langues que les hommes parlent sont imparfaites, et quel abus nous faisons des termes à tous moments.

Il vient enfin à considérer l'étendue ou plutôt le néant des connaissances humaines. C'est dans ce chapitre qu'il ose avancer modestement ces paroles : *Nous ne serons jamais peut-être capables de connaître si un être purement matériel pense ou non* [11].

Ce discours sage parut à plus d'un théologien une déclaration scandaleuse que l'âme est matérielle et mortelle.

Quelques Anglais, dévots à leur manière, sonnèrent l'alarme. Les superstitieux sont dans la société ce que les poltrons sont dans une armée ; ils ont, et donnent des terreurs paniques. On cria que Locke voulait renverser la religion : il ne s'agissait pourtant point de religion dans cette affaire ; c'était une question purement philosophique, très indépendante de la foi et de la révélation ; il ne fallait qu'examiner sans aigreur s'il y a de la contradiction à dire : *la matière peut penser,* et si Dieu peut communiquer la pensée à la matière. Mais les théologiens commencent trop souvent par dire que Dieu est outragé quand on n'est pas de leur avis. C'est trop ressembler aux mauvais poètes, qui criaient que Despréaux parlait mal du roi, parce qu'il se moquait d'eux.

Le docteur Stillingfleet s'est fait une réputation de théologien modéré pour n'avoir pas dit positivement des injures à Locke. Il entra en lice contre lui, mais il fut battu ; car il raisonnait en docteur, et Locke en philosophe instruit de la force et de la faiblesse de l'esprit humain, et qui se battait avec des armes dont il connaissait la trempe.

Si j'osais parler après M. Locke sur un sujet si délicat, je dirais : Les hommes disputent depuis longtemps sur la nature et sur l'immortalité de l'âme. A l'égard de son immortalité, il est impossible de la démontrer, puisqu'on dispute encore sur sa nature, et qu'assurément il faut connaître à fond un être créé pour décider s'il est immortel ou non. La raison humaine est si peu capable de démontrer par elle-même l'immortalité de l'âme que la religion a été obligée de nous la révéler. Le bien commun de tous les hommes demande qu'on croie l'âme immortelle, la foi nous l'ordonne, il n'en faut pas davantage, et la chose est décidée. Il n'en est pas de même de sa nature; il importe peu à la religion de quelle substance soit l'âme pourvu qu'elle soit vertueuse; c'est une horloge qu'on nous a donnée à gouverner; mais l'ouvrier ne nous a pas dit de quoi le ressort de cette horloge est composé.

Je suis corps et je pense; je n'en sais pas davantage. Irai-je attribuer à une cause inconnue ce que je puis si aisément attribuer à la seule cause seconde que je connais ? Ici tous les philosophes de l'École[12] m'arrêtent en argumentant, et disent : « Il n'y a dans le corps que de l'étendue et de la solidité, et il ne peut avoir que du mouvement et de la figure. Or, du mouvement et de la figure, de l'étendue et de la solidité ne peuvent faire une pensée; donc l'âme ne peut pas être matière. » Tout ce grand raisonnement tant de fois répété se réduit uniquement à ceci : « Je ne connais point du tout la matière; j'en devine imparfaitement quelques propriétés; or je ne sais point du tout si ces propriétés peuvent être jointes à la pensée; donc parce que je ne sais rien du tout, j'assure positivement que la matière ne saurait penser. » Voilà nettement la manière de raisonner de l'École. Locke dirait avec simplicité à ces messieurs : « Confessez du moins que vous êtes aussi ignorants que moi, votre imagination ni la mienne ne peuvent concevoir comment un corps a des idées, et comprenez-vous mieux comment une substance, telle qu'elle soit, a des idées ? Vous ne concevez ni la matière ni l'esprit, comment osez-vous assurer quelque chose ? »

Le superstitieux vient à son tour, et dit qu'il faut brûler, pour le bien de leurs âmes, ceux qui soupçonnent qu'on peut penser avec la seule aide du corps. Mais que diraient-ils si c'étaient eux-mêmes qui fussent coupables d'irréligion ? En effet quel est l'homme qui osera assurer, sans une impiété absurde, qu'il est impossible au Créateur de donner à la matière la pensée et le sentiment ? Voyez, je vous prie, à quel embarras vous êtes réduits, vous qui bornez ainsi la puissance du Créateur ! Les bêtes ont les mêmes organes que nous, les mêmes sentiments, les mêmes perceptions ; elles ont de la mémoire, elles combinent quelques idées. Si Dieu n'a pas pu animer la matière et lui donner le sentiment, il faut de deux choses l'une, ou que les bêtes soient de pures machines, ou qu'elles aient une âme spirituelle.

Il me paraît presque démontré que les bêtes ne peuvent être de simples machines. Voici ma preuve [13] : Dieu leur a fait précisément les mêmes organes du sentiment que les nôtres ; donc, s'ils ne sentent point, Dieu a fait un ouvrage inutile. Or Dieu de votre aveu même ne fait rien en vain ; donc il n'a point fabriqué tant d'organes de sentiment pour qu'il n'y eût point de sentiment ; donc les bêtes ne sont point de pures machines.

Les bêtes, selon vous, ne peuvent pas avoir une âme spirituelle ; donc malgré vous il ne reste autre chose à dire, sinon que Dieu a donné aux organes des bêtes, qui sont matière, la faculté de sentir et d'apercevoir, laquelle vous appelez instinct dans elles [14].

Eh ! qui peut empêcher Dieu de communiquer à nos organes plus déliés cette faculté de sentir, d'apercevoir et de penser, que nous appelons raison humaine ? De quelque côté que vous vous tourniez, vous êtes obligés d'avouer votre ignorance et la puissance immense du Créateur : ne vous révoltez donc plus contre la sage et modeste philosophie de Locke ; loin d'être contraire à la religion, elle lui servirait de preuve, si la religion en avait besoin ; car quelle philosophie plus religieuse que celle qui, n'affirmant que ce qu'elle conçoit clairement en sachant avouer sa faiblesse, vous dit qu'il faut recourir à Dieu dès qu'on examine les premiers principes ?

D'ailleurs il ne faut jamais craindre qu'aucun sentiment philosophique puisse nuire à la religion d'un pays. Nos mystères ont beau être contraires à nos démonstrations, ils n'en sont pas moins révérés par les philosophes chrétiens qui savent que les objets de la raison et de la foi sont de différente nature. Jamais les philosophes ne feront une secte de religion. Pourquoi ? C'est qu'ils n'écrivent point pour le peuple, et qu'ils sont sans enthousiasme [15].

Divisez le genre humain en vingt parts. Il y en a dix-neuf composées de ceux qui travaillent de leurs mains, et qui ne sauront jamais s'il y a un Locke au monde ; dans la vingtième partie qui reste, combien trouve-t-on peu d'hommes qui lisent ! Et parmi ceux qui lisent, il y en a vingt qui lisent des romans, contre un qui étudie la philosophie. Le nombre de ceux qui pensent est excessivement petit, et ceux-là ne s'avisent pas de troubler le monde.

Ce n'est ni Montaigne, ni Locke, ni Bayle, ni Spinoza, ni Hobbes, ni milord Shaftesbury, ni M. Collins, ni M. Toland [16], etc., qui ont porté le flambeau de la discorde dans leur patrie ; ce sont, pour la plupart, des théologiens, qui, ayant eu d'abord l'ambition d'être chefs de secte, ont eu bientôt celle d'être chefs de parti. Que dis-je ! tous les livres des philosophes modernes mis ensemble ne feront jamais dans le monde autant de bruit seulement qu'en a fait autrefois la dispute des cordeliers sur la forme de leur manche et de leur capuchon[17].

QUATORZIÈME LETTRE

SUR DESCARTES ET NEWTON[1]

Un Français qui arrive à Londres trouve les choses bien changées en philosophie comme dans tout le reste. Il a laissé le monde plein ; il le trouve vide ; à Paris, on voit l'univers composé de tourbillons de matière subtile ; à Londres, on ne voit rien de cela ; chez nous, c'est la pression de la lune qui cause le flux de la mer ; chez les Anglais, c'est la mer qui gravite vers la lune ; de façon que, quand vous croyez que la lune devrait vous donner marée haute, ces Messieurs croient qu'on doit avoir marée basse ; ce qui malheureusement ne peut se vérifier, car il aurait fallu, pour s'en éclaircir, examiner la lune et les marées au premier instant de la création.

Vous remarquerez encore que le soleil, qui en France n'entre pour rien dans cette affaire, y contribue ici environ pour son quart. Chez vos cartésiens, tout se fait par une impulsion qu'on ne comprend guère ; chez M. Newton, c'est par une attraction dont on ne connaît pas mieux la cause. A Paris, vous vous figurez la terre faite comme un melon ; à Londres, elle est aplatie des deux côtés. La lumière, pour un cartésien, existe dans l'air ; pour un newtonien, elle vient du soleil en six minutes et demie. Votre chimie fait toutes ses opérations avec des acides, des alcalis et de la matière subtile ; l'attraction domine jusque dans la chimie anglaise.

L'essence même des choses a totalement changé : vous ne vous accordez ni sur la définition de l'âme ni sur celle de la matière. Descartes assure que l'âme est la même chose que la pensée, et Locke lui prouve assez bien le contraire.

Descartes assure encore que l'étendue seule fait la matière ; Newton y ajoute la solidité. Voilà de furieuses contrariétés.

Non nostrum inter vos tantas componere lites[2].

Ce fameux Newton, ce destructeur du système cartésien, mourut au mois de mars de l'an passé 1727. Il a vécu honoré de ses compatriotes, et a été enterré comme un roi qui aurait fait du bien à ses sujets[3].

On a lu ici avec avidité et l'on a traduit en anglais l'éloge que M. de Fontenelle a prononcé de M. Newton dans l'Académie des sciences. On attendait en Angleterre le jugement de M. de Fontenelle comme une déclaration solennelle de la supériorité de la philosophie anglaise ; mais, quand on a vu qu'il comparait Descartes à Newton, toute la Société royale de Londres s'est soulevée. Loin d'acquiescer au jugement, on a critiqué ce discours. Plusieurs même (et ceux-là ne sont pas les plus philosophes) ont été choqués de cette comparaison seulement parce que Descartes était français[4].

Il faut avouer que ces deux grands hommes ont été bien différents l'un et l'autre dans leur conduite, dans leur fortune et dans leur philosophie.

Descartes était né avec une imagination vive et forte, qui en fit un homme singulier dans la vie privée comme dans sa manière de raisonner ; cette imagination ne put se cacher même dans ses ouvrages philosophiques, où l'on voit à tout moment des comparaisons ingénieuses et brillantes ; la nature en avait presque fait un poète, et en effet il composa pour la reine de

Suède un divertissement en vers que pour l'honneur de sa mémoire on n'a pas fait imprimer [5].

Il essaya quelque temps du métier de la guerre, et depuis, étant devenu tout à fait philosophe, il ne crut pas indigne de lui de faire l'amour. Il eut de sa maîtresse une fille nommée Francine, qui mourut jeune et dont il regretta beaucoup la perte ; ainsi il éprouva tout ce qui appartient à l'humanité.

Il crut longtemps qu'il était nécessaire de fuir les hommes, et surtout sa patrie, pour philosopher en liberté. Il avait raison ; les hommes de son temps n'en savaient pas assez pour l'éclaicir [6], et n'étaient guère capables que de lui nuire.

Il quitta la France parce qu'il cherchait la vérité, qui y était persécutée alors par la misérable philosophie de l'École ; mais il ne trouva pas plus de raison dans les universités de la Hollande, où il se retira. Car dans le temps qu'on condamnait en France les seules propositions de sa philosophie qui fussent vraies [7], il fut aussi persécuté par les prétendus philosophes de Hollande [8] qui ne l'entendaient pas mieux, et qui, voyant de plus près sa gloire, haïssaient davantage sa personne. Il fut obligé de sortir d'Utrecht [9] ; il essuya l'accusation d'athéisme, dernière ressource des calomniateurs ; et lui qui avait employé toute la sagacité de son esprit à chercher de nouvelles preuves de l'existence d'un Dieu, fut soupçonné de n'en point reconnaître [10].

Tant de persécutions supposaient un très grand mérite et une réputation éclatante : aussi avait-il l'un et l'autre. La raison perça même un peu dans le monde à travers les ténèbres de l'École et les préjugés de la superstition populaire ; son nom fit enfin tant de bruit qu'on voulut l'attirer en France par des récompenses ; on lui proposa une pension de mille écus ; il vint sur cette espérance, paya les frais de la patente qui se vendait alors, n'eut point la pension [11], et s'en retourna philosopher dans sa solitude de Nord-Hollande, dans le temps que le grand Galilée, à l'âge de quatre-vingts ans, gémissait dans les prisons de l'Inquisition [12], pour avoir démontré le mouvement de la terre. Enfin il mourut à Stockholm d'une mort prématurée et causée par un mauvais régime, au milieu de quelques savants, ses ennemis, et entre les mains d'un médecin qui le haïssait [13].

La carrière du chevalier Newton a été toute différente. Il a vécu quatre-vingt-cinq ans, toujours tranquille, heureux et honoré dans sa Patrie.

Son grand bonheur a été non seulement d'être né dans un pays libre, mais dans un temps où les impertinences scolastiques étant bannies, la raison seule était cultivée ; et le monde ne pouvait être que son écolier, et non son ennemi.

Une opposition singulière dans laquelle il se trouve avec Descartes, c'est que, dans le cours d'une si longue vie, il n'a eu ni passion ni faiblesse ; il n'a jamais approché d'aucune femme : c'est ce qui m'a été confirmé par le médecin et le chirurgien entre les bras de qui il est mort. On peut admirer en cela Newton, mais il ne faut pas blâmer Descartes.

L'opinion publique en Angleterre sur ces deux philosophes est que le premier était un rêveur, et que l'autre était un sage [14].

Très peu de personnes à Londres lisent Descartes, dont effectivement les ouvrages sont devenus inutiles ; très peu lisent aussi Newton, parce qu'il faut être fort savant pour le comprendre. Cependant, tout le monde parle d'eux ; on n'accorde rien au Français et on donne tout à l'Anglais. Quelques gens croient que, si on ne s'en tient plus à l'horreur du vide, si on sait que l'air est pesant, si on se sert de lunettes d'approche, on en a l'obligation à Newton. Il est ici l'Hercule de la fable, à qui les ignorants attribuaient tous les faits des autres héros.

Dans une critique qu'on a faite à Londres du discours de M. de Fontenelle, on a osé avancer que Descartes n'était pas un grand géomètre[15]. Ceux qui parlent ainsi peuvent se reprocher de battre leur nourrice ; Descartes a fait un aussi grand chemin, du point où il a trouvé la géométrie jusqu'au point où il l'a poussée, que Newton en a fait après lui : il est le premier qui ait trouvé la manière de donner les équations algébriques des courbes. Sa géométrie, grâce à lui devenue aujourd'hui commune, était de son temps si profonde qu'aucun professeur n'osa entreprendre de l'expliquer, et qu'il n'y avait en Hollande que Schooten et en France que Fermat qui l'entendissent[16].

Il porta cet esprit de géométrie et d'invention dans la dioptrique, qui devint entre ses mains un art tout nouveau, et il s'y trompa en quelque chose, c'est qu'un homme qui découvre de nouvelles terres ne peut tout d'un coup en connaître toutes les propriétés : ceux qui viennent après lui et qui rendent ces terres fertiles lui ont au moins l'obligation de la découverte. Je ne nierai pas que tous les autres ouvrages de M. Descartes fourmillent d'erreurs.

La géométrie était un guide que lui-même avait en quelque façon formé, et qui l'aurait conduit sûrement dans sa physique ; cependant il abandonna à la fin ce guide et se livra à l'esprit de système. Alors sa philosophie ne fut plus qu'un roman ingénieux, et tout au plus vraisemblable pour les ignorants. Il se trompa sur la nature de l'âme, sur les preuves de l'existence de Dieu, sur la matière, sur les lois du mouvement, sur la nature de la lumière ; il admit des idées innées, il inventa de nouveaux éléments, il créa un monde, il fit l'homme à sa mode, et on dit avec raison que l'homme de Descartes n'est en effet que celui de Descartes, fort éloigné de l'homme véritable.

Il poussa ses erreurs métaphysiques jusqu'à prétendre que deux et deux ne font quatre que parce que Dieu l'a voulu ainsi[17]. Mais ce n'est point trop dire qu'il était estimable même dans ses égarements : il se trompa, mais ce fut au moins avec méthode, et avec un esprit conséquent ; il détruisit les chimères absurdes dont on infatuait la jeunesse depuis deux mille ans ; il apprit aux hommes de son temps à raisonner, et à se servir contre lui-même de ses armes. S'il n'a pas payé en bonne monnaie, c'est beaucoup d'avoir décrié la fausse.

Je ne crois pas qu'on ose, à la vérité, comparer en rien sa philosopie avec celle de Newton ; la première est un essai, la seconde est un chef-d'œuvre. Mais celui qui nous a mis sur la voie de la vérité vaut peut-être celui qui a été depuis au bout de cette carrière.

Descartes donna la vue aux aveugles, ils virent les fautes de l'Antiquité et les siennes[18]. La route qu'il ouvrit est, depuis lui, devenue immense. Le petit livre de Rohaut[19] a fait pendant quelque temps une physique complète ; aujourd'hui, tous les recueils des académies de l'Europe ne font pas même un commencement de système : en approfondissant cet abîme, il s'est trouvé infini. Il s'agit maintenant de voir ce que M. Newton a creusé dans ce précipice.

QUINZIÈME LETTRE

SUR LE SYSTÈME DE L'ATTRACTION

Les découvertes du chevalier Newton, qui lui ont fait une réputation si universelle, regardent le système du monde, la lumière, l'infini en géométrie, et enfin la chronologie à laquelle il s'est amusé pour se délasser.

Je vais vous dire (si je puis, sans verbiage) le peu que j'ai pu attraper de toutes ces sublimes idées[1].

A l'égard du système de notre monde, on disputait depuis longtemps sur la cause qui fait tourner et qui retient dans leurs orbites toutes les planètes, et sur celle qui fait descendre ici-bas tous les corps vers la surface de la terre.

Le système de Descartes, expliqué et fort changé depuis lui, semblait rendre une raison plausible de ces phénomènes, et cette raison paraissait d'autant plus vraie qu'elle est simple et intelligible à tout le monde. Mais en philosophie il faut se défier de ce qu'on croit entendre trop aisément, aussi bien que des choses qu'on n'entend pas.

La pesanteur, la chute accélérée des corps tombant sur la terre, la révolution des planètes dans leurs orbites, leurs rotations autour de leur axe, tout cela n'est que du mouvement ; or le mouvement ne peut être conçu que par impulsion ; donc tous ces corps sont poussés. Mais par quoi le sont-ils ? Tout l'espace est plein ; donc il est rempli d'une matière très subtile, puisque nous ne l'apercevons pas ; donc cette matière va d'Occident en Orient, puisque c'est d'Occident en Orient que toutes les planètes sont entraînées. Aussi, de supposition en supposition et de vraisemblance en vraisemblance, on a imaginé un vaste tourbillon de matière subtile, dans lequel les planètes sont entraînées autour du soleil ; on crée encore un autre tourbillon particulier, qui nage dans le grand, et qui tourne journellement autour de la planète. Quand tout cela est fait, on prétend que la pesanteur dépend de ce mouvement journalier ; car, dit-on, la matière subtile qui tourne autour de notre petit tourbillon doit aller dix-sept fois plus vite que la terre ; or, si elle va dix-sept fois plus vite que la terre, elle doit avoir incomparablement plus de force centrifuge, et repousser par conséquent tous les corps vers la terre. Voilà la cause de la pesanteur, dans le système cartésien.

Mais avant que de calculer la force centrifuge et la vitesse de cette matière subtile, il fallait s'assurer qu'elle existât, et supposé qu'elle existe, il est encore démontré faux qu'elle puisse être la cause de la pesanteur.

M. Newton semble anéantir sans ressource tous ces tourbillons grands et petits, et celui qui emporte les planètes autour du soleil, et celui qui fait tourner chaque planète sur elle-même.

Premièrement, à l'égard du prétendu petit tourbillon de la terre, il est prouvé qu'il doit perdre petit à petit son mouvement ; il est prouvé que si la terre nage dans un fluide, ce fluide doit être de la même densité que la terre, et si ce fluide est de la même densité, tous les corps que nous remuons doivent éprouver une résistance extrême, c'est-à-dire qu'il faudrait un levier de la longueur de la terre pour soulever le poids d'une livre.

2° A l'égard des grands tourbillons, ils sont encore plus chimériques. Il est impossible de les accorder avec les règles de Képler, dont la vérité est démontrée. M. Newton fait voir que la révolution du fluide dans lequel Jupiter est supposé entraîné, n'est pas avec la révolution du fluide de la terre comme la révolution de Jupiter est avec celle de la terre.

Il prouve que, toutes les planètes faisant leurs révolutions dans des ellipses, et par conséquent étant bien plus éloignées les unes des autres dans leurs *aphélies* et bien plus proches dans leurs *périhélies,* la terre, par exemple, devrait aller plus vite quand elle est plus près de Vénus et de Mars, puisque le fluide qui l'emporte, étant alors plus pressé, doit avoir plus de mouvement ; et cependant c'est alors même que le mouvement de la terre est plus[2] ralenti.

Il prouve qu'il n'y a point de matière céleste qui aille d'Occident en Orient, puisque les comètes traversent ces espaces tantôt de l'Orient à l'Occident, tantôt du Septentrion au Midi.

Enfin pour mieux trancher encore, s'il est possible, toute difficulté, il prouve ou du moins rend fort probable, et même par des expériences, que le plein est impossible, et il nous ramène le vide, qu'Aristote et Descartes avaient banni du monde.

Ayant, par toutes ces raisons et par beaucoup d'autres encore, renversé les tourbillons du cartésianisme, il désespérait de pouvoir connaître jamais s'il y a un principe secret dans la nature, qui cause à la fois le mouvement de tous les corps célestes et qui fait la pesanteur sur la terre. S'étant retiré en 1666 à la campagne près de Cambridge, un jour qu'il se promenait dans son jardin, et qu'il voyait des fruits tomber d'un arbre[3], il se laissa aller à une méditation profonde sur cette pesanteur, dont tous les philosophes ont cherché si longtemps la cause en vain, et dans laquelle le vulgaire ne soupçonne pas même le mystère. Il se dit à lui-même : « De quelque hauteur dans notre hémisphère que tombassent ces corps, leur chute serait certainement dans la progression découverte par Galilée ; et les espaces parcourus par eux seraient comme les carrés des temps. Ce pouvoir qui fait descendre les corps graves est le même sans aucune diminution sensible à quelque profondeur qu'on soit dans la terre, et sur la plus haute montagne. Pourquoi ce pouvoir ne s'étendrait-il pas jusqu'à la lune ? et, s'il est vrai qu'il pénètre jusque-là, n'y a-t-il pas grande apparence que ce pouvoir la retient dans son orbite et détermine son mouvement ? Mais si la lune obéit à ce principe, quel qu'il soit, n'est-il pas encore très raisonnable de croire que les autres planètes y sont également soumises ?

« Si ce pouvoir existe, il doit (ce qui est prouvé d'ailleurs) augmenter en raison renversée des carrés des distances. Il n'y a donc plus qu'à examiner le chemin que ferait un corps grave en tombant sur la terre d'une hauteur médiocre, et le chemin que ferait dans le même temps un corps qui tomberait de l'orbite de la lune. Pour en être instruit, il ne s'agit plus que d'avoir la mesure de la terre, et la distance de la lune à la terre. »

Voilà comment M. Newton raisonna. Mais on n'avait alors en Angleterre que de très fausses mesures de notre globe ; on s'en rapportait à l'estime incertaine des pilotes, qui comptaient soixante milles d'Angleterre pour un degré, au lieu qu'il en fallait compter près de soixante et dix. Ce faux calcul ne s'accordant pas avec les conclusions que M. Newton voulait tirer, il les abandonna. Un philosophe médiocre, et qui n'aurait eu que de la vanité, eût fait cadrer comme il eût pu la mesure de la terre avec son système. M. Newton aima mieux abandonner alors son projet. Mais depuis que M. Picard[4] eut mesuré la terre exactement, en traçant cette méridienne qui fait tant d'honneur à la France, M. Newton reprit ses premières idées, et il trouva son compte avec le calcul de M. Picard. C'est une chose qui me paraît toujours admirable, qu'on ait découvert de si sublimes vérités avec l'aide d'un quart de cercle et d'un peu d'arithmétique.

La circonférence de la terre est de cent vingt-trois millions deux cent quarante-neuf mille six cents pieds de Paris. De cela seul peut suivre tout le système de l'Attraction.

On connaît la circonférence de la terre, on connaît celle de l'orbite de la lune, et le diamètre de cet[5] orbite. La révolution de la lune dans cet orbite se fait en vingt-sept jours, sept heures, quarante-trois minutes; donc il est démontré que la lune, dans son mouvement moyen, parcourt cent quatre-vingt-sept mille neuf cent soixante pieds de Paris par minute; et par un théorème connu, il est démontré que la force centrale qui ferait tomber un corps de la hauteur de la lune, ne le ferait tomber que de quinze pieds de Paris dans la première minute.

Maintenant, si la règle par laquelle les corps pèsent, gravitent, s'attirent en raison inverse des carrés des distances est vraie; si c'est le même pouvoir qui agit suivant cette règle dans toute la nature, il est évident que, la terre étant éloignée de la lune de soixante demi-diamètres, un corps grave doit tomber sur la terre de quinze pieds dans la première seconde, et cinquante-quatre mille pieds dans la première minute.

Or est-il qu'un corps grave tombe en effet de quinze pieds dans la première seconde, et parcourt dans la première minute cinquante-quatre mille pieds, lequel nombre est le carré de soixante multiplié par quinze; donc les corps pèsent en raison inverse des carrés des distances; donc le même pouvoir fait la pesanteur sur la terre et retient la lune dans son orbite.

Étant donc démontré que la lune pèse sur la terre, qui est le centre de son mouvement particulier, il est démontré que la terre et la lune pèsent sur le soleil, qui est le centre de leur mouvement annuel.

Les autres planètes doivent être soumises à cette loi générale, et, si cette loi existe, ces planètes doivent suivre les règles trouvées par Képler. Toutes ces règles, tous ces rapports sont en effet gardés par les planètes avec la dernière exactitude, donc le pouvoir de la gravitation fait peser toutes les planètes vers le soleil, de même que notre globe. Enfin la réaction de tout corps étant proportionnelle à l'action, il demeure certain que la terre pèse à son tour sur la lune, et que le soleil pèse sur l'une et sur l'autre, que chacun des satellites de Saturne pèse sur les quatre, et les quatre sur lui, tous cinq sur Saturne, Saturne sur tous ; qu'il en est ainsi de Jupiter, et que tous ces globes sont attirés par le soleil, réciproquement attiré par eux.

Ce pouvoir de gravitation agit à proportion de la matière que renferment les corps ; c'est une vérité que M. Newton a démontrée par des expériences. Cette nouvelle découverte a servi à faire voir que le soleil, centre de toutes les planètes, les attire toutes en raison directe de leurs masses, combinées avec leur éloignement. De là s'élevant par degrés jusqu'à des connaissances qui semblaient n'être pas faites pour l'esprit humain, il ose calculer combien de matière contient le soleil, et combien il s'en trouve dans chaque planète ; et ainsi il fait voir que, par les simples lois de la mécanique, chaque globe céleste doit être nécessairement à la place où il est. Son seul principe des lois de la gravitation rend raison de toutes les inégalités apparentes dans le cours des globes célestes. Les variations de la lune deviennent une suite nécessaire de ces lois. De plus, on voit évidemment pourquoi les nœuds de la lune font leur révolution en dix-neuf ans, et ceux de la terre dans l'espace d'environ vingt-six mille années. Le flux et le reflux de la mer est encore un effet très simple de cette Attraction. La proximité de la lune dans son plein et quand elle est nouvelle, et son éloignement dans ses quartiers, combinés avec l'action du soleil, rendent une raison sensible de l'élévation et de l'abaissement de l'océan.

Après avoir rendu compte par sa sublime théorie du cours et des inégalités des planètes, il assujettit les comètes au frein de la même loi. Ces feux si longtemps inconnus, qui étaient la terreur du monde et l'écueil de la philosophie, placés par Aristote au-dessous de la lune, et renvoyés par Descartes au-dessus de Saturne[6], sont mis enfin à leur véritable place par Newton.

Il prouve que ce sont des corps solides, qui se meuvent dans la sphère de l'action du soleil, et décrivent une ellipse si excentrique et si approchante de la parabole que certaines comètes doivent mettre plus de cinq cents ans dans leur révolution.

M. Halley croit que la comète de 1680[7] est la même qui parut du temps de Jules César : celle-là surtout sert plus qu'une autre à faire voir que les comètes sont des corps durs et opaques ; car elle descendit si près du soleil qu'elle n'en était éloignée que d'une sixième partie de son disque ; elle dut, par conséquent, acquérir un degré de chaleur deux mille fois plus violent que celui du fer le plus enflammé. Elle aurait été dissoute et consommée en peu de temps, si elle n'avait pas été un corps opaque[8]. La mode commençait alors de deviner le cours des comètes. Le célèbre mathématicien Jacques Bernoulli conclut par son système que cette fameuse comète de 1680 reparaîtrait le 17 mai 1719[9]. Aucun astronome de l'Europe ne se coucha cette nuit du 17 mai, mais la fameuse comète ne parut point. Il y a au moins plus d'adresse, s'il n'y a plus de sûreté, à lui donner cinq cent soixante et quinze ans pour revenir[10]. Un géomètre anglais nommé Wilston, non moins chimérique que géomètre, a sérieusement affirmé que du temps du Déluge il y avait eu une comète qui avait inondé notre globe, et il a eu l'injustice de s'étonner qu'on se soit moqué de lui[11].

L'Antiquité pensait à peu près dans le goût de Wilston ; elle croyait que les comètes étaient toujours les avant-courrières de quelque grand malheur sur la terre. Newton au contraire soupçonne qu'elles sont très bienfaisantes, et que les fumées qui en sortent ne servent qu'à secourir et vivifier les planètes qui s'imbibent, dans leur cours, de toutes ces particules que le soleil a détachées des comètes. Ce sentiment est du moins plus probable que l'autre.

Ce n'est pas tout. Si cette force de gravitation, d'Attraction[12], agit dans tous les globes célestes, elle agit sans doute sur toutes les parties de ces globes ; car, si les corps s'attirent en raison de leurs masses, ce ne peut être qu'en raison de la quantité de leurs parties ; et si ce pouvoir est logé dans le tout, il l'est sans doute dans la moitié, il l'est dans le quart, dans la huitième partie, ainsi jusqu'à l'infini. De plus, si ce pouvoir n'était pas également dans chaque partie, il y aurait toujours quelques côtés du globe qui graviteraient plus que les autres, ce qui n'arrive pas. Donc ce pouvoir existe réellement dans toute la matière, et dans les plus petites particules de la matière.

Ainsi, voilà l'Attraction qui est le grand ressort qui fait mouvoir toute la nature[13].

Newton avait bien prévu, après avoir démontré l'existence de ce principe, qu'on se révolterait contre ce seul nom[14]. Dans plus d'un endroit de son livre il précautionne son lecteur contre l'Attraction même, il l'avertit de ne la pas confondre avec les qualités occultes des Anciens, et de se contenter de connaître qu'il y a dans tous les corps une force centrale qui agit d'un bout de l'univers à l'autre sur les corps les plus proches et sur les plus éloignés, suivant les lois immuables de la mécanique.

Il est étonnant qu'après les protestations solennelles de ce grand philosophe, M. Saurin[15] et M. de Fontenelle, qui eux-mêmes méritent ce nom, lui aient reproché nettement les chimères du péripatétisme : M. Saurin, dans les *Mémoires de l'Académie* de 1709, et M. de Fontenelle, dans l'*Éloge* même de M. Newton.

Presque tous les Français, savants et autres, ont répété ce reproche. On entend dire partout : « Pourquoi Newton ne s'est-il pas servi du mot d'impulsion [16], que l'on comprend si bien, plutôt que du terme d'Attraction, que l'on ne comprend pas ? »

Newton aurait pu répondre à ces critiques : « Premièrement, vous n'entendez pas plus le mot d'impulsion que celui d'Attraction, et si vous ne concevez pas pourquoi un corps tend vers le centre d'un autre corps, vous n'imaginez pas plus par quelle vertu un corps en peut pousser un autre.

« Secondement, je n'ai pas pu admettre l'impulsion; car il faudrait, pour cela, que j'eusse connu qu'une matière céleste pousse en effet les planètes; or non seulement je ne connais point cette matière, mais j'ai prouvé qu'elle n'existe pas [17].

« Troisièmement, je ne me sers du mot d'Attraction que pour exprimer un effet que j'ai découvert dans la nature, effet certain et indisputable d'un principe inconnu, qualité inhérente dans la matière, dont de plus habiles que moi trouveront, s'ils peuvent, la cause.

— Que nous [18] avez-vous donc appris, insiste-t-on encore, et pourquoi tant de calculs pour nous dire ce que vous-même ne comprenez pas ?

— Je vous ai appris, pourrait continuer Newton, que la mécanique des forces centrales fait peser tous les corps à proportion de leur matière, que ces forces centrales font seules mouvoir les planètes et les comètes dans des proportions marquées. Je vous démontre qu'il est impossible qu'il y ait une autre cause de la pesanteur et du mouvement de tous les corps célestes; car les corps graves tombant sur la terre selon la proportion démontrée des forces centrales, et les planètes achevant leurs cours suivant ces mêmes proportions, s'il y avait encore un autre pouvoir qui agît sur tous ces corps, il augmenterait leurs vitesses, ou changerait leurs directions. Or jamais aucun de ces corps n'a un seul degré de mouvement, de vitesse, de détermination qui ne soit démontré être l'effet des forces centrales ; donc il est impossible qu'il y ait un autre principe. »

Qu'il me soit permis de faire encore parler un moment Newton. Ne sera-t-il pas bien reçu à dire : « Je suis dans un cas bien différent des Anciens. Ils voyaient, par exemple, l'eau monter dans les pompes, et ils disaient : « L'eau monte parce qu'elle a horreur du vide. » Mais moi je suis dans le cas de celui qui aurait remarqué le premier que l'eau monte dans les pompes, et qui laisserait à d'autres le soin d'expliquer la cause de cet effet. L'anatomiste qui a dit le premier que le bras se remue parce que les muscles se contractent, enseigna aux hommes une vérité incontestable ; lui en aura-t-on moins d'obligation parce qu'il n'a pas su pourquoi les muscles se contractent ? La cause du ressort de l'air est inconnue, mais celui qui a découvert ce ressort a rendu un grand service à la physique. Le ressort que j'ai découvert était plus caché, plus universel ; ainsi on doit m'en savoir plus de gré. J'ai découvert une nouvelle propriété de la matière, un des secrets du Créateur ; j'en ai calculé, j'en ai démontré les effets ; peut-on me chicaner sur le nom que je lui donne ?

« Ce sont les tourbillons qu'on peut appeler une qualité occulte, puisqu'on n'a jamais prouvé leur existence. L'Attraction au contraire est une chose réelle, puisqu'on en démontre les effets et qu'on en calcule les proportions. La cause de cette cause est dans le sein de Dieu. »

Procedes huc, et non ibis amplius[19].

SEIZIÈME LETTRE

SUR L'OPTIQUE DE M. NEWTON[1].

Un nouvel univers a été découvert par les philosophes du dernier siècle, et ce monde nouveau était d'autant plus difficile à connaître, qu'on ne se doutait pas même qu'il existât. Il semblait aux plus sages que c'était une témérité d'oser seulement songer qu'on pût deviner par quelles lois les corps célestes se meuvent, et comment la lumière agit.

Galilée par ses découvertes astronomiques, Képler par ses calculs, Descartes au moins dans sa *Dioptrique,* et Newton dans tous ses ouvrages, ont vu la mécanique des ressorts du monde. Dans la géométrie, on a assujetti l'infini au calcul. La circulation du sang dans les animaux et de la sève dans les végétables[1] a changé pour nous la nature. Une nouvelle manière d'exister a été donnée aux corps dans la machine pneumatique; les objets se sont rapprochés de nos yeux à l'aide des télescopes; enfin, ce que Newton a découvert sur la lumière est digne de tout ce que la curiosité des hommes pouvait attendre de plus hardi, après tant de nouveautés.

Jusqu'à Antonio de Dominis[2], l'arc-en-ciel avait paru un miracle inexplicable; ce philosophe devina que c'était un effet nécessaire de la pluie et du soleil. Descartes rendit son nom immortel par l'explication mathématique de ce phénomène si naturel; il calcula les réflexions de la lumière dans les gouttes de pluie, et cette sagacité eut alors quelque chose de divin.

Mais qu'aurait-il dit si on lui avait fait connaître qu'il se trompait sur la nature de la lumière ? qu'il n'avait aucune raison d'assurer que c'était un corps globuleux ; qu'il est faux que cette matière, s'étendant par tout l'univers, n'attende pour être mise en action que d'être poussée par le soleil, ainsi qu'un long bâton qui agit à un bout quand il est pressé par l'autre ; qu'il est très vrai qu'elle est dardée par le soleil, et qu'enfin la lumière est transmise du soleil à la terre en près de sept minutes, quoique un boulet de canon, conservant toujours sa vitesse, ne puisse faire ce chemin qu'en vingt-cinq années ?

Quel eût été son étonnement si on lui avait dit : « Il est faux que la lumière se réfléchisse directement en rebondissant sur les parties solides du corps ; il est faux que les corps soient transparents quand ils ont des pores larges ; et il viendra un homme qui démontrera ces paradoxes, et qui anatomisera[3] un seul rayon de lumière avec plus de dextérité que le plus habile artiste ne dissèque le corps humain. »

Cet homme est venu. Newton, avec le seul secours du prisme, a démontré aux yeux que la lumière est un amas de rayons colorés qui, tous ensemble, donnent la couleur blanche. Un seul rayon est divisé par lui en sept rayons, qui viennent tous se placer sur un linge ou sur un papier blanc dans leur ordre, l'un au-dessus de l'autre et à d'inégales distances. Le premier est couleur de feu ; le second, citron ; le troisième, jaune ; le quatrième, vert ; le cinquième, bleu ; le sixième, indigo ; le septième, violet. Chacun de ces rayons, tamisé ensuite par cent autres prismes, ne changera jamais la couleur qu'il porte, de même qu'un or épuré ne change plus dans les creusets ; et, pour surabondance de preuve que chacun de ces rayons élémentaires porte en soi ce qui fait sa couleur à nos yeux, prenez un petit morceau de bois jaune, par exemple, et exposez-le au rayon couleur de feu, ce bois se teint à l'instant en couleur de feu ; exposez-le au rayon vert, il prend la couleur verte, et ainsi du reste.

Quelle est donc la cause des couleurs dans la nature ? Rien autre chose que la disposition des corps à réfléchir les rayons d'un certain ordre et à absorber tous les autres. Quelle est cette secrète disposition ? Il démontre que c'est uniquement l'épaisseur des petites parties constituantes dont un corps est composé. Et comment se fait cette réflexion ? On pensait que c'était parce que les rayons rebondissaient comme une balle sur la surface d'un corps solide. Point du tout ; Newton enseigne aux philosophes étonnés que les corps ne sont opaques que parce que leurs pores sont larges, que la lumière se réfléchit à nos yeux du sein de ces pores mêmes ; que, plus les pores d'un corps sont petits, plus le corps est transparent : ainsi le papier qui réfléchit la lumière quand il est sec, la transmet quand il est huilé, parce que l'huile remplissant ses pores les rend beaucoup plus petits.

C'est là qu'examinant l'extrême porosité des corps, chaque partie ayant ses pores, et chaque partie de ses parties ayant les siens, il fait voir qu'on n'est point assuré qu'il y ait un pouce cubique[4] de matière solide dans l'univers ; tant notre esprit est éloigné de concevoir ce que c'est que la matière !

Ayant ainsi décomposé la lumière, et ayant porté la sagacité de ses découvertes jusqu'à démontrer le moyen de connaître la couleur composée par les couleurs primitives, il fait voir que ces rayons élémentaires séparés par le moyen du prisme ne sont arrangés dans leur ordre que parce qu'elles sont réfractées en cet ordre même ; et c'est cette propriété inconnue jusqu'à lui de se rompre dans cette proportion, c'est cette réfraction inégale des rayons, ce pouvoir de réfracter le rouge moins que la couleur orangée, etc., qu'il nomme réfrangibilité.

Les rayons les plus réflexibles sont les plus réfrangibles ; de là il fait voir que le même pouvoir cause la réflexion et la réfraction de la lumière.

Tant de merveilles ne sont que le commencement de ses découvertes ; il a trouvé le secret de voir les vibrations et les secousses de la lumière qui vont et viennent sans fin, et qui transmettent la lumière ou la réfléchissent selon l'épaisseur des parties qu'elles rencontrent ; il a osé calculer l'épaisseur des particules d'air nécessaire entre deux verres posés l'un sur l'autre, l'un plat, l'autre convexe d'un côté, pour opérer telle transmission ou réflexion, et pour faire telle ou telle couleur.

De toutes ces combinaisons il trouve en quelle proportion la lumière agit sur les corps et les corps agissent sur elle.

Il a si bien vu la lumière qu'il a déterminé à quel point l'art de l'augmenter et d'aider nos yeux par des télescopes doit se borner.

Descartes, par une noble confiance bien pardonnable à l'ardeur que lui donnaient les commencements d'un art presque découvert par lui, Descartes espérait voir dans les astres, avec des lunettes d'approche, des objets aussi petits que ceux qu'on discerne sur la terre[5].

Newton a montré qu'on ne peut plus perfectionner les lunettes à cause de cette réfraction et de cette réfrangibilité même, qui, en nous rapprochant les objets, écartent trop les rayons élémentaires ; il a calculé dans ces verres la proportion de l'écartement des rayons rouges et des rayons bleus ; et portant la démonstration dans des choses dont on ne soupçonnait pas même l'existence, il examine les inégalités que produit la figure du verre, et celle que fait la réfrangibilité. Il trouve que le verre objectif de la lunette étant convexe d'un côté et plat de l'autre, si le côté plat est tourné vers l'objet, le défaut qui vient de la construction et de la position du verre est cinq mille fois moindre que le défaut qui vient par la réfrangibilité ; et qu'ainsi ce n'est pas la figure des verres qui fait qu'on ne peut perfectionner les lunettes d'approche, mais qu'il faut s'en prendre à la matière même de la lumière.

Voilà pourquoi il inventa un télescope qui montre les objets par réflexion, et non point par réfraction. Cette nouvelle sorte de lunette est très difficile à faire, et n'est pas d'un usage bien aisé; mais on dit en Angleterre qu'un télescope de réflexion de cinq pieds fait le même effet qu'une lunette d'approche de cent pieds[6].

DIX-SEPTIÈME LETTRE

SUR L'INFINI ET SUR LA CHRONOLOGIE

Le labyrinthe et l'abîme de l'infini est aussi une carrière nouvelle parcourue par Newton, et on tient de lui le fil avec lequel on s'y peut conduire.

Descartes se trouve encore son précurseur dans cette étonnante nouveauté ; il allait à grands pas dans sa géométrie jusque vers l'infini, mais il s'arrêta sur le bord [1]. M. Wallis, vers le milieu du dernier siècle, fut le premier qui réduisit une fraction, par une division perpétuelle, à une suite infinie [2].

Milord Brouncker se servit de cette suite pour carrer l'hyperbole [3].

Mercator publia une démonstration de cette quadrature. Ce fut à peu près dans ce temps que Newton, à l'âge de vingt-trois ans, avait inventé une méthode générale pour faire sur toutes les courbes ce qu'on venait d'essayer sur l'hyperbole.

C'est cette méthode de soumettre partout l'infini au calcul algébrique que l'on appelle calcul différentiel, ou des fluxions, et calcul intégral [4]. C'est l'art de nombrer et de mesurer avec exactitude ce dont on ne peut pas même concevoir l'existence.

En effet ne croiriez-vous pas qu'on veut se moquer de vous, quand on vous dit qu'il y a des lignes infiniment grandes qui forment un angle infiniment petit ?

Qu'une droite qui est droite tant qu'elle est finie,

changeant infiniment peu[5] de direction, devient courbe infinie ; qu'une courbe peut devenir infiniment moins courbe ?

Qu'il y a des carrés d'infini, des cubes d'infini, et des infinis d'infini, dont le pénultième n'est rien par rapport au dernier ?

Tout cela, qui paraît d'abord l'excès de la déraison, est en effet l'effort de la finesse et de l'étendue de l'esprit humain, et la méthode de trouver des vérités qui étaient jusqu'alors inconnues.

Cet édifice si hardi est même fondé sur des idées simples. Il s'agit de mesurer la diagonale d'un carré, d'avoir l'aire d'une courbe, de trouver une racine carrée à un nombre qui n'en a point dans l'arithmétique ordinaire.

Et après tout, tant d'ordres d'infinis ne doivent pas plus révolter l'imagination que cette proposition si connue, qu'entre un cercle et une tangente on peut toujours faire passer des courbes ; ou cette autre, que la matière est toujours divisible. Ces deux vérités sont depuis longtemps démontrées, et ne sont pas plus compréhensibles que le reste.

On a disputé longtemps à Newton l'invention de ce fameux calcul. M. Leibnitz a passé en Allemagne pour l'inventeur des différences que Newton appelle fluxions, et Bernoulli a revendiqué le calcul intégral ; mais l'honneur de la première découverte a demeuré à Newton[6], et il est resté aux autres la gloire d'avoir pu faire douter entre eux et lui.

C'est ainsi que l'on contesta à Harvey la découverte de la circulation du sang ; à M. Perrault[7], celle de la circulation de la sève. Hartsœker et Leuvenhœck[8] se sont contesté l'honneur d'avoir vu le premier les petits vermisseaux dont nous sommes faits. Ce même Hartsœker a disputé à M. Huyghens l'invention d'une nouvelle manière de calculer l'éloignement d'une étoile fixe. On ne sait encore quel philosophe trouva le problème de la roulette [9].

Quoi qu'il en soit, c'est par cette géométrie de l'infini que Newton est parvenu aux plus sublimes connaissances.

Il me reste à vous parler d'un autre ouvrage plus à la portée du genre humain, mais qui se sent toujours de cet esprit créateur que Newton portait dans toutes ses recherches ; c'est une chronologie toute nouvelle ; car, dans tout ce qu'il entreprenait, il fallait qu'il changeât les idées reçues par les autres hommes.

Accoutumé à débrouiller des chaos, il a voulu porter au moins quelque lumière dans celui de ces fables anciennes confondues avec l'histoire, et fixer une chronologie incertaine [10]. Il est vrai qu'il n'y a point de famille, de ville, de nation qui ne cherche à reculer son origine ; de plus les premiers historiens sont les plus négligents à marquer les dates ; les livres étaient moins communs mille fois qu'aujourd'hui ; par conséquent, étant moins exposé à la critique, on trompait le monde plus impunément ; et puisqu'on a évidemment supposé des faits, il est assez probable qu'on a aussi supposé des dates.

En général, il parut à Newton que le monde était de cinq cents ans plus jeune que les chronologistes ne le disent ; il fonde son idée sur le cours ordinaire de la nature et sur les observations astronomiques.

On entend ici par le cours de la nature le temps de chaque génération des hommes. Les Égyptiens s'étaient servis les premiers de cette manière incertaine de compter. Quand ils voulurent écrire les commencements de leur histoire, ils comptaient trois cent quarante et une générations depuis Ménès jusqu'à Séthon ; et n'ayant pas de dates fixes, ils évaluèrent trois générations à cent ans ; ainsi ils comptaient du règne de Ménès au règne de Séthon onze mille trois cent quarante années.

Les Grecs, avant de compter par olympiades, suivirent la méthode des Égyptiens, et étendirent même un peu la durée des générations, poussant chaque génération jusqu'à quarante années.

Or en cela, les Égyptiens et les Grecs se trompèrent dans leur calcul. Il est bien vrai que selon le cours ordinaire de la nature trois générations font environ cent à six-vingts ans ; mais il s'en faut bien que trois règnes tiennent ce nombre d'années. Il est très évident qu'en général les hommes vivent plus longtemps que les rois ne règnent. Ainsi, un homme qui voudra écrire l'histoire sans avoir de dates précises, et qui saura qu'il y a eu neuf rois chez une nation, aura grand tort s'il compte trois cents ans pour ces neufs rois. Chaque génération est d'environ trente-six ans ; chaque règne est environ de vingt, l'un portant l'autre. Prenez les trente rois d'Angleterre, depuis Guillaume le Conquérant jusqu'à Georges Ier ; ils ont régné six cent quarante-huit ans, ce qui, réparti sur les trente rois, donne à chacun vingt et un ans et demi de règne. Soixante-trois rois de France ont régné, l'un portant l'autre, chacun à peu près vingt ans. Voilà le cours ordinaire de la nature. Donc les Anciens se sont trompés quand ils ont égalé, en général, la durée des règnes à la durée des générations ; donc ils ont trop compté ; donc il est à propos de retrancher un peu de leur calcul.

Les observations astronomiques[11] semblent prêter encore un plus grand secours à notre philosophe ; il en paraît plus fort en combattant sur son terrain.

Vous savez, Monsieur, que la terre, outre son mouvement annuel qui l'emporte autour du soleil d'Occident en Orient dans l'espace d'une année, a encore une révolution singulière, tout à fait inconnue jusqu'à ces derniers temps. Ses pôles ont un mouvement très lent de rétrogradation d'Orient en Occident, qui fait que chaque jour leur position ne répond pas précisément aux mêmes points du ciel. Cette différence, insensible en une année, devient assez forte avec le temps, et au bout de soixante et douze ans on trouve que la différence est d'un degré, c'est-à-dire de la trois cent soixantième partie de tout le ciel. Ainsi, après soixante et douze années, le colure[12] de l'équinoxe du printemps, qui passait par une fixe, répond à une autre fixe. De là vient que le soleil, au lieu d'être dans la partie du ciel où était le Bélier du temps d'Hipparque, se trouve répondre à cette partie du ciel où était le Taureau, et les Gémeaux sont à la place où le Taureau était alors. Tous les signes ont changé de place ; cependant, nous retenons toujours la manière de parler des Anciens ; nous disons que le soleil est dans le Bélier au printemps, par la même condescendance que nous disons que le soleil tourne.

Hipparque fut le premier chez les Grecs qui s'aperçut de quelques changements dans les constellations par rapport aux équinoxes, ou plutôt qui l'apprit des Égyptiens. Les philosophes attribuèrent ce mouvement aux étoiles ; car alors on était bien loin d'imaginer une telle révolution dans la terre : on la croyait en tous sens immobile. Ils créèrent donc un ciel où ils attachèrent toutes les étoiles, et donnèrent à ce ciel un mouvement particulier qui le faisait avancer vers l'Orient, pendant que toutes les étoiles semblaient faire leur route journalière d'Orient en Occident. A cette erreur ils en ajoutèrent une seconde bien plus essentielle ; ils crurent que le ciel prétendu des étoiles fixes avançait vers l'Orient d'un degré en cent années ; ainsi ils se trompèrent dans leur calcul astronomique aussi bien que dans leur système physique. Par exemple, un astronome aurait dit alors : « L'équinoxe du printemps a été du temps d'un tel observateur dans un tel signe, à une telle étoile ; il a fait deux degrés de chemin depuis cet observateur jusqu'à nous ; or deux degrés valent deux cents ans ; donc cet observateur vivait deux cents ans avant moi. » Il est certain qu'un astronome qui eût raisonné ainsi se serait trompé justement de cinquante-quatre ans. Voilà pourquoi les Anciens, doublement trompés, composèrent leur grande année du monde, c'est-à-dire de la révolution de tout le ciel, d'environ trente-six mille ans. Mais les Modernes savent que cette révolution imaginaire du ciel des étoiles n'est autre chose que la révolution des pôles de la terre, qui se fait en vingt-cinq mille neuf cents années. Il est bon de remarquer ici en passant que Newton, en déterminant la figure de la terre, a très heureusement expliqué la raison de cette révolution.

Tout ceci posé, il reste, pour fixer la chronologie, de voir par quelle étoile le colure de l'équinoxe coupe aujourd'hui l'écliptique au printemps, et de savoir s'il ne se trouve point quelque Ancien qui nous ait dit en quel point l'écliptique était coupé de son temps par le même colure des équinoxes.

Clément Alexandrin rapporte que Chiron, qui était de l'expédition des Argonautes, observa les constellations au temps de cette fameuse expédition, et fixa l'équinoxe du printemps au milieu du Bélier, l'équinoxe de l'automne au milieu de la Balance, le solstice de notre été au milieu du Cancer, et le solstice d'hiver au milieu du Capricorne.

Longtemps après l'expédition des Argonautes, et un an avant la guerre du Péloponèse, Méton observa que le point du solstice d'été passait par le huitième degré du Cancer.

Or chaque signe du Zodiaque est de trente degrés. Du temps de Chiron, le solstice était à la moitié du signe, c'est-à-dire au quinzième degré ; un an avant la guerre du Péloponèse, il était au huitième : donc il avait retardé de sept degrés. Un degré vaut soixante et douze ans : donc, du commencement de la guerre du Péloponèse à l'entreprise des Argonautes, il n'y a que sept fois soixante et douze ans, qui font cinq cent quatre ans, et non pas sept cents années comme le disaient les Grecs. Ainsi, en comparant l'état du ciel d'aujourd'hui à l'état où il était alors, nous voyons que l'expédition des Argonautes doit être placée environ neuf cents ans avant Jésus-Christ, et non pas environ quatorze cents ans ; et que par conséquent, le monde est moins vieux d'environ cinq cents ans qu'on ne pensait[13]. Par là toutes les époques sont rapprochées, et tout s'est fait plus tard qu'on ne le dit. Je ne sais si ce système ingénieux fera une grande fortune, et si on voudra se résoudre sur ces idées à réformer la chronologie du monde ; peut-être les savants trouveraient-ils que c'en serait trop d'accorder à un même homme l'honneur d'avoir perfectionné à la fois la physique, la géométrie et l'histoire : ce serait une espèce de monarchie universelle dont l'amour-propre s'accommode malaisément. Aussi, dans le temps que de très grands philosophes l'attaquaient sur l'Attraction, d'autres combattaient son système chronologique[14]. Le temps, qui devrait faire voir à qui la victoire est due, ne fera peut-être que laisser la dispute plus indécise.

DIX-HUITIÈME LETTRE

SUR LA TRAGÉDIE

Les Anglais avaient déjà un théâtre, aussi bien que les Espagnols, quand les Français n'avaient que des tréteaux. Shakespeare [1], qui passait pour le Corneille des Anglais [2], fleurissait à peu près dans le temps de Lope [3] de Véga ; il créa le théâtre. Il avait un génie plein de force et de fécondité, de naturel et de sublime, sans la moindre étincelle de bon goût, et sans la moindre connaissance des règles. Je vais vous dire une chose hasardée, mais vraie : c'est que le mérite de cet auteur a perdu le théâtre anglais ; il y a de si belles scènes, des morceaux si grands et si terribles répandus dans ses farces monstrueuses qu'on appelle tragédies, que ces pièces ont toujours été jouées avec un grand succès. Le temps, qui seul fait la réputation des hommes, rend à la fin leurs défauts respectables. La plupart des idées bizarres et gigantesques de cet auteur ont acquis au bout de deux cents ans le droit de passer pour sublimes ; les auteurs modernes l'ont presque tous copié ; mais ce qui réussissait chez Shakespeare est sifflé chez eux, et vous croyez bien que la vénération qu'on a pour cet ancien augmente à mesure qu'on méprise les modernes. On ne fait pas réflexion qu'il ne faudrait pas l'imiter, et le mauvais succès de ces copistes fait seulement qu'on le croit inimitable.

Vous savez que dans la tragédie du *More de Venise,*

pièce très touchante, un mari étrangle sa femme sur le théâtre, et quand la pauvre femme est étranglée elle s'écrie qu'elle meurt très injustement[4]. Vous n'ignorez pas que dans *Hamlet* des fossoyeurs creusent une fosse en buvant, en chantant des vaudevilles, et en faisant sur les têtes des morts qu'ils rencontrent des plaisanteries convenables à gens de leur métier. Mais ce qui vous surprendra, c'est qu'on a imité ces sottises sous le règne de Charles Second, qui était celui de la politesse et l'âge d'or des beaux-arts.

Otway, dans sa *Venise sauvée*[5], introduit le sénateur Antonio et la courtisane Naki au milieu des horreurs de la conspiration du marquis de Bedmar. Le vieux sénateur Antonio fait auprès de sa courtisane toutes les singeries d'un vieux débauché impuissant et hors du bon sens ; il contrefait le taureau et le chien, il mord les jambes de sa maîtresse, qui lui donne des coups de pied et des coups de fouet. On a retranché de la pièce d'Otway ces bouffonneries, faites pour la plus vile canaille ; mais on a laissé dans le *Jules César* de Shakespeare les plaisanteries des cordonniers et des savetiers romains introduits sur la scène avec Brutus et Cassius. C'est que la sottise d'Otway est moderne, et que celle de Shakespeare est ancienne.

Vous vous plaindrez sans doute que ceux qui jusqu'à présent, vous ont parlé du théâtre anglais, et surtout de ce fameux Shakespeare, ne vous aient encore fait voir que ses erreurs, et que personne n'ait traduit aucun de ces endroits frappants qui demandent grâce pour toutes ses fautes. Je vous répondrai qu'il est bien aisé de rapporter en prose les erreurs d'un poète, mais très difficile de traduire ses beaux vers. Tous les grimauds qui s'érigent en critiques des écrivains célèbres compilent des volumes ; j'aimerais mieux deux pages qui nous fissent connaître quelques beautés ; car je maintiendrai toujours, avec les gens de bon goût, qu'il y a plus à profiter dans douze vers d'Homère et de Virgile que dans toutes les critiques qu'on a faites de ces deux grands hommes.

J'ai hasardé de traduire quelques morceaux des meilleurs poètes anglais : en voici un de Shakespeare. Faites grâce à la copie en faveur de l'original ; et souvenez-vous toujours, quand vous voyez une traduction, que vous ne voyez qu'une faible estampe d'un beau tableau.

J'ai choisi le monologue de la tragédie d'*Hamlet,* qui est su de tout le monde et qui commence par ce vers :

To be or not to be, that is the question.

C'est Hamlet, prince de Danemark, qui parle :

Demeure ; il faut choisir, et passer à l'instant
De la vie à la mort, ou de l'être au néant.
Dieux cruels ! s'il en est, éclairez mon courage.
Faut-il vieillir courbé sous la main qui m'outrage,
Supporter ou finir mon malheur et mon sort ?
Qui suis-je ? qui m'arrête ? et qu'est-ce que la mort ?
C'est la fin de nos maux, c'est mon unique asile ;
Après de longs transports, c'est un sommeil tranquille ;
On s'endort, et tout meurt. Mais un affreux réveil
Doit succéder peut-être aux douceurs du sommeil.
On nous menace, on dit que cette courte vie
De tourments éternels est aussitôt suivie.
O mort ! moment fatal ! affreuse éternité !
Tout cœur à ton seul nom se glace épouvanté.
Eh ! qui pourrait sans toi supporter cette vie,
De nos prêtres menteurs bénir l'hypocrisie[6],
D'une indigne maîtresse encenser les erreurs,
Ramper sous un ministre, adorer ses hauteurs,
Et montrer les langueurs de son âme abattue
A des amis ingrats qui détournent la vue ?
La mort serait trop douce en ces extrémités ;
Mais le scrupule parle, et nous crie : « Arrêtez. »
Il défend à nos mains cet heureux homicide,
Et d'un héros guerrier fait un chrétien timide, etc.

Ne croyez pas que j'aie rendu ici l'anglais mot pour mot ; malheur aux faiseurs de traductions littérales, qui en traduisant chaque parole énervent le sens !

C'est bien là qu'on peut dire que la lettre tue, et que l'esprit vivifie.

Voici encore un passage d'un fameux tragique anglais, Dryden, poète du temps de Charles Second, auteur plus fécond que judicieux, qui aurait une réputation sans mélange s'il n'avait fait que la dixième partie de ses ouvrages, et dont le grand défaut est d'avoir voulu être universel.

Ce morceau commence ainsi :

When I consider life, t'is all a cheat.
Yet fool'd by hope men favour the deceit[7].

De desseins en regrets et d'erreurs en désirs,
Les mortels insensés promènent leur folie.
Dans des malheurs présents, dans l'espoir des plaisirs,
Nous ne vivons jamais, nous attendons la vie.
Demain, demain, dit-on, va combler tous nos vœux ;
Demain vient, et nous laisse encor plus malheureux.
Quelle est l'erreur, hélas ! du soin qui nous dévore ?
Nul de nous ne voudrait recommencer son cours :
De nos premiers moments nous maudissons l'aurore,
Et de la nuit qui vient nous attendons encore
Ce qu'ont en vain promis les plus beaux de nos jours, etc.

C'est dans ces morceaux détachés que les tragiques anglais ont jusqu'ici excellé[8] ; leurs pièces, presque toutes barbares, dépourvues de bienséance, d'ordre, de vraisemblance, ont des lueurs étonnantes au milieu de cette nuit. Le style est trop ampoulé, trop hors de la nature, trop copié des écrivains hébreux si remplis de l'enflure asiatique ; mais aussi il faut avouer que les échasses du style figuré, sur lesquelles la langue anglaise est guindée, élèvent aussi l'esprit bien haut, quoique par une marche irrégulière.

Le premier Anglais qui ait fait une pièce raisonnable et écrite d'un bout à l'autre avec élégance est l'illustre M. Addison. Son *Caton d'Utique* est un chef-d'œuvre pour la diction et pour la beauté des vers. Le rôle de Caton est à mon gré fort au-dessus de celui de

Cornélie dans le *Pompée* de Corneille ; car Caton est grand sans enflure, et Cornélie, qui d'ailleurs n'est pas un personnage nécessaire, vise quelquefois au galimatias. Le Caton de M. Addison me paraît le plus beau personnage qui soit sur aucun théâtre, mais les autres rôles de la pièce n'y répondent pas, et cet ouvrage si bien écrit est défiguré par une intrigue froide d'amour, qui répand sur la pièce une langueur qui la tue[9].

La coutume d'introduire de l'amour à tort et à travers dans les ouvrages dramatiques passa de Paris à Londres vers l'an 1600 avec nos rubans et nos perruques. Les femmes, qui parent les spectacles comme ici, ne veulent plus souffrir qu'on leur parle d'autre chose que d'amour. Le sage Addison eut la molle complaisance de plier la sévérité de son caractère aux mœurs de son temps, et gâta un chef-d'œuvre pour avoir voulu plaire.

Depuis lui, les pièces sont devenues plus régulières, le peuple plus difficile, les auteurs plus corrects et moins hardis. J'ai vu des pièces nouvelles fort sages, mais froides. Il semble que les Anglais n'aient été faits jusqu'ici que pour produire des beautés irrégulières. Les monstres brillants de Shakespeare plaisent mille fois plus que la sagesse moderne. Le génie poétique des Anglais ressemble jusqu'à présent à un arbre touffu planté par la nature, jetant au hasard mille rameaux, et croissant inégalement et avec force ; il meurt si vous voulez forcer sa nature, et le tailler en arbre des jardins de Marly[10].

DIX-NEUVIÈME LETTRE

SUR LA COMÉDIE

Je ne sais comment le sage et ingénieux M. de Muralt, dont nous avons les *Lettres sur les Anglais et sur les Français,* s'est borné, en parlant de la comédie, à critiquer un comique nommé Shadwell[1]. Cet auteur était assez méprisé de son temps ; il n'était point le poète des honnêtes gens ; ses pièces, goûtées pendant quelques représentations par le peuple, étaient dédaignées par tous les gens de bon goût, et ressemblaient à tant de pièces que j'ai vues en France attirer la foule et révolter les lecteurs, et dont on a pu dire :

> Tout Paris les condamne, et tout Paris les court[2].

M. de Muralt aurait dû, ce semble, nous parler d'un auteur excellent qui vivait alors : c'était M. Wicherley, qui fut longtemps l'amant déclaré de la maîtresse la plus illustre de Charles Second[3]. Cet homme, qui passait sa vie dans le plus grand monde, en connaissait parfaitement les vices et les ridicules, et les peignait du pinceau le plus ferme et des couleurs les plus vraies.

Il a fait un *Misanthrope*[4], qu'il a imité de Molière. Tous les traits de Wicherley y sont plus forts et plus hardis que ceux de notre misanthrope ; mais aussi ils ont moins de finesse et de bienséance. L'auteur anglais a corrigé le seul défaut qui soit dans la pièce de Molière ; ce défaut est le manque d'intrigue et d'intérêt. La pièce anglaise est intéressante, et l'intrigue en est ingénieuse : elle est trop hardie sans doute pour nos mœurs. C'est un capitaine de vaisseau plein de valeur, de franchise, et de mépris pour le genre humain ; il a un ami sage et sincère dont il se défie, et une maîtresse dont il est tendrement aimé, sur laquelle il ne daigne pas jeter les yeux ; au contraire, il a mis toute sa confiance dans un faux ami qui est le plus indigne homme qui respire, et il a donné son cœur à la plus coquette et à la plus perfide de toutes les femmes ; il est bien assuré que cette femme est une Pénélope, et ce faux ami un Caton. Il part pour s'aller battre contre les Hollandais, et laisse tout son argent, ses pierreries et tout ce qu'il a au monde à cette femme de bien, et recommande cette femme elle-même à cet ami fidèle, sur lequel il compte si fort. Cependant, le véritable honnête homme dont il se défie tant s'embarque avec lui ; et la maîtresse qu'il n'a pas seulement daigné regarder se déguise en page et fait le voyage sans que le capitaine s'aperçoive de son sexe de toute la campagne.

Le capitaine, ayant fait sauter son vaisseau dans un combat, revient à Londres, sans secours, sans vaisseau et sans argent, avec son page et son ami, ne connaissant ni l'amitié de l'un, ni l'amour de l'autre. Il va droit chez la perle des femmes, qu'il compte retrouver avec sa cassette et sa fidélité : il la retrouve mariée avec l'honnête fripon à qui il s'était confié, et on ne lui a pas plus gardé son dépôt que le reste. Mon homme a toutes les peines du monde à croire qu'une femme de bien puisse faire de pareils tours ; mais pour l'en convaincre mieux, cette honnête dame devient amoureuse du petit page et veut le prendre à force. Mais comme il faut que justice se fasse, et que dans une pièce de théâtre le vice soit puni et la vertu récompensée, il se trouve, à fin de compte, que le capitaine se met à la place du page, couche avec son infidèle, fait cocu son traître ami, lui donne un bon coup d'épée au travers du corps, reprend sa cassette et épouse son page. Vous remarquerez qu'on a encore lardé cette pièce d'une comtesse de Pimbesche, vieille plaideuse, parente du capitaine, laquelle est bien la plus plaisante créature et le meilleur caractère qui soit au théâtre.

Wicherley a encore tiré de Molière une pièce non moins singulière et non moins hardie : c'est une espèce d'*École des femmes*[5].

Le principal personnage de la pièce est un drôle à bonnes fortunes, la terreur des maris de Londres, qui, pour être plus sûr de son fait, s'avise de faire courir le bruit que dans sa dernière maladie les chirurgiens ont trouvé à propos de le faire ennuque. Avec cette belle réputation, tous les maris lui amènent leurs femmes, et le pauvre homme n'est plus embarrassé que du choix ; il donne surtout la préférence à une petite campagnarde qui a beaucoup d'innocence et de tempérament, et qui fait son mari cocu avec une bonne foi qui vaut mieux que la malice des dames les plus expertes. Cette pièce n'est pas, si vous voulez, l'école des bonnes mœurs, mais en vérité c'est l'école de l'esprit et du bon comique.

Un chevalier Vanbrugh[6] a fait des comédies encore plus plaisantes, mais moins ingénieuses. Ce chevalier était un homme de plaisir ; par-dessus cela, poète et architecte : on prétend qu'il écrivait comme il bâtissait, un peu grossièrement. C'est lui qui a bâti le fameux château de Blenheim, pesant et durable monument de notre malheureuse bataille d'Hochstaedt. Si les appartements étaient seulement aussi larges que les murailles sont épaisses, ce château serait assez commode[7].

On a mis dans l'épitaphe de Vanbrugh qu'*on souhaitait que la terre ne lui fût point légère, attendu que de son vivant il l'avait si inhumainement chargée*[8].

Ce chevalier, ayant fait un tour en France avant la guerre de 1701, fut mis à la Bastille, et y resta quelque temps, sans avoir jamais pu savoir ce qui lui avait attiré cette distinction de la part de notre ministère. Il fit une comédie[9] à la Bastille; et ce qui est à mon sens fort étrange, c'est qu'il n'y a dans cette pièce aucun trait contre le pays dans lequel il essuya cette violence.

Celui de tous les Anglais qui a porté le plus loin la gloire du théâtre comique est feu M. Congreve. Il n'a fait que peu de pièces, mais toutes sont excellentes dans leur genre. Les règles du théâtre y sont rigoureusement observées; elles sont pleines de caractères nuancés avec une extrême finesse; on n'y essuie pas la moindre[10] mauvaise plaisanterie; vous y voyez partout le langage des honnêtes gens avec des actions de fripon : ce qui prouve qu'il connaissait bien son monde, et qu'il vivait dans ce qu'on appelle la bonne compagnie. Il était infirme et presque mourant quand je l'ai connu[11]; il avait un défaut, c'était de ne pas assez estimer son premier métier d'auteur, qui avait fait sa réputation et sa fortune. Il me parlait de ses ouvrages comme de bagatelles au-dessous de lui, et me dit, à la première conversation, de ne le voir que sur le pied d'un gentilhomme qui vivait très uniment; je lui répondis que s'il avait eu le malheur de n'être qu'un gentilhomme comme un autre, je ne le serais jamais venu voir, et je fus très choqué de cette vanité si mal placée.

Ses pièces sont les plus spirituelles et les plus exactes; celles de Vanbrugh les plus gaies, et celles de Wicherley les plus fortes.

Il est à remarquer qu'aucun de ces beaux esprits n'a mal parlé de Molière. Il n'y a que les mauvais auteurs anglais qui aient dit du mal de ce grand homme[12]. Ce sont les mauvais musiciens d'Italie qui méprisent Lulli, mais un Buononcini l'estime et lui rend justice[13], de même qu'un Mead[14] fait cas d'un Helvétius et d'un Silva[15].

L'Angleterre a encore de bons poètes comiques, tels que le chevalier Steele[16] et M. Cibber, excellent comédien et d'ailleurs poète du roi, titre qui paraît ridicule, mais qui ne laisse pas de donner mille écus de rente et de beaux privilèges[17]. Notre grand Corneille n'en a pas eu tant.

Au reste ne me demandez pas que j'entre ici dans le moindre détail de ces pièces anglaises dont je suis si grand partisan[18], ni que je vous rapporte un bon mot ou une plaisanterie des Wicherley et des Congreve ; on ne rit point dans une traduction. Si vous voulez connaître la comédie anglaise, il n'y a d'autre moyen pour cela que d'aller à Londres, d'y rester trois ans, d'apprendre bien l'anglais et de voir la comédie tous les jours[19]. Je n'ai pas grand plaisir en lisant Plaute et Aristophane : pourquoi ? c'est que je ne suis ni Grec ni Romain. La finesse des bons mots, l'allusion, là-propos, tout cela est perdu pour un étranger.

Il n'en est pas de même dans la tragédie ; il n'est question chez elle que de grandes passions et de sottises héroïques consacrées par de vieilles erreurs de fable ou d'histoire. Œdipe, Électre appartiennent aux Espagnols, aux Anglais, et à nous, comme aux Grecs. Mais la bonne comédie est la peinture parlante des ridicules d'une nation, et si vous ne connaissez pas la nation à fond, vous ne pouvez guère juger de la peinture.

VINGTIÈME LETTRE

SUR LES SEIGNEURS QUI CULTIVENT LES LETTRES

Il a été un temps en France où les beaux-arts étaient cultivés par les premiers de l'État. Les courtisans surtout s'en mêlaient, malgré la dissipation, le goût des riens, la passion pour l'intrigue, toutes divinités du pays.

Il me paraît qu'on est actuellement à la cour dans tout un autre goût que celui des lettres *. Peut-être dans peu de temps la mode de penser reviendra-t-elle [1] : un roi n'a qu'à vouloir ; on fait de cette nation-ci tout ce qu'on veut. En Angleterre communément on pense, et les lettres y sont plus en honneur qu'en France [2]. Cet avantage est une suite nécessaire de la forme de leur gouvernement. Il y a à Londres environ huit cents personnes qui ont le droit de parler en public et de soutenir les intérêts de la nation ; environ cinq ou six mille prétendent au même honneur à leur tour ; tout le reste s'érige en juge de ceux-ci, et chacun peut faire imprimer ce qu'il pense sur les affaires publiques. Ainsi, toute la nation est dans la nécessité de s'instruire. On n'entend parler que des gouvernements d'Athènes et de Rome ; il faut bien, malgré qu'on en ait, lire les auteurs qui en ont traité ; cette étude conduit naturellement aux belles-lettres [3]. En général, les hommes ont l'esprit de leur état. Pourquoi d'ordinaire nos magistrats, nos avocats, nos médecins et beaucoup d'ecclésiastiques ont-ils plus de lettres, de goût et d'esprit que l'on n'en trouve dans toutes les autres professions ? C'est que réellement leur état est d'avoir l'esprit cultivé, comme celui d'un marchand est de connaître son négoce. Il n'y a pas longtemps qu'un seigneur anglais fort jeune me vint voir à Paris en revenant d'Italie ; il avait fait en vers une description de ce pays-là, aussi poliment écrite que tout ce qu'ont fait le comte de Rochester et nos Chaulieu, nos Sarrasin et nos Chapelle[4].

La traduction que j'en ai faite est si loin d'atteindre à la force et à la bonne plaisanterie de l'original que je suis obligé d'en demander sérieusement pardon à l'auteur et à ceux qui entendent l'anglais ; cependant, comme je n'ai pas d'autre moyen de faire connaître les vers de Milord...[5], les voici dans ma langue :

Qu'ai-je donc vu dans l'Italie ?
Orgueil, astuce et pauvreté,
Grands compliments, peu de bonté,
Et beaucoup de cérémonie ;
L'extravagante comédie
Que souvent l'Inquisition *
Veut qu'on nomme religion,
Mais qu'ici nous nommons folie.
La nature, en vain bienfaisante,
Veut enrichir ces lieux charmants ;
Des prêtres la main désolante
Étouffe ses plus beaux présents.
Les monsignors, soi-disant grands,
Seuls dans leurs palais magnifiques,
Y sont d'illustres fainéants,
Sans argent et sans domestiques.
Pour les petits, sans liberté,
Martyrs du joug qui les domine,
Ils ont fait vœu de pauvreté,
Priant Dieu par oisiveté,
Et toujours jeûnant par famine.

* Il entend sans doute les farces que certains prédicateurs jouent dans les places publiques. *(Note de Voltaire.)*

Ces beaux lieux, du pape bénis,
Semblent habités par les diables,
Et les habitants misérables
Sont damnés dans le paradis.

Peut-être dira-t-on que ces vers sont d'un hérétique ; mais on traduit tous les jours, et même assez mal, ceux d'Horace et de Juvénal, qui avaient le malheur d'être païens. Vous savez bien qu'un traducteur ne doit pas répondre des sentiments de son auteur ; tout ce qu'il peut faire, c'est de prier Dieu pour sa conversion, et c'est ce que je ne manque pas de faire pour celle du Milord.

VINGT ET UNIÈME LETTRE

SUR LE COMTE DE ROCHESTER ET M. WALLER

Tout le monde connaît de réputation le comte de Rochester. M. de Saint-Évremond en a beaucoup parlé[1]; mais il ne nous a fait connaître du fameux Rochester que l'homme de plaisir, l'homme à bonnes fortunes ; je voudrais faire connaître en lui l'homme de génie et le grand poète. Entre autres ouvrages qui brillaient de cette imagination ardente qui n'appartenait qu'à lui, il a fait quelques satires sur les mêmes sujets que notre célèbre Despréaux avait choisis. Je ne sais rien de plus utile, pour se perfectionner le goût, que la comparaison des grands génies qui se sont exercés sur les mêmes matières.

Voici comme M. Despréaux parle contre la raison humaine, dans sa satire sur l'homme :

> Cependant, à le voir, plein de vapeurs légères,
> Soi-même se bercer de ses propres chimères,
> Lui seul de la nature est la base et l'appui,
> Et le dixième ciel ne tourne que pour lui.
> De tous les animaux il est ici le maître ;
> Qui pourrait le nier, poursuis-tu ? Moi, peut-être :
> Ce maître prétendu qui leur donne des lois,
> Ce roi des animaux, combien a-t-il de rois ?

Voici à peu près comme s'exprime le comte de Rochester dans sa satire sur l'homme ; mais il faut que le lecteur se ressouvienne toujours que ce sont ici des traductions libres[2] de poètes anglais, et que la gêne de notre versification et les bienséances délicates de notre langue ne peuvent donner l'équivalent de la licence impétueuse du style anglais.

Cet esprit que je hais, cet esprit plein d'erreur,
Ce n'est pas ma raison, c'est la tienne, docteur;
C'est ta raison frivole, inquiète, orgueilleuse,
Des sages animaux rivale dédaigneuse,
Qui croit entre eux et l'ange occuper le milieu,
Et pense être ici-bas l'image de son Dieu,
Vil atome importun, qui croit, doute, dispute,
Rampe, s'élève, tombe, et nie encor sa chute;
Qui nous dit : « Je suis libre », en nous montrant ses fers,
Et dont l'œil trouble et faux croit percer l'Univers,
Allez, révérends fous, bienheureux fanatiques,
Compilez bien l'amas de vos riens scolastiques!
Pères de visions et d'énigmes sacrés,
Auteurs du labyrinthe où vous vous égarez,
Allez obscurément éclaircir vos mystères,
Et courez dans l'école adorer vos chimères[3]!
Il est d'autres erreurs, il est de ces dévots
Condamnés par eux-même à l'ennui du repos.
Ce mystique encloîtré, fier de son indolence,
Tranquille au sein de Dieu, qu'y peut-il faire? Il pense.
Non, tu ne penses point, misérable, tu dors :
Inutile à la terre et mis au rang des morts,
Ton esprit énervé croupit dans la mollesse;
Réveille-toi, sois homme, et sors de ton ivresse.
L'homme est né pour agir, et tu prétends penser[4]!

Que ces idées soient vraies ou fausses, il est toujours certain qu'elles sont exprimées avec une énergie qui fait le poète.

Je me garderai bien d'examiner la chose en philosophe, et de quitter ici le pinceau pour le compas. Mon unique but, dans cette lettre, est de faire connaître le génie des poètes anglais, et je vais continuer sur ce ton.

On a beaucoup entendu parler du célèbre Waller en France. Messieurs de La Fontaine, Saint-Évremond et Bayle[5] ont fait son éloge; mais on ne connaît de lui que son nom. Il eut à peu près à Londres la même réputation que Voiture eut à Paris, et je crois qu'il la méritait mieux. Voiture vint dans un temps où l'on sortait de la barbarie, et où l'on était encore dans l'ignorance. On voulait avoir de l'esprit, et on n'en avait pas encore; on cherchait des tours au lieu de pensées : les faux brillants se trouvent plus aisément que les pierres précieuses. Voiture, né avec un génie frivole et facile, fut le premier qui brilla dans cette aurore de la littérature française; s'il était venu après les grands hommes qui ont illustré le siècle de Louis XIV, ou il aurait été inconnu, ou l'on n'aurait parlé de lui que pour le mépriser, ou il aurait corrigé son style. M. Despréaux le loue, mais c'est dans ses premières satires[6], c'est dans le temps où le goût de Despréaux n'était pas encore formé : il était jeune et dans l'âge où l'on juge des hommes par la réputation, et non pas par eux-mêmes. D'ailleurs, Despréaux était souvent bien injuste dans ses louanges et dans ses censures. Il louait Segrais[7], que personne ne lit; il insultait Quinault[8], que tout le monde sait par cœur, et il ne dit rien de La Fontaine. Waller, meilleur que Voiture, n'était pas encore parfait; ses ouvrages galants respirent la grâce; mais la négligence les fait languir, et souvent les pensées fausses les défigurent. Les Anglais n'étaient pas encore parvenus de son temps à écrire avec correction. Ses ouvrages sérieux sont pleins d'une vigueur qu'on n'attendrait pas de la mollesse de ses autres pièces. Il a fait un éloge funèbre de Cromwell, qui, avec ses défauts, passe pour un chef-d'œuvre : pour entendre cet ouvrage, il faut savoir que Cromwell mourut le jour d'une tempête extraordinaire.

La pièce commence ainsi :

Il n'est plus, c'en est fait, soumettons-nous au sort :
Le ciel a signalé ce jour par des tempêtes,
Et la voix du tonnerre éclatant sur nos têtes
Vient d'annoncer sa mort.

Par ses derniers soupirs il ébranle cette île,
Cette île que son bras fit trembler tant de fois,
Quand, dans le cours de ses exploits,
Il brisait la tête des rois
Et soumettait un peuple à son joug seul docile.
Mer, tu t'en es troublée. O mer ! tes flots émus
Semblent dire en grondant aux plus lointains rivages
Que l'effroi de la terre, et ton maître, n'est plus.
Tel au ciel autrefois s'envola Romulus,
Tel il quitta la terre au milieu des orages,
Tel d'un peuple guerrier il reçut les hommages :
Obéi dans sa vie, à sa mort adoré,
Son palais fut un temple, etc.[9].

C'est à propos de cet éloge de Cromwell que Waller fit au roi Charles Second cette réponse, qu'on trouve dans le dictionnaire de Bayle[10]. Le roi, pour qui Waller venait, selon l'usage des rois et des poètes, de présenter une pièce farcie de louanges, lui reprocha qu'il avait fait mieux pour Cromwell. Waller répondit : « Sire, nous autres poètes, nous réussissons mieux dans les fictions que dans les vérités. » Cette réponse n'était pas si sincère que celle de l'ambassadeur hollandais, qui, lorsque le même roi se plaignait que l'on avait moins d'égards pour lui que pour Cromwell, répondit : « Ah ! Sire, ce Cromwell était tout autre chose. »

Mon but n'est pas de faire un commentaire sur le caractère de Waller ni de personne ; je ne considère les gens après leur mort que par leurs ouvrages ; tout le reste est pour moi anéanti ; je remarque seulement que Waller, né à la cour[11] avec soixante mille livres de rente, n'eut jamais ni le sot orgueil ni la nonchalance d'abandonner son talent. Les comtes de Dorset et de Roscommon, les deux ducs de Buckingham[12], Milord Halifax et tant d'autres, n'ont pas cru déroger en devenant de très grands poètes et d'illustres écrivains. Leurs ouvrages leur font plus d'honneur que leur nom. Ils ont cultivé les lettres comme s'ils en eussent attendu leur fortune ; ils ont de plus rendu les arts respectacles aux yeux du peuple, qui en tout a besoin d'être mené par les grands, et qui pourtant se règle moins sur eux en Angleterre qu'en aucun lieu du monde.

VINGT-DEUXIÈME LETTRE

SUR M. POPE
ET QUELQUES AUTRES POÈTES FAMEUX

Je voulais vous parler de M. Prior, un des plus aimables poètes d'Angleterre, que vous avez vu à Paris plénipotentiaire et envoyé extraordinaire en 1712 [1]. Je comptais vous donner aussi quelque idée des poésies de Milord Roscommon, de Milord Dorset, etc. ; mais je sens qu'il me faudrait faire un gros livre, et qu'après bien de la peine, je ne vous donnerais qu'une idée fort imparfaite de tous ces ouvrages. La poésie est une espèce de musique, il faut l'entendre pour en juger. Quand je vous traduis quelques morceaux de ces poésies étrangères, je vous note imparfaitement leur musique ; mais je ne puis exprimer le goût de leur chant.

Il y a surtout un poème anglais que je désespérerais de vous faire connaître ; il s'appelle *Hudibras*. Le sujet est la guerre civile et la secte des puritains tournée en ridicule. C'est *Don Quichotte* [2], c'est notre *Satire Ménippée* fondus ensemble ; c'est, de tous les livres que j'ai jamais lus, celui où j'ai trouvé le plus d'esprit ; mais c'est aussi le plus intraduisible. Qui croirait qu'un livre qui saisit tous les ridicules du genre humain, et qui a plus de pensées que de mots, ne peut souffrir la traduction ? C'est que presque tout y fait allusion à des aventures particulières : le plus grand ridicule tombe principalement sur les théologiens, que peu de gens du monde entendent ; il faudrait à tous moments un commentaire, et la plaisanterie expliquée cesse d'être plaisanterie : tout commentateur de bons mots est un sot.

Voilà pourquoi on n'entendra jamais bien en France les livres de l'ingénieux docteur Swift, qu'on appelle le Rabelais d'Angleterre. Il a l'honneur d'être prêtre, comme Rabelais, et de se moquer de tout comme lui ; mais on lui fait grand tort, selon mon petit sens, de l'appeler de ce nom. Rabelais, dans son extravagant et inintelligible livre, a répandu une extrême gaieté et une plus grande impertinence ; il a prodigué l'érudition, les ordures et l'ennui ; un bon conte de deux pages est acheté par des volumes de sottises. Il n'y a que quelques personnes d'un goût bizarre qui se piquent d'entendre et d'estimer tout cet ouvrage ; le reste de la nation rit des plaisanteries de Rabelais et méprise le livre. On le regarde comme le premier des bouffons ; on est fâché qu'un homme qui avait tant d'esprit en ait fait un si misérable usage ; c'est un philosophe ivre qui n'a écrit que dans le temps de son ivresse[3].

M. Swift est Rabelais dans son bon sens, et vivant en bonne compagnie ; il n'a pas à la vérité la gaieté du premier, mais il a toute la finesse, la raison, le choix, le bon goût qui manquent à notre curé de Meudon. Ses vers sont d'un goût singulier et presque inimitable ; la bonne plaisanterie est son partage en vers et en prose ; mais pour le bien entendre, il faut faire un petit voyage dans son pays[4].

Vous pouvez plus aisément vous former quelque idée de M. Pope ; c'est, je crois, le poète le plus élégant, le plus correct et, ce qui est encore beaucoup, le plus harmonieux qu'ait eu l'Angleterre. Il a réduit les sifflements aigres de la trompette anglaise aux sons doux de la flûte ; on peut le traduire, parce qu'il est extrêmement clair, et que ses sujets pour la plupart sont généraux et du ressort de toutes les nations.

On connaîtra bientôt en France son *Essai sur la critique,* par la traduction en vers qu'en fait M. l'abbé du Resnel[5].

Voici un morceau de son poème de *La Boucle de cheveux,* que je viens de traduire avec ma liberté ordinaire ; car, encore une fois, je ne sais rien de pis que de traduire un poète mot pour mot.

Umbriel à l'instant, vieux gnome rechigné,
Va, d'une aile pesante et d'un air renfrogné,
Chercher, en murmurant, la caverne profonde
Où, loin des doux rayons que répand l'œil du monde,
La déesse aux vapeurs a choisi son séjour.
Les tristes aquilons y sifflent à l'entour,
Et le souffle malsain de leur aride haleine
Y porte aux environs la fièvre et la migraine.
Sur un riche sofa, derrière un paravent,
Loin des flambeaux, du bruit, des parleurs et du vent,
La quinteuse déesse incessamment repose,
Le cœur gros de chagrins, sans en avoir la cause,
N'ayant pensé jamais, l'esprit toujours troublé,
L'œil chargé, le teint pâle, et l'hypocondre enflé.
La médisante Envie est assise auprès d'elle,
Vieux spectre féminin, décrépite pucelle,
Avec un air dévot déchirant son prochain,
Et chansonnant les gens l'Évangile à la main.
Sur un lit plein de fleurs négligemment penchée,
Une jeune beauté non loin d'elle est couchée :
C'est l'Affectation, qui grasseye en parlant,
Écoute sans entendre, et lorgne en regardant,
Qui rougit sans pudeur, et rit de tout sans joie,
De cent maux différents prétend qu'elle est la proie,
Et pleine de santé sous le rouge et le fard,
Se plaint avec mollesse, et se pâme avec art[6].

Si vous lisiez ce morceau dans l'original, au lieu de le lire dans cette faible traduction, vous le compareriez à la description de la Mollesse dans *Le Lutrin.*

En voilà bien honnêtement pour les poètes anglais ; je vous ai touché un petit mot de leurs philosophes ; pour de bons historiens, je ne leur en connais pas encore ; il a fallu qu'un Français ait écrit leur histoire[7]. Peut-être le génie anglais, qui est ou froid ou impétueux, n'a pas encore saisi cette éloquence naïve et cet air noble et simple de l'Histoire ; peut-être aussi l'esprit de parti, qui fait voir trouble, a décrédité tous leurs historiens : la moitié de la nation est toujours l'ennemie de l'autre[8]. J'ai trouvé des gens qui m'ont assuré que Milord Marlborough était un poltron, et que M. Pope était un sot, comme en France quelques jésuites trouvent Pascal un petit esprit, et quelques jansénistes disent que le père Bourdaloue n'était qu'un bavard. Marie Stuart est une sainte héroïne pour les jacobites ; pour les autres, c'est une débauchée, une adultère, une homicide : ainsi en Angleterre on a des factums et point d'histoire. Il est vrai qu'il y a à présent un M. Gordon, excellent traducteur de Tacite, très capable d'écrire l'histoire de son pays[9], mais M. Rapin de Thoiras l'a prévenu[10]. Enfin il me paraît que les Anglais n'ont point de si bons historiens que nous, qu'ils n'ont point de véritables tragédies, qu'ils ont des comédies charmantes, des morceaux de poésie admirables, et des philosophes qui devraient être les précepteurs du genre humain.

Les Anglais ont beaucoup profité des ouvrages de notre langue, nous devrions à notre tour emprunter d'eux après leur avoir prêté : nous ne sommes venus, les Anglais et nous, qu'après les Italiens, qui en tout ont été nos maîtres, et que nous avons surpassés en quelque chose. Je ne sais à laquelle des trois nations il faudra donner la préférence ; mais heureux celui qui sait sentir leurs différents mérites !

VINGT-TROISIÈME LETTRE

SUR LA CONSIDÉRATION QU'ON DOIT AUX GENS DE LETTRES

Ni en Angleterre, ni en aucun pays du monde, on ne trouve des établissements en faveur des beaux-arts comme en France [1]. Il y a presque partout des universités ; mais c'est en France seulement qu'on trouve ces utiles encouragements pour l'astronomie, pour toutes les parties des mathématiques, pour celle de la médecine, pour les recherches de l'Antiquité, pour la peinture, la sculpture et l'architecture, Louis XIV s'est immortalisé par toutes ces fondations, et cette immortalité ne lui a pas coûté deux cent mille francs par an.

J'avoue que c'est un de mes étonnements que le parlement d'Angleterre, qui s'est avisé de promettre vingt mille guinées à celui qui ferait l'impossible découverte des longitudes [2], n'ait jamais pensé à imiter Louis XIV dans sa magnificence envers les arts.

Le mérite trouve à la vérité en Angleterre d'autres récompenses plus honorables pour la nation ; tel est le respect que ce peuple a pour les talents, qu'un homme de mérite y fait toujours fortune. M. Addison, en France, eût été de quelque académie, et aurait pu obtenir, par le crédit de quelque femme, une pension de douze cents livres ; ou plutôt on lui aurait fait des affaires, sous prétexte qu'on aurait aperçu, dans sa tragédie de *Caton*, quelques traits contre le portier d'un homme en place ; en Angleterre il a été secrétaire d'État [3]. M. Newton était intendant des monnaies du royaume ; M. Congreve avait une charge importante[4] ; M. Prior a été plénipotentiaire[5]. Le docteur Swift est doyen d'Irlande, et y est beaucoup plus considéré que le primat[6]. Si la religion de M. Pope ne lui permet pas d'avoir une place[7], elle n'empêche pas au moins que sa traduction d'Homère ne lui ait valu deux cent mille francs. J'ai vu longtemps en France l'auteur de *Rhadamiste* près de mourir de faim et le fils d'un des plus grands hommes que la France ait eu, et qui commençait à marcher sur les traces de son père, était réduit à la misère sans M. Fagon[8]. Ce qui encourage le plus les arts en Angleterre, c'est la considération où ils sont : le portrait du Premier Ministre se trouve sur la cheminée de son cabinet ; mais j'ai vu celui de M. Pope dans vingt maisons.

M. Newton était honoré de son vivant, et l'a été après sa mort comme il devait l'être. Les principaux de la nation se sont disputé l'honneur de porter le poêle à son convoi[9]. Entrez à Westminster, ce ne sont pas les tombeaux des rois qu'on y admire, ce sont les monuments que la reconnaissance de la nation a érigés aux plus grands hommes qui ont contribué à sa gloire ; vous y voyez leurs statues, comme on voyait dans Athènes celles des Sophocle et des Platon, et je suis persuadé que la seule vue de ces glorieux monuments a excité plus d'un esprit et a formé plus d'un grand homme.

On a même reproché aux Anglais d'avoir été trop loin dans les honneurs qu'ils rendent au simple mérite ; on a trouvé à redire qu'ils aient enterré dans Westminster la célèbre comédienne Mlle Oldfield à peu près avec les mêmes honneurs qu'on a rendus à M. Newton[10]. Quelques-uns ont prétendu qu'ils avaient affecté d'honorer à ce point la mémoire de cette actrice, afin de nous faire sentir davantage la barbare et lâche injustice qu'ils nous reprochent, d'avoir jeté à la voirie le corps de Mlle Lecouvreur.

Mais je puis vous assurer que les Anglais, dans la pompe funèbre de Mlle Oldfield, enterrée dans leur Saint-Denis, n'ont rien consulté que leur goût ; ils sont bien loin d'attacher l'infamie à l'art des Sophocle et des Euripide, et de retrancher du corps de leurs citoyens ceux qui se dévouent à réciter devant eux des ouvrages dont leur nation se glorifie [11].

Du temps de Charles Ier, et dans le commencement de ces guerres civiles commencées par des rigoristes fanatiques, qui eux-mêmes en furent enfin les victimes, on écrivait beaucoup contre les spectacles, d'autant plus que Charles Ier et sa femme, fille de notre Henri le Grand [12], les aimaient extrêmement.

Un docteur, nommé Prynne, scrupuleux à toute outrance, qui se serait cru damné s'il avait porté une soutane au lieu d'un manteau court [13] et qui aurait voulu que la moitié des hommes eût massacré l'autre pour la gloire de Dieu et la *propaganda fide*, s'avisa d'écrire un fort mauvais livre contre d'assez bonnes comédies qu'on jouait tous les jours très innocemment devant le roi et la reine. Il cita l'autorité des rabbins et quelques passages de saint Bonaventure pour prouver que l'*Œdipe* de Sophocle était l'ouvrage du Malin, que Térence était excommunié *ipso facto ;* et il ajouta que sans doute Brutus, qui était un janséniste très sévère, n'avait assassiné César que parce que César, qui était grand prêtre, avait composé une tragédie d'*Œdipe ;* enfin il dit que tous ceux qui assistaient à un spectacle étaient des excommuniés qui reniaient leur chrême et leur baptême [14]. C'était outrager le roi et toute la famille royale. Les Anglais respectaient alors Charles Ier ; ils ne voulurent pas souffrir qu'on parlât d'excommunier ce même prince à qui ils firent depuis couper la tête. M. Prynne fut cité devant la Chambre étoilée, condamné à voir son beau livre brûlé par la main du bourreau, et lui à avoir les oreilles coupées ; son procès se voit dans les actes publics.

On se garde bien, en Italie, de flétrir l'Opéra et d'excommunier le signor Senesino ou la signora Cuzzoni [15]. Pour moi, j'oserais souhaiter qu'on pût supprimer en France je ne sais quels mauvais livres qu'on a imprimés contre nos spectacles ; car lorsque les Italiens et les Anglais apprennent que nous flétrissons de la plus grande infamie un art dans lequel nous excellons, que l'on condamne comme impie un spectacle représenté chez les religieux et dans les couvents, qu'on déshonore des jeux où Louis XIV et Louis XV ont été acteurs, qu'on déclare œuvre du démon des pièces revues par les magistrats les plus sévères et représentées devant une reine vertueuse [16], quand, dis-je, des étrangers apprennent cette insolence, ce manque de respect à l'autorité royale, cette barbarie gothique qu'on ose nommer sévérité chrétienne, que voulez-vous qu'ils pensent de notre nation, et comment peuvent-ils concevoir, ou que nos lois autorisent un art déclaré si infâme, ou qu'on ose marquer de tant d'infamie un art autorisé par les lois, récompensé par les souverains, cultivé par les grands hommes et admiré des nations ; et qu'on trouve chez le même libraire la déclamation du père Le Brun contre nos spectacles [17] à côté des ouvrages immortels des Racine, des Corneille, des Molière, etc. ?

VINGT-QUATRIÈME LETTRE

SUR LES ACADÉMIES

Les Anglais ont eu longtemps avant nous une Académie des sciences; mais elle n'est pas si bien réglée que la nôtre, et cela par la seule raison peut-être qu'elle est plus ancienne; car si elle avait été formée après l'Académie de Paris, elle en aurait adopté quelques sages lois et eût perfectionné les autres.

La Société Royale de Londres manque des deux choses les plus nécessaires aux hommes, de récompenses et de règles. C'est une petite fortune sûre à Paris pour un géomètre, pour un chimiste, qu'une place à l'Académie; au contraire il en coûte à Londres pour être de la Société Royale[1]. Quiconque dit en Angleterre : « J'aime les arts », et veut être de la Société, en est dans l'instant. Mais en France, pour être membre et pensionnaire de l'Académie, ce n'est pas assez d'être amateur; il faut être savant et disputer la place contre des concurrents d'autant plus redoutables qu'ils sont animés par la gloire, par l'intérêt, par la difficulté même, et par cette inflexibilité d'esprit que donne d'ordinaire l'étude opiniâtre des sciences de calcul.

L'Académie des sciences est sagement bornée à l'étude de la nature, et en vérité c'est un champ assez vaste pour occuper cinquante ou soixante personnes. Celle de Londres mêle indifféremment la littérature à la physique. Il me semble qu'il est mieux d'avoir une académie particulière pour les belles-lettres, afin que rien ne soit confondu, et qu'on ne voie point une dissertation sur les coiffures des Romaines à côté d'une centaine de courbes nouvelles.

Puisque la Société de Londres a peu d'ordre et nul encouragement, et que celle de Paris est sur un pied tout opposé, il n'est pas étonnant que les Mémoires de notre académie soient supérieurs aux leurs : des soldats bien disciplinés et bien payés doivent à la longue l'emporter sur des volontaires. Il est vrai que la Société Royale a eu un Newton, mais elle ne l'a pas produit ; il y avait même peu de ses confères qui l'entendissent ; un génie comme M. Newton appartenait à toutes les Académies de l'Europe, parce que toutes avaient beaucoup à apprendre de lui.

Le fameux docteur Swift forma le dessein, dans les dernières années du règne de la reine Anne, d'établir une académie pour la langue, à l'exemple de l'Académie française. Ce projet était appuyé par le comte d'Oxford[2], grand trésorier, et encore plus par le vicomte Bolingbroke, secrétaire d'État, qui avait le don de parler sur-le-champ dans le parlement avec autant de pureté que Swift écrivait dans son cabinet, et qui aurait été le protecteur et l'ornement de cette académie. Les membres qui la devaient composer étaient des hommes dont les ouvrages dureront autant que la langue anglaise : c'étaient le docteur Swift, M. Prior, que nous avons vu ici ministre public et qui en Angleterre a la même réputation que La Fontaine a parmi nous ; c'étaient M. Pope, le Boileau d'Angleterre ; M. Congreve, qu'on peut en appeler le Molière ; plusieurs autres dont les noms m'échappent ici auraient tous fait fleurir cette compagnie dans sa naissance. Mais la reine mourut subitement ; les whigs se mirent dans la tête de faire pendre les protecteurs de l'académie, ce qui, comme vous croyez bien, fut mortel aux belles-lettres[3]. Les membres de ce corps auraient eu un grand avantage sur les premiers qui composèrent l'Académie française; car Swift, Prior, Congreve, Dryden, Pope, Addison, etc., avaient fixé la langue anglaise par leurs écrits, au lieu que Chapelain, Colletet, Cassaigne, Faret, Perrin[4], Cotin, vos premiers académiciens, étaient l'opprobre de votre nation, et que leurs noms sont devenus si ridicules que, si quelque auteur passable avait le malheur de s'appeler Chapelain ou Cotin, il serait obligé de changer de nom. Il aurait fallu surtout que l'Académie anglaise se proposât des occupations toutes différentes de la nôtre. Un jour un bel esprit de ce pays-là me demanda les Mémoires de l'Académie française. « Elle n'écrit point de Mémoires, lui répondis-je; mais elle a fait imprimer soixante ou quatre-vingts volumes de compliments[5]. » Il en parcourut un ou deux; il ne put jamais entendre ce style, quoiqu'il entendît fort bien tous nos bons auteurs. « Tout ce que j'entrevois, me dit-il, dans ces beaux discours, c'est que le récipiendaire, ayant assuré que son prédécesseur était un grand homme, que le cardinal de Richelieu était un très grand homme, le chancelier Séguier un assez grand homme, Louis XIV un plus que grand homme, le directeur lui répond la même chose, et ajoute que le récipiendaire pourrait bien aussi être une espèce de grand homme, et que, pour lui, directeur, il n'en quitte pas sa part. »

Il est aisé de voir par quelle fatalité presque tous ces discours ont fait si peu d'honneur à ce corps : *vitium est temporis potius quam hominis*[6]. L'usage s'est insensiblement établi que tout académicien répéterait ces éloges à sa réception : ç'a été une espèce de loi d'ennuyer le public. Si on cherche ensuite pourquoi les plus grands génies qui sont entrés dans ce corps ont fait quelquefois les plus mauvaises harangues, la raison en est encore bien aisée, c'est qu'ils ont voulu briller, c'est qu'ils ont voulu traiter nouvellement une matière tout usée : la nécessité de parler, l'embarras de n'avoir rien à dire et l'envie d'avoir de l'esprit sont trois choses capables de rendre ridicule même le plus grand homme : ne pouvant trouver des pensées nouvelles, ils ont cherché des tours nouveaux, et ont parlé sans penser, comme des gens qui mâcheraient à vide, et feraient semblant de manger en périssant d'inanition.

Au lieu que c'est une loi dans l'Académie française de faire imprimer tous ces discours, par lesquels seuls elle est connue, ce devrait être une loi de ne les imprimer pas.

L'Académie des belles-lettres s'est proposé un but plus sage et plus utile, c'est de présenter au public un recueil de Mémoires remplis de recherches et de critiques curieuses. Ces Mémoires sont déjà estimés chez les étrangers ; on souhaiterait seulement que quelques matières y fussent plus approfondies, et qu'on n'en eût point traité d'autres. On se serait, par exemple, fort bien passé de je ne sais quelle dissertation sur les prérogatives de la main droite sur la main gauche[7], et quelques autres recherches qui, sous un titre moins ridicule, n'en sont guère moins frivoles.

L'Académie des sciences, dans ses recherches plus difficiles et d'une utilité plus sensible, embrasse la connaissance de la nature et la perfection des arts. Il est à croire que des études si profondes et si suivies, des calculs si exacts, des découvertes si fines, des vues si grandes, produiront enfin quelque chose qui servira au bien de l'univers.

Jusqu'à présent, comme nous l'avons déjà observé ensemble, c'est dans les siècles les plus barbares que se sont faites les plus utiles découvertes ; il semble que le partage des temps les plus éclairés et des compagnies les plus savantes soit de raisonner sur ce que des ignorants ont inventé. On sait aujourd'hui, après les longues disputes de M. Huyghens et de M. Renau, la détermination de l'angle le plus avantageux d'un gouvernail de vaisseau avec la quille[8]; mais Christophe Colomb avait découvert l'Amérique sans rien soupçonner de cet angle.

Je suis bien loin d'inférer de là qu'il faille s'en tenir seulement à une pratique aveugle; mais il serait heureux que les physiciens et les géomètres joignissent, autant qu'il est possible, la pratique à la spéculation. Faut-il que ce qui fait le plus d'honneur à l'esprit humain soit souvent ce qui est le moins utile? Un homme, avec les quatre règles d'arithmétique et du bon sens, devient un grand négociant, un Jacques Cœur, un Delmet, un Bernard[9]; tandis qu'un pauvre algébriste passe sa vie à chercher dans les nombres des rapports et des propriétés étonnantes, mais sans usage, et qui ne lui apprendront pas ce que c'est que le change. Tous les arts sont à peu près dans ce cas; il y a un point, passé lequel les recherches ne sont plus que pour la curiosité : ces vérités ingénieuses et inutiles ressemblent à des étoiles qui, placées trop loin de nous, ne nous donnent point de clarté[10].

Pour l'Académie française, quel service ne rendrait-elle pas aux lettres, à la langue et à la nation, si, au lieu de faire imprimer tous les ans des compliments, elle faisait imprimer les bons ouvrages du siècle de Louis XIV, épurés de toutes les fautes de langage qui s'y sont glissées? Corneille et Molière en sont pleins; La Fontaine en fourmille; celles qu'on ne pourrait pas corriger seraient au moins marquées. L'Europe qui lit ces auteurs apprendrait par eux notre langue avec sûreté; sa pureté serait à jamais fixée[11]; les bons livres français, imprimés avec ce soin aux dépens du roi, seraient un des plus glorieux monuments de la nation. J'ai ouï dire que M. Despréaux avait fait autrefois cette proposition, et qu'elle a été renouvelée par un homme dont l'esprit, la sagesse et la saine critique sont connus ; mais cette idée a eu le sort de beaucoup d'autres projets utiles, d'être approuvée et d'être négligée.

VINGT-CINQUIÈME LETTRE

SUR LES *PENSÉES* DE M. PASCAL[1]

Je vous envoie les remarques critiques que j'ai faites depuis longtemps[2] sur les *Pensées* de M. Pascal. Ne me comparez point ici, je vous prie, à Ézéchias, qui voulut faire brûler tous les livres de Salomon. Je respecte le génie et l'éloquence de Pascal; mais plus je les respecte, plus je suis persuadé qu'il aurait lui-même corrigé beaucoup de ces *Pensées* qu'il avait jetées au hasard sur le papier, pour les examiner ensuite : et c'est en admirant son génie que je combats quelques-unes de ses idées.

Il me paraît qu'en général l'esprit dans lequel M. Pascal écrivit ces *Pensées* était de montrer l'homme dans un jour odieux. Il s'acharne à nous peindre tous méchants et malheureux. Il écrit contre la nature humaine à peu près comme il écrivait contre les jésuites : il impute à l'essence de notre nature ce qui n'appartient qu'à certains hommes; il dit éloquemment des injures au genre humain. J'ose prendre le parti de l'humanité contre ce misanthrope sublime; j'ose assurer que nous ne sommes ni si méchants ni si malheureux qu'il le dit; je suis de plus très persuadé que, s'il avait suivi, dans le livre qu'il méditait, le dessein qui paraît dans ses *Pensées*, il aurait fait un livre plein de paralogismes éloquents et de faussetés admirablement déduites. Je crois même que tous ces livres qu'on a faits depuis peu pour prouver la religion chrétienne, sont plus capables de scandaliser que d'édifier[3]. Ces auteurs prétendent-ils en savoir plus que Jésus-Christ et les apôtres ? C'est vouloir soutenir un chêne en l'entourant de roseaux ; on peut écarter ces roseaux inutiles sans craindre de faire tort à l'arbre.

J'ai choisi avec discrétion quelques pensées de Pascal ; je mets les réponses au bas. C'est à vous à juger si j'ai tort ou raison[4].

I. *Les grandeurs et les misères de l'homme sont tellement visibles qu'il faut nécessairement que la véritable religion nous enseigne qu'il y a en lui quelque grand principe de grandeur, et en même temps quelque grand principe de misère. Car il faut que la véritable religion connaisse à fond notre nature, c'est-à-dire qu'elle connaisse tout ce qu'elle a de grand et tout ce qu'elle a de misérable, et la raison de l'un et de l'autre. Il faut encore qu'elle nous rendre raison des étonnantes contrariétés qui s'y rencontrent*[5].

Cette manière de raisonner paraît fausse et dangereuse : car la fable de Prométhée et de Pandore, les androgynes de Platon et les dogmes des Siamois[6] rendraient aussi bien raison de ces contrariétés apparentes. La religion chrétienne n'en demeurera pas moins vraie, quand même on n'en tirerait pas ces conclusions ingénieuses, qui ne peuvent servir qu'à faire briller l'esprit[7].

Le christianisme n'enseigne que la simplicité, l'humanité, la charité : vouloir le réduire à la métaphysique, c'est vouloir en faire une source d'erreurs[8].

II. *Qu'on examine sur cela toutes les religions du monde, et qu'on voie s'il y en a une autre que la chrétienne qui y satisfasse.*

Sera-ce celle qu'enseignaient les philosophes qui nous proposent pour tout bien un bien qui est en nous ? Est-ce le vrai bien ? Ont-ils trouvé le remède à nos maux ? Est-ce avoir guéri la présomption de l'homme que de l'avoir égalé à Dieu ? Et ceux qui nous ont égalés aux bêtes, et qui nous ont donné des plaisirs de la terre pour tout bien, ont-ils apporté le remède à nos concupiscences[9] ?

Les philosophes n'ont point enseigné de religion : ce n'est pas leur philosophie qu'il s'agit de combattre. Jamais philosophe ne s'est dit inspiré de Dieu, car dès lors il eût cessé d'être philosophe, et il eût fait le prophète. Il ne s'agit pas de savoir si Jésus-Christ doit l'emporter sur Aristote ; il s'agit de prouver que la religion de Jésus-Christ est la véritable, et que celles de Mahomet, des païens et toutes les autres sont fausses.

III. *Et cependant, sans ce mystère le plus incompréhensible de tous, nous sommes incompréhensibles à nous-mêmes. Le nœud de notre condition prend ses retours et ses plis dans l'abîme du péché originel, de sorte que l'homme est plus inconcevable sans ce mystère que ce mystère n'est inconcevable à l'homme*[10].

Est-ce raisonner que de dire : *L'homme est inconcevable sans ce mystère inconcevable.* Pourquoi vouloir aller plus loin que l'Écriture ? N'y a-t-il pas de la témérité à croire qu'elle a besoin d'appui, et que ces idées philosophiques peuvent lui en donner ?

Qu'aurait répondu M. Pascal à un homme qui lui aurait dit : « Je sais que le mystère du péché originel est l'objet de ma foi et non de ma raison. Je conçois fort bien sans mystère ce que c'est que l'homme. Je vois qu'il vient au monde comme les autres animaux ; que l'accouchement des mères est plus douloureux à mesure qu'elles sont plus délicates ; que quelquefois des femmes et des animaux femelles meurent dans l'enfantement[11] ; qu'il y a quelquefois des enfants mal organisés qui vivent privés d'un ou deux sens, et de la faculté du raisonnement ; que ceux qui sont le mieux organisés sont ceux qui ont les passions les plus vives ; que l'amour de soi-même est égal chez tous les hommes, et qu'il leur est aussi nécessaire que les cinq sens ; que cet amour-propre nous est donné de Dieu pour la conservation de notre être, et qu'il nous a donné la religion pour régler cet amour-propre ; que nos idées sont justes ou inconséquentes, obscures ou lumineuses, selon que nos organes sont plus ou moins solides, plus ou moins déliés, et selon que nous sommes plus ou moins passionnés ; que nous dépendons en tout de l'air qui nous environne, des aliments que nous prenons, et que dans tout cela il n'y a rien de contradictoire. L'homme n'est point une énigme comme vous vous le figurez pour avoir le plaisir de la deviner. L'homme paraît être à sa place dans la nature, supérieur aux animaux, auxquels il est semblable par les organes ; inférieur à d'autres êtres, auxquels il ressemble probablement par la pensée. Il est comme tout ce que nous voyons, mêlé de mal et de bien, de plaisir et de peine. Il est pourvu de passions pour agir, et de raison pour gouverner ses actions. Si l'homme était parfait, il serait Dieu, et ces prétendues contrariétés, que vous appelez *contradictions*, sont les ingrédients nécessaires qui entrent dans le composé de l'homme, qui est ce qu'il doit être[12]. »

IV. *Suivons nos mouvements, observons-nous nous-mêmes, et voyons si nous n'y trouverons pas les caractères vivants de ces deux natures.*

Tant de contradictions se trouveraient-elles dans un sujet simple ?

Cette duplicité de l'homme est si visible, qu'il y en a qui ont pensé que nous avions deux âmes, un sujet simple leur paraissant incapable de telles et si soudaines variétés, d'une présomption démesurée à un horrible abattement de cœur[13].

Nos diverses volontés ne sont point des contradictions dans la nature, et l'homme n'est point un sujet simple. Il est composé d'un nombre innombrable d'organes. Si un seul de ces organes est un peu altéré, il est nécessaire qu'il change toutes les impressions du cerveau, et que l'animal ait de nouvelles pensées et de nouvelles volontés. Il est très vrai que nous sommes tantôt abattus de tristesse, tantôt enflés de présomption ; et cela doit être quand nous nous trouvons dans des situations opposées. Un animal que son maître caresse et nourrit, et un autre qu'on égorge lentement et avec adresse pour en faire une dissection, éprouvent des sentiments bien contraires : aussi faisons-nous ; et les différences qui sont en nous sont si peu contradictoires qu'il serait contradictoire qu'elles n'existassent pas.

Les fous qui ont dit que nous avions deux âmes pouvaient par la même raison nous en donner trente ou quarante ; car un homme dans une grande passion a souvent trente ou quarante idées différentes de la même chose, et doit nécessairement les avoir, selon que cet objet lui paraît sous différentes faces.

Cette prétendue *duplicité*[14] de l'homme est une idée aussi absurde que métaphysique. J'aimerais autant dire que le chien qui mord et qui caresse est double ; que la poule, qui a tant soin de ses petits, et qui ensuite les abandonne jusqu'à les méconnaître, est double ; que la glace qui représente à la fois des objets différents est double ; que l'arbre qui est tantôt chargé, tantôt dépouillé de feuilles, est double. J'avoue que l'homme est inconcevable ; mais tout le reste de la nature l'est aussi, et il n'y a pas plus de contradictions apparentes dans l'homme que dans tout le reste.

V. *Ne parier point que Dieu est, c'est parier qu'il n'est pas. Lequel prendrez-vous donc ? Pesons le gain et la perte, en prenant le parti de croire que Dieu est. Si vous gagnez, vous gagnez tout ; si vous perdez, vous ne perdez rien. Pariez donc qu'il est, sans hésiter. — Oui, il faut gager ; mais je gage peut-être trop. — Voyons, puisqu'il y a pareil hasard de gain et de perte, quand vous n'auriez que deux vies à gagner pour une, vous pourriez encore gagner*[15].

Il est évidemment faux de dire : « Ne point parier que Dieu est, c'est parier qu'il n'est pas » ; car celui qui doute et demande à s'éclairer ne parie assurément ni pour ni contre.

D'ailleurs cet article paraît un peu indécent et puéril ; cette idée de jeu, de perte et de gain, ne convient point à la gravité du sujet.

De plus, l'intérêt que j'ai à croire une chose n'est pas une preuve de l'existence de cette chose. Je vous donnerai, me dites-vous, l'empire du monde, si je crois que vous avez raison. Je souhaite alors de tout mon cœur que vous ayez raison ; mais jusqu'à ce que vous me l'ayez prouvé, je ne puis vous croire.

Commencez, pourrait-on dire à M. Pascal, par convaincre ma raison. J'ai intérêt, sans doute, qu'il y ait un dieu ; mais si dans votre système Dieu n'est venu que pour si peu de personnes, si le petit nombre des élus est si effrayant, si je ne puis rien du tout par moi-même, dites-moi, je vous prie, quel intérêt j'ai à vous croire ? N'ai-je pas un intérêt visible à être persuadé du contraire ? De quel front osez-vous me montrer un bonheur infini, auquel, d'un million d'hommes, à peine un seul a droit d'aspirer[16] ? Si vous voulez me convaincre, prenez-vous-y d'une autre façon, et n'allez pas tantôt me parler de jeu de hasard, de pari, de croix et de pile, et tantôt m'effrayer par les épines que vous semez sur le chemin que je veux et que je dois suivre. Votre raisonnement ne servirait qu'à faire des athées, si la voix de toute la nature ne nous criait qu'il y a un dieu, avec autant de force que ces subtilités ont de faiblesse.

VI. *En voyant l'aveuglement et la misère de l'homme, et ces contrariétés étonnantes qui se découvrent dans sa nature ; et regardant tout l'univers muet et l'homme sans lumière, abandonné à lui-même, et comme égaré dans ce recoin de l'univers, sans savoir qui l'y a mis, ce qu'il y est venu faire, ce qu'il y deviendra en mourant, j'entre en effroi comme un homme qu'on aurait emporté endormi dans une île déserte et effroyable, et qui s'éveillerait sans connaître où il est, et sans avoir aucun moyen d'en sortir ; et sur cela j'admire comment on n'entre pas en désespoir d'un si misérable état*[17].

En lisant cette réflexion, je reçois une lettre d'un de mes amis, qui demeure dans un pays fort éloigné[18]. Voici ses paroles :

« Je suis ici comme vous m'y avez laissé, ni plus gai, ni plus triste, ni plus riche, ni plus pauvre, jouissant d'une santé parfaite, ayant tout ce qui rend la vie agréable, sans amour, sans avarice, sans ambition et sans envie ; et tant que tout cela durera, je m'appellerai hardiment un homme très heureux. »

Il y a beaucoup d'hommes aussi heureux que lui. Il en est des hommes comme des animaux. Tel chien couche et mange avec sa maîtresse ; tel autre tourne la broche et est tout aussi content ; tel autre devient enragé, et on le tue. Pour moi, quand je regarde Paris ou Londres, je ne vois aucune raison pour entrer dans ce désespoir dont parle M. Pascal ; je vois une ville qui ne ressemble en rien à une île déserte, mais peuplée, opulente, policée, et où les hommes sont heureux autant que la nature humaine le comporte. Quel est l'homme sage qui sera prêt à se pendre parce qu'il ne sait pas comme on voit Dieu face à face, et que sa raison ne peut débrouiller le mystère de la Trinité ? Il faudrait autant se désespérer de n'avoir pas quatre pieds et deux ailes.

Pourquoi nous faire horreur de notre être ? Notre existence n'est point si malheureuse qu'on veut nous le faire accroire. Regarder l'univers comme un cachot, et tous les hommes comme des criminels qu'on va exécuter, est l'idée d'un fanatique. Croire que le monde est un lieu de délices où l'on ne doit avoir que du plaisir, c'est la rêverie d'un sybarite. Penser que la terre, les hommes et les animaux sont ce qu'ils doivent être dans l'ordre de la Providence, est, je crois, d'un homme sage.

VII. *(Les juifs pensent) que Dieu ne laissera pas éternellement les autres peuples dans ces ténèbres ; qu'il viendra un libérateur pour tous ; qu'ils sont au monde pour l'annoncer ; qu'ils sont formés exprès pour être les hérauts de ce grand événement, et pour appeler tous les peuples à s'unir à eux dans l'attente de ce libérateur*[19].

Les juifs ont toujours attendu un libérateur ; mais leur libérateur est pour eux et non pour nous. Ils attendent un Messie qui rendra les juifs maîtres des chrétiens ; et nous espérons que le Messie réunira un jour les juifs aux chrétiens : ils pensent précisément sur cela le contraire de ce que nous pensons.

VIII. *La loi par laquelle ce peuple est gouverné est tout ensemble la plus ancienne loi du monde, la plus parfaite, et la seule qui ait toujours été gardée sans interruption dans un État. C'est ce que Philon, juif, montre en divers lieux, et Josèphe admirablement contre Appion, où il fait voir qu'elle est si ancienne que le nom même de loi n'a été connu des plus anciens que plus de mille ans après, en sorte qu'Homère, qui a parlé de tant de peuples, ne s'en est jamais servi. Et il est aisé de juger de la perfection de cette loi par sa simple lecture, où l'on voit qu'on y a pourvu à toutes choses avec tant de sagesse, tant d'équité, tant de jugement, que les plus anciens législateurs grecs et romains en ayant quelque lumière en ont emprunté leurs principales lois : ce qui paraît par celles qu'ils appellent* des douze Tables, *et par les autres preuves que Josèphe en donne*[20].

Il est très faux que la loi des juifs soit la plus ancienne, puisque avant Moïse, leur législateur, ils demeuraient en Égypte, le pays de la terre le plus renommé pour ses sages lois.

Il est très faux que le nom de loi n'ait été connu

qu'après Homère ; il parle des lois de Minos ; le mot de loi est dans Hésiode[21] ; et quand le nom de loi ne se trouverait ni dans Hésiode ni dans Homère, cela ne prouverait rien. Il y avait des rois et des juges ; donc il y avait des lois.

Il est encore très faux que les Grecs et les Romains aient pris des lois des juifs. Ce ne peut être dans les commencements de leurs républiques car alors ils ne pouvaient connaître les juifs ; ce ne peut être dans le temps de leur grandeur, car alors ils avaient pour ces barbares un mépris connu de toute la terre.

IX. *Ce peuple est encore admirable en sincérité. Ils gardent avec amour et fidélité le livre où Moïse déclare qu'ils ont toujours été ingrats envers Dieu, et qu'il sait qu'ils le seront encore plus après sa mort ; mais qu'il appelle le ciel et la terre à témoin contre eux, qu'il le leur a assez dit ; qu'enfin Dieu, s'irritant contre eux, les dispersera par tous les peuples de la terre ; que comme ils l'ont irrité en adorant des dieux qui n'étaient point leurs dieux, ils les irritera en appelant un peuple qui n'était point son peuple. Cependant ce livre qui les déshonore en tant de façons, ils le conservent aux dépens de leur vie. C'est une sincérité qui n'a point d'exemple dans le monde, ni sa racine dans la nature*[22].

Cette sincérité a partout des exemples, et n'a sa racine que dans la nature. L'orgueil de chaque juif est intéressé à croire que ce n'est point sa détestable politique, son ignorance des arts, sa grossièreté qui l'a perdu ; mais que c'est la colère de Dieu qui le punit. Il pense avec satisfaction qu'il a fallu des miracles pour l'abattre ; et que sa nation est toujours la bien-aimée du dieu qui la châtie[23].

Qu'un prédicateur monte en chaire, et dise aux Français : « *Vous êtes des misérables, qui n'avez ni cœur ni conduite ; vous avez été battus à Hochstaedt et à Ramillies parce que vous n'avez pas su vous défendre* », il se fera lapider. Mais s'il dit : « *Vous êtes des catholiques chéris de Dieu ; vos péchés infâmes avaient irrité l'Éternel, qui vous livra aux hérétiques à Hochstaedt et à Ramillies ; mais quand vous êtes revenus au Seigneur, alors il a béni votre courage à Denain* » ; ces paroles le feront aimer de l'auditoire.

X. *S'il y a un Dieu, il ne faut aimer que lui, et non les créatures*[24].

Il faut aimer, et très tendrement, les créatures ; il faut aimer sa patrie, sa femme, son père, ses enfants ; et il faut si bien les aimer, que Dieu nous les fait aimer malgré nous. Les principes contraires ne sont propres qu'à faire de barbares raisonneurs.

XI. *Nous naissons injustes ; car chacun tend à soi. Cela est contre tout ordre. Il faut tendre au général. Et la pente vers soi est le commencement de tout désordre en guerre, en police, en économie, etc.*[25].

Cela est selon tout ordre. Il est aussi impossible qu'une société puisse se former et subsister sans amour propre[26], qu'il serait impossible de faire des enfants sans concupiscence, de songer à se nourrir sans appétit, etc. C'est l'amour de nous-même qui assiste l'amour des autres ; c'est par nos besoins mutuels que nous sommes utiles au genre humain ; c'est le fondement de tout commerce ; c'est l'éternel lien des hommes. Sans lui il n'y aurait pas eu un art inventé, ni une société de dix personnes formée ; c'est cet amour propre que chaque animal a reçu de la nature qui nous avertit de respecter celui des autres. La loi dirige cet amour propre, et la religion le perfectionne. Il est bien vrai que Dieu aurait pu faire des créatures uniquement attentives au bien d'autrui. Dans ce cas, les marchands auraient été aux Indes par charité et le maçon eût scié de la pierre pour faire plaisir à son prochain. Mais Dieu a établi les choses autrement. N'accusons point l'instinct qu'il nous donne, et faisons-en l'usage qu'il commande[27].

XII. *(Le sens caché des prophéties) ne pouvait induire*

en erreur, et il n'y avait qu'un peuple aussi charnel que celui-là qui s'y pût méprendre.

Car quand les biens sont promis en abondance, qui les empêchait d'entendre les véritables biens, sinon leur cupidité qui déterminait ce sens aux biens de la terre[28] ?

En bonne foi, le peuple le plus spirituel de la terre l'aurait-il entendu autrement ? Ils étaient esclaves des Romains ; ils attendaient un libérateur qui les rendrait victorieux, et qui ferait respecter Jérusalem dans tout le monde[29]. Comment, avec les lumières de leur raison, pouvaient-ils voir ce vainqueur, ce monarque dans Jésus pauvre et mis en croix ? Comment pouvaient-ils entendre, par le nom de leur capitale, une Jérusalem céleste, eux à qui le *Décalogue* n'avait pas seulement parlé de l'immortalité de l'âme ? Comment un peuple si attaché à sa loi pouvait-il, sans une lumière supérieure, reconnaître dans les prophéties, qui n'étaient pas leur loi, un dieu caché sous la figure d'un juif circoncis, qui par sa religion nouvelle a détruit et rendu abominables la circoncision et le sabbat, fondements sacrés de la loi judaïque ? Encore une fois, adorons Dieu sans vouloir percer dans l'obscurité de ses mystères.

XIII. *Le temps du premier avènement de Jésus-Christ est prédit. Le temps du second ne l'est point, parce que le premier devait être caché, au lieu que le second doit être éclatant et tellement manifeste que ses ennemis mêmes le reconnaîtront*[30]. »

Le temps du second avènement de Jésus-Christ a été prédit encore plus clairement que le premier. M. Pascal avait apparemment oublié que Jésus-Christ, dans le chapitre XXI de saint Luc, dit expressément : « Lorsque vous verrez une armée environner Jérusalem, sachez que la désolation est proche... Jérusalem sera foulée aux pieds, et il y aura des signes dans le soleil et dans la lune et dans les étoiles ; les flots de la mer feront un très grand bruit... Les vertus des cieux seront ébranlées ; et alors ils verront le fils de l'homme, qui viendra sur une nuée avec une grande puissance et une grande majesté. »

Ne voilà-t-il pas le second avènement prédit distinctement ? Mais, si cela n'est point arrivé encore, ce n'est point à nous d'oser interroger la Providence[31].

XIV. *Le Messie, selon les juifs charnels, doit être un grand prince temporel. Selon les chrétiens charnels, il est venu nous dispenser* d'aimer Dieu, *et nous donner des sacrements qui* opèrent tout *sans nous. Ni l'un ni l'autre n'est la religion chrétienne ni juive*[32].

Cet article est bien plutôt un trait de satire qu'une réflexion chrétienne. On voit que c'est aux jésuites qu'on en veut ici. Mais en vérité aucun jésuite a-t-il jamais dit que Jésus-Christ *est venu nous dispenser d'aimer Dieu ?* La dispute sur l'amour de Dieu est une pure dispute de mots, comme la plupart des autres querelles scientifiques qui ont causé des haines si vives et des malheurs si affreux.

Il paraît encore un autre défaut dans cet article. C'est qu'on y suppose que l'attente d'un Messie était un point de religion chez les juifs. C'était seulement une idée consolante répandue parmi cette nation. Les juifs espéraient un libérateur. Mais il ne leur était pas ordonné d'y croire comme article de foi. Toute leur religion était renfermée dans les livres de la Loi. Les prophètes n'ont jamais été regardés par les juifs comme législateurs.

XV. *Pour examiner les prophéties, il faut les entendre. Car si l'on croit qu'elles n'ont qu'un sens, il est sûr que le Messie ne sera point venu ; mais, si elles ont deux sens, il est sûr qu'il sera venu en Jésus-Christ*[33].

La religion chrétienne est si véritable qu'elle n'a pas besoin de preuves douteuses : or, si quelque chose pouvait ébranler les fondements de cette sainte et raisonnable religion, c'est ce sentiment de M. Pascal. Il veut que tout ait deux sens dans l'Écriture ; mais un homme qui aurait le malheur d'être incrédule pourrait lui dire : celui qui donne deux sens à ses paroles veut tromper les hommes, et cette duplicité est toujours punie par les lois. Comment donc pouvez-vous sans rougir admettre dans Dieu ce qu'on punit et ce qu'on déteste dans les hommes ? Que dis-je, avec quel mépris et avec quelle indignation ne traitez-vous pas les oracles des païens, parce qu'ils avaient deux sens ! Ne pourrait-on pas dire plutôt que les prophéties qui regardent directement Jésus-Christ n'ont qu'un sens, comme celles de Daniel, de Michée et autres ? Ne pourrait-on pas même dire que, quand nous n'aurions aucune intelligence des prophéties, la religion n'en serait pas moins prouvée[34] ?

XVI. *La distance infinie des corps aux esprits figure la distance infiniment plus infinie des esprits à la charité ; car elle est surnaturelle*[35].

Il est à croire que M. Pascal n'aurait pas employé ce galimatias dans son ouvrage, s'il avait eu le temps de le faire[36].

XVII. *Les faiblesses les plus apparentes sont des forces à ceux qui prennent bien les choses. Par exemple, les deux généalogies de saint Mathieu et de saint Luc ; il est visible que cela n'a pas été fait de concert*[37].

Les éditeurs des *Pensées* de Pascal auraient-ils dû imprimer cette pensée, dont l'exposition seule est peut-être capable de faire tort à la religion ? A quoi bon dire que ces généalogies, ces points fondamentaux de la religion chrétienne se contrarient, sans dire en quoi elles peuvent s'accorder ? Il fallait présenter l'antidote avec le poison. Que penserait-on d'un avocat qui dirait : ma partie se contredit, mais cette faiblesse est une force, pour ceux qui savent bien prendre les choses[38] ?

XVIII. *Qu'on ne nous reproche donc plus le manque de clarté, puisque nous en faisons profession ; mais que l'on reconnaisse la vérité de la religion dans l'obscurité même de la religion, dans le peu de lumière que nous en avons, et dans l'indifférence que nous avons de la connaître*[39].

Voilà d'étranges marques de vérité qu'apporte Pascal ! Quelles autres marques a donc le mensonge ? Quoi ! il suffirait, pour être cru, de dire : *je suis obscur, je suis inintelligible !* Il serait bien plus sensé de ne présenter aux yeux que les lumières de la foi, au lieu de ces ténèbres d'érudition.

XIX. *S'il n'y avait qu'une religion, Dieu serait trop manifeste*[40].

Quoi ! vous dites que, s'il n'y avait qu'une religion, Dieu serait trop manifeste ! Eh ! oubliez-vous que vous dites, à chaque page, qu'un jour il n'y aura qu'une religion ? Selon vous, Dieu sera donc alors trop manifeste.

XX. *Je dis que la religion juive ne consistait en aucune de ces choses, mais seulement en l'amour de Dieu, et que Dieu réprouvait toutes les autres choses*[41].

Quoi ! Dieu réprouvait tout ce qu'il ordonnait lui-même avec tant de soin aux juifs, et dans un détail si prodigieux ! N'est-il pas plus vrai de dire que la loi de Moïse consistait et dans l'amour et dans le culte ? Ramener tout à l'amour de Dieu sent peut-être moins l'amour de Dieu que la haine que tout janséniste a pour son prochain moliniste.

XXI. *La chose la plus importante à la vie, c'est le choix d'un métier ; le hasard en dispose ; la coutume fait les maçons, les soldats, les couvreurs*[42].

Qui peut donc déterminer les soldats, les maçons et tous les ouvriers mécaniques, sinon ce qu'on appelle hasard et la coutume ? Il n'y a que les arts de génie auxquels on se détermine de soi-même ; mais pour les métiers que tout le monde peut faire, il est très naturel et très raisonnable que la coutume en dispose.

XXII. *Que chacun examine sa pensée, il la trouvera toujours occupée au passé et à l'avenir. Nous ne pensons presque point au présent ; et si nous y pensons, ce n'est que pour en prendre la lumière pour disposer l'avenir. Le présent n'est jamais notre but ; le passé et le présent sont nos moyens ; le seul avenir est notre objet*[43].

Il faut, bien loin de se plaindre, remercier l'auteur de la nature de ce qu'il nous donne cet instinct qui nous emporte sans cesse vers l'avenir. Le trésor le plus précieux de l'homme est cette *espérance*[44] qui nous adoucit nos chagrins, et qui nous peint des plaisirs futurs dans la possession des plaisirs présents. Si les hommes étaient assez malheureux pour ne s'occuper que du présent, on ne sèmerait point, on ne bâtirait point, on ne planterait point, on ne pourvoirait à rien : on manquerait de tout au milieu de cette fausse jouissance. Un esprit comme M. Pascal pouvait-il donner dans un lieu commun aussi faux que celui-là ? La nature a établi que chaque homme jouirait du présent en se nourrissant, en faisant des enfants, en écoutant des sons agréables, en occupant sa faculté de penser et de sentir, et qu'en sortant de ces états, souvent au milieu de ces états même, il penserait au lendemain, sans quoi il périrait de misère aujourd'hui.

XXIII. *Mais quand j'y ai regardé de plus près, j'ai trouvé que cet éloignement que les hommes ont du repos, et de demeurer avec eux-mêmes, vient d'une cause bien effective, c'est-à-dire du malheur naturel de notre condition faible et mortelle, et si misérable que rien ne nous peut consoler, lorsque rien ne nous empêche d'y penser, et que nous ne voyons que nous*[45].

Ce mot *ne voir que nous* ne forme aucun sens.

Qu'est-ce qu'un homme qui n'agirait point, et qui est supposé se contempler ? Non seulement je dis que cet homme serait un imbécile, inutile à la société, mais je dis que cet homme ne peut exister : car que cet homme contemplerait-il ? son corps, ses pieds, ses mains, ses cinq sens ? Ou il serait un idiot, ou bien il ferait usage de tout cela. Resterait-il à contempler cette faculté de penser ? Mais il ne peut contempler cette faculté qu'en l'exerçant. Ou il ne pensera à rien, ou bien il pensera aux idées qui lui sont déjà venues, ou il en composera de nouvelles : or il ne peut avoir d'idées que du dehors[46]. Le voilà donc nécessairement occupé ou de ses sens ou de ses idées ; le voilà donc hors de soi, ou imbécile.

Encore une fois, il est impossible à la nature humaine de rester dans cet engourdissement imaginaire ; il est absurde de le penser ; il est insensé d'y prétendre. L'homme est né pour l'action, comme le feu tend en haut et la pierre en bas. N'être point occupé et n'exister pas est la même chose pour l'homme. Toute la différence consiste dans les occupations douces ou tumultueuses, dangereuses ou utiles.

XXIV. *Les hommes ont un instinct secret qui les porte à chercher le divertissement et l'occupation au dehors, qui vient du ressentiment de leur misère continuelle ; et ils ont un autre instinct secret qui reste de la grandeur de leur première nature, qui leur fait connaître que le bonheur n'est en effet que dans le repos*[47].

Cet instinct secret étant le premier principe et le fondement nécessaire de la société, il vient plutôt de la bonté de Dieu, et il est plutôt l'instrument de notre bonheur qu'il n'est le ressentiment de notre misère. Je ne sais pas ce que nos premiers pères faisaient dans le paradis terrestre ; mais si chacun d'eux n'avait pensé qu'à soi, l'existence du genre humain était bien hasardée. N'est-il pas absurde de penser qu'ils avaient des sens parfaits, c'est-à-dire des instruments d'action parfaits, uniquement pour la contemplation ? Et n'est-il pas plaisant que des têtes pensantes puissent imaginer que la paresse est un titre de grandeur, et l'action un rabaissement de notre nature ?

XXV. *C'est pourquoi, lorsque Cinéas disait à Pyrrhus, qui se proposait de jouir du repos avec ses amis après avoir conquis une grande partie du monde, qu'il ferait mieux d'avancer lui-même son bonheur en jouissant dès lors de ce repos, sans l'aller chercher par tant de fatigues, il lui donnait un conseil qui recevait de grandes difficultés, et qui n'était guère plus raisonnable que le dessein de ce jeune ambitieux. L'un et l'autre supposait que l'homme se pût contenter de soi-même et de ses biens présents, sans remplir le vide de son cœur d'espérances imaginaires, ce qui est faux. Pyrrhus ne pouvait être heureux ni devant ni après avoir conquis le monde*[48].

L'exemple de Cinéas est bon dans les satires de Despréaux[49], mais non dans un livre philosophique. Un roi sage peut être heureux chez lui ; et de ce qu'on nous donne Pyrrhus pour un fou, cela ne conclut rien pour le reste des hommes.

XXVI. *On doit reconnaître que l'homme est si malheureux qu'il s'ennuierait même sans aucune cause étrangère d'ennui, par le propre état de sa condition*[50].

Au contraire l'homme est si heureux en ce point, et nous avons tant d'obligation à l'auteur de la nature qu'il a attaché l'ennui à l'inaction, afin de nous forcer par là à être utiles au prochain et à nous-même.

XXVII. *D'où vient que cet homme qui a perdu depuis peu son fils unique et qui, accablé de procès et de querelles, était ce matin si troublé, n'y pense plus maintenant ? Ne vous en étonnez pas : il est tout occupé à voir par où passera un cerf que ses chiens poursuivent avec ardeur depuis six heures. Il n'en faut pas davantage pour l'homme, quelque plein de tristesse qu'il soit. Si l'on peut gagner sur lui de le faire entrer en quelque divertissement, le voilà heureux pendant ce temps-là*[51].

Cette homme fait à merveille : la dissipation est un remède plus sûr contre la douleur que le quinquina contre la fièvre ; ne blâmons point en cela la nature, qui est toujours prête à nous secourir.

XXVIII. *Qu'on s'imagine un nombre d'hommes dans les chaînes, et tous condamnés à la mort, dont les uns étant chaque jour égorgés à la vue des autres, ceux qui restent voient leur propre condition dans celle de leurs semblables, et, se regardant les uns les autres avec douleur et sans espérance, attendent leur tour. C'est l'image de la condition des hommes*[52].

Cette comparaison assurément n'est pas juste : des malheureux enchaînés qu'on égorge l'un après l'autre sont malheureux, non seulement parce qu'ils souffrent, mais encore parce qu'ils éprouvent ce que les autres hommes ne souffrent pas. Le sort naturel d'un homme n'est ni d'être enchaîné ni d'être égorgé ; mais tous les hommes sont faits comme les animaux et les plantes, pour croître, pour vivre un certain temps, pour produire leur semblable, et pour mourir. On peut dans une satire montrer l'homme tant qu'on voudra du mauvais côté ; mais pour peu qu'on se serve de sa raison, on avouera que de tous les animaux l'homme est le plus parfait, le plus heureux, et celui qui vit le plus longtemps. Au lieu donc de nous étonner et de nous plaindre du malheur et de la brièveté de la vie, nous devons nous étonner et nous féliciter de notre bonheur et de sa durée. A ne raisonner qu'en philosophie, j'ose dire qu'il y a bien de l'orgueil et de la témérité à prétendre que par notre nature nous devons être mieux que nous ne sommes.

XXIX. *Les sages parmi les païens, qui ont dit qu'il n'y a qu'un Dieu, ont été persécutés, les juifs haïs, les chrétiens encore plus*[53].

Ils ont été quelquefois persécutés, de même que le serait aujourd'hui un homme qui viendrait enseigner l'adoration d'un dieu, indépendante du culte reçu. Socrate n'a pas été condamné pour avoir dit : *il n'y a qu'un Dieu*, mais pour s'être élevé contre le culte extérieur du pays, et pour s'être fait des ennemis puissants fort mal à propos. A l'égard des juifs, ils étaient haïs, non parce qu'ils ne croyaient qu'un dieu, mais parce qu'ils haïssaient ridiculement les autres nations, parce que c'étaient des barbares qui massacraient sans pitié leurs ennemis vaincus, parce que ce vil peuple, superstitieux, ignorant, privé des arts, privé du commerce, méprisait les peuples les plus policés. Quant aux chrétiens, ils étaient haïs des païens parce qu'ils tendaient à abattre la religion et l'Empire, dont ils vinrent enfin à bout[54], comme les protestants se sont rendus les maîtres dans les mêmes pays, où ils furent longtemps haïs, persécutés et massacrés.

XXX. *Les défauts de Montaigne sont grands. Il est plein de mots sales et déshonnêtes. Cela ne vaut rien. Ses sentiments sur l'homicide volontaire et sur la mort sont horribles*[55].

Montaigne parle en philosophe, non en chrétien : il dit le pour et le contre de l'homicide volontaire[56]. Philosophiquement parlant, quel mal fait à la société un homme qui la quitte quand il ne peut plus la servir ? Un vieillard a la pierre et souffre des douleurs insupportables ; on lui dit : « Si vous ne vous faites tailler, vous allez mourir ; si l'on vous taille, vous pourrez encore radoter, baver et traîner pendant un an, à charge à vous-même et aux autres. » Je suppose que le bonhomme prenne alors le parti de n'être plus à charge à personne : voilà à peu près le cas que Montaigne expose.

XXXI. *Combien les lunettes nous ont-elles découvert d'astres qui n'étaient point pour nos philosophes d'auparavant ? On attaquait hardiment l'Écriture sur ce qu'on y trouve en tant d'endroits du grand nombre des étoiles. Il n'y en a que mille vingt-deux, disait-on ; nous le savons*[57].

Il est certain que la Sainte Écriture, en matière de physique, s'est toujours proportionnée aux idées reçues ; ainsi elle suppose que la terre est immobile, que le soleil marche, etc. Ce n'est point du tout par un raffinement d'astronomie qu'elle dit que les étoiles sont innombrables[58], mais pour s'accorder aux idées vulgaires. En effet, quoique nos yeux ne découvrent qu'environ mille vingt-deux étoiles, cependant quand on regarde le ciel fixement, la vue éblouie croit alors en voir une infinité. L'Écriture parle donc selon ce préjugé vulgaire, car elle ne nous a pas été donnée pour faire de nous des physiciens ; et il y a grande apparence que Dieu ne révéla ni à Habacuc ni à Baruch ni à Michée qu'un jour un Anglais nommé Flamsteed mettrait dans son catalogue plus de sept mille étoiles aperçues avec le télescope[59].

XXXII. *Est-ce courage à un homme mourant d'aller, dans la faiblesse et dans l'agonie, affronter un dieu tout-puissant et éternel*[60] *?*

Cela n'est jamais arrivé ; et ce ne peut être que dans un violent transport au cerveau qu'un homme dise : « Je crois un dieu, et je le brave. »

XXXIII. *Je crois volontiers les histoires dont les témoins se font égorger*[61].

La difficulté n'est pas seulement de savoir si on croira des témoins qui meurent pour soutenir leur déposition, comme ont fait tant de fanatiques, mais encore si ces témoins sont effectivement morts pour cela, si on a conservé leurs dépositions, s'ils ont habité les pays où l'on dit qu'ils sont morts. Pourquoi Josèphe, né dans les temps de la mort du Christ, Josèphe ennemi d'Hérode, Josèphe peu attaché au judaïsme, n'a-t-il pas dit un mot de tout cela[62] ? Voilà ce que M. Pascal eût débrouillé avec succès, comme ont fait depuis tant d'écrivains éloquents.

XXXIV. *Les sciences ont deux extrémités qui se touchent. La première est la pure ignorance naturelle où se trouvent tous les hommes en naissant ; l'autre extrémité est celle où arrivent les grandes âmes, qui ayant parcouru tout ce que les hommes peuvent savoir, trouvent qu'ils ne savent rien, et se rencontrent dans cette ignorance d'où ils étaient partis*[63].

Cette pensée est un pur sophisme; et la fausseté consiste dans ce mot d'*ignorance* qu'on prend en deux sens différents. Celui qui ne sait ni lire ni écrire est un ignorant; mais un mathématicien, pour ignorer les principes cachés de la nature, n'est pas au point d'ignorance dont il était parti quand il commença à apprendre à lire. M. Newton ne savait pas pourquoi l'homme remue son bras quand il le veut; mais il n'en était pas moins savant sur le reste. Celui qui ne sait pas l'hébreu, et qui sait le latin, est savant par comparaison avec celui qui ne sait que le français.

XXXV. *Ce n'est pas être heureux que de pouvoir être réjoui par le divertissement; car il vient d'ailleurs et de dehors; et ainsi il est dépendant, et par conséquent sujet à être troublé par mille accidents qui font les afflictions inévitables*[64].

Celui-là est actuellement heureux qui a du plaisir, et ce plaisir ne peut venir que de dehors. Nous ne pouvons avoir de sensations ni d'idées que par les objets extérieurs, comme nous ne pouvons nourrir notre corps qu'en y faisant entrer des substances étrangères qui se changent en la nôtre.

XXXVI. *L'extrême esprit est accusé de folie, comme l'extrême défaut. Rien ne passe pour bon que la médiocrité*[65].

Ce n'est point l'extrême esprit, c'est l'extrême vivacité et volubilité de l'esprit qu'on accuse de folie. L'extrême esprit est l'extrême justesse, l'extrême finesse, l'extrême étendue, opposée diamétralement à la folie.

L'extrême *défaut d'esprit* est un manque de conception, un vide d'idées; ce n'est point la folie, c'est la stupidité. La folie est un dérangement dans les organes, qui fait voir plusieurs objets trop vite, ou qui arrête l'imagination sur un seul avec trop d'application et de violence. Ce n'est point non plus la médiocrité qui passe pour bonne, c'est l'éloignement des deux vices opposés ; c'est ce qu'on appelle *juste milieu*, et non *médiocrité*[66].

XXXVII. *Si notre condition était véritablement heureuse, il ne faudrait pas nous divertir d'y penser*[67].

Notre condition est précisément de penser aux objets extérieurs, avec lesquels nous avons un rapport nécessaire. Il est faux qu'on puisse divertir un homme de penser à la condition humaine ; car à quelque chose qu'il applique son esprit, il l'applique à quelque chose de lié nécessairement à la condition humaine ; et encore une fois, penser à soi avec abstraction des choses naturelles, c'est ne penser à rien, je dis rien du tout, qu'on y prenne bien garde.

Loin d'empêcher un homme de penser à sa condition, on ne l'entretient jamais que des agréments de sa condition. On parle à un savant de réputation et de science, à un prince de ce qui a rapport à sa grandeur, à tout homme on parle de plaisir.

XXXVIII. *Les grands et les petits ont mêmes accidents, mêmes fâcheries et mêmes passions. Mais les uns sont au haut de la roue, et les autres près du centre, et ainsi moins agités par les mêmes mouvements*[68].

Il est faux que les petits soient moins agités que les grands, au contraire, leurs désespoirs sont plus vifs, parce qu'ils ont moins de ressources. De cent personnes qui se tuent à Londres, il y en a quatre-vingt-dix-neuf du bas peuple, et à peine une d'une condition relevée. La comparaison de la roue est ingénieuse et fausse.

XXXIX. *On n'apprend pas aux hommes à être honnêtes gens, et on leur apprend tout le reste ; et cependant ils ne se piquent de rien tant que de cela. Ainsi ils ne se piquent de savoir que la seule chose qu'ils n'apprennent point*[69].

On apprend aux hommes à être honnêtes gens, et, sans cela, peu parviendraient à l'être. Laissez votre fils prendre dans son enfance tout ce qu'il trouvera sous sa main, à quinze ans il volera sur le grand chemin ; louez-le d'avoir dit un mensonge, il deviendra faux témoin ; flattez sa concupiscence, il sera sûrement débauché. On apprend tout aux hommes, la vertu, la religion [70].

XL. *Le sot projet que Montaigne a eu de se peindre ! Et cela, non pas en passant et contre ses maximes, comme il arrive à tout le monde de faillir, mais par ses propres maximes, et par un dessein premier et principal ; car de dire des sottises par hasard et par faiblesse, c'est un mal ordinaire ; mais d'en dire à dessein, c'est ce qui n'est pas supportable, et d'en dire de telles que celle-là* [71].

Le charmant projet que Montaigne a eu de se peindre naïvement comme il a fait ! Car il a peint la nature humaine ; et le pauvre projet de Nicole, de Malebranche [72], de Pascal, de décrier Montaigne !

XLI. *Lorsque j'ai considéré d'où vient qu'on ajoute tant de foi à tant d'imposteurs qui disent qu'ils ont des remèdes, jusqu'à mettre souvent sa vie entre leurs mains, il m'a paru que la véritable cause est qu'il y a de vrais remèdes ; car il ne serait pas possible qu'il y en eût tant de faux, et qu'on y donnât tant de créance, s'il n'y en avait de véritables. Si jamais il n'y en avait eu, et que tous les maux eussent été incurables, il est impossible que les hommes se fussent imaginé qu'ils en pourraient donner, et encore plus que tant d'autres eussent donné créance à ceux qui se fussent vantés d'en avoir. De même que si un homme se vantait d'empêcher de mourir, personne ne le croirait, parce qu'il n'y a aucun exemple de cela. Mais comme il y a eu quantité de remèdes qui se sont trouvés véritables par la connaissance même des plus grands hommes, la créance des hommes s'est pliée par là, parce que la chose ne pouvant être niée en général puisqu'il y a des effets particuliers qui sont véritables, le peuple, qui ne peut pas discerner lesquels d'entre ces effets particuliers sont les véritables, les croit tous. De même ce qui fait qu'on croit tant de faux effets de la lune, c'est qu'il y en a de vrais, comme le flux de la mer.*

Ainsi, il me paraît aussi évidemment qu'il n'y a tant de faux miracles, de fausses révélations, de sortilèges, que parce qu'il y en a de vrais[73].

Il me semble que la nature humaine n'a pas besoin du vrai pour tomber dans le faux. On a imputé mille fausses influences à la lune avant qu'on imaginât le moindre rapport véritable avec le flux de la mer. Le premier homme qui a été malade a cru sans peine le premier charlatan. Personne n'a vu de loups-garous ni de sorciers, et beaucoup y ont cru. Personne n'a vu de transmutation de métaux, et plusieurs ont été ruinés par la créance de la pierre philosophale. Les Romains, les Grecs, tous les païens ne croyaient-ils donc aux faux miracles dont ils étaient inondés que parce qu'ils en avaient vu de véritables ?

XLII. *Le port règle ceux qui sont dans un vaisseau ; mais où trouverons-nous ce point dans la morale*[74] ?

Dans cette seule maxime reçue de toutes les nations :

« Ne faites pas à autrui ce que vous ne voudriez pas qu'on vous fît[75]. »

XLIII. Ferox gens nullam esse vitam sine armis putat. *Ils aiment mieux la mort que la paix ; les autres aiment mieux la mort que la guerre. Toute opinion peut être préférée à la vie, dont l'amour paraît si fort et si naturel*[76].

C'est des Catalans que Tacite a dit cela ; mais il n'y en a point dont on ait dit et dont on puisse dire : « Elle aime mieux la mort que la guerre. »

XLIV. *A mesure qu'on a plus d'esprit, on trouve qu'il y a plus d'hommes originaux. Les gens du commun ne trouvent pas de différence entre les hommes*[77].

Il y a très peu d'hommes vraiment originaux ; presque tous se gouvernent, pensent et sentent par l'influence de la coutume et de l'éducation : rien n'est si rare qu'un esprit qui marche dans une route nouvelle ; mais parmi cette foule d'hommes qui vont de compagnie, chacun a de petites différences dans la démarche, que les vues fines aperçoivent.

XLV. *Il y a donc deux sortes d'esprit, l'un de pénétrer vivement et profondément les conséquences des principes, et c'est là l'esprit de justesse ; l'autre de comprendre un grand nombre de principes sans les confondre, et c'est là l'esprit de géométrie*[78].

L'usage veut, je crois, aujourd'hui qu'on appelle *esprit géométrique* l'esprit méthodique et conséquent.

XLVI. *La mort est plus aisée à supporter sans y penser, que la pensée de la mort sans péril*[79].

On ne peut pas dire qu'un homme supporte la mort aisément ou malaisément, quand il n'y pense point du tout. Qui ne sent rien ne supporte rien.

XLVII. *Nous supposons que tous les hommes conçoivent et sentent de la même sorte les objets qui se présentent à eux ; mais nous le supposons bien gratuitement, car nous n'en avons aucune preuve. Je vois bien qu'on applique les mêmes mots dans les mêmes occasions, et que toutes les fois que deux hommes voient, par exemple, de la neige, ils expriment tous deux la vue de ce même objet par les mêmes mots, en disant l'un et l'autre qu'elle est blanche ; et de cette conformité d'application, on tire une puissante conjecture d'une conformité d'idée ; mais cela n'est pas absolument convaincant, quoiqu'il y ait lieu à parier pour l'affirmative*[80].

Ce n'était pas la couleur blanche qu'il fallait apporter en preuve. Le blanc, qui est un assemblage de tous les rayons, paraît éclatant à tout le monde, éblouit un peu à la longue, fait à tous les yeux le même effet ; mais on pourrait dire que peut-être les autres couleurs ne sont pas aperçues de tous les yeux de la même manière.

XLVIII. *Tout notre raisonnement se réduit à céder au sentiment*[81].

Notre raisonnement se réduit à céder au sentiment en fait de goût, non en fait de science.

XLIX. *Ceux qui jugent d'un ouvrage par règle, sont à l'égard des autres comme ceux qui ont une montre à l'égard de ceux qui n'en ont point. L'un dit : « Il y a deux heures que nous sommes ici » ; l'autre dit : « Il n'y a que trois quarts d'heure. » Je regarde ma montre ; je dis à l'un : « Vous vous ennuyez » ; et à l'autre : « Le temps ne vous dure guère*[82]. »

En ouvrages de goût, en musique, en poésie, en peinture, c'est le goût qui tient lieu de montre : et celui qui n'en juge que par règles, en juge mal.

L. *César était trop vieux, ce me semble, pour s'aller amuser à conquérir le monde. Cet amusement était bon à Alexandre ; c'était un jeune homme qu'il était difficile d'arrêter ; mais César devait être plus mûr*[83].

L'on s'imagine d'ordinaire qu'Alexandre et César sont sortis de chez eux dans le dessein de conquérir la terre ; ce n'est point cela : Alexandre succéda à Philippe dans le généralat de la Grèce, et fut chargé de la juste entreprise de venger les Grecs des injures du roi de Perse : il battit l'ennemi commun, et continua ses conquêtes jusqu'à l'Inde, parce que le royaume de Darius s'étendait jusqu'à l'Inde ; de même que le duc de Marlborough serait venu jusqu'à Lyon sans le maréchal de Villars.

A l'égard de César, il était un des premiers de la République. Il se brouilla avec Pompée comme les jansénistes avec les molinistes ; et alors ce fut à qui s'exterminerait. Une seule bataille, où il n'y eut pas dix mille hommes de tués, décida de tout.

Au reste la pensée de M. Pascal est peut-être fausse en tous sens. Il fallait la maturité de César pour se démêler de tant d'intrigues, et il est étonnant qu'Alexandre, à son âge, ait renoncé au plaisir pour faire une guerre si pénible.

LI. *C'est une plaisante chose à considérer, de ce qu'il*

y a des gens dans le monde qui, ayant renoncé à toutes les lois de Dieu et de la nature, s'en sont fait eux-mêmes auxquelles ils obéissent exactement, comme, par exemple, les voleurs, etc. [84].

Cela est encore plus utile que plaisant à considérer ; car cela prouve que nulle société d'hommes ne peut subsister un seul jour sans règles.

LII. *L'homme n'est ni ange ni bête : et le malheur veut que qui veut faire l'ange fait la bête*[85].

Qui veut détruire les passions, au lieu de les régler, veut faire l'*ange.*

LIII. *Un cheval ne cherche point à se faire admirer de son compagnon : on voit bien entre eux quelque sorte d'émulation à la course, mais c'est sans conséquence ; car étant à l'étable, le plus pesant et le plus mal taillé ne cède pas pour cela son avoine à l'autre. Il n'en est pas de même parmi les hommes : leur vertu ne se satisfait pas d'elle-même ; et ils ne sont point contents s'ils n'en tirent avantage contre les autres*[86].

L'homme le plus mal taillé ne cède pas non plus son pain à l'autre ; mais le plus fort l'enlève au plus faible ; et chez les animaux et chez les hommes, les gros mangent les petits.

LIV. *Si l'homme commençait par s'étudier lui-même, il verrait combien il est incapable de passer outre. Comment se pourrait-il faire qu'une partie connût le tout ? Il aspirera peut-être à connaître au moins les parties avec lesquelles il a de la proportion. Mais les parties du monde ont toutes un tel rapport et un tel enchaînement l'une avec l'autre, que je crois impossible de connaître l'une sans l'autre, et sans le tout*[87].

Il ne faudrait point détourner l'homme de chercher ce qui lui est utile, par cette considération qu'il ne peut tout connaître.

Non possis oculo quantum contendere Lynceus,
Non tamen idcirco contemnas lippus inungi[88].

Nous connaissons beaucoup de vérités ; nous avons trouvé beaucoup d'inventions utiles. Consolons-nous de ne pas savoir les rapports qui peuvent être entre une araignée et l'anneau de Saturne, et continuons à examiner ce qui est à notre portée.

LV. *Si la foudre tombait sur les lieux bas, les poètes, et ceux qui ne savent raisonner que sur les choses de cette nature, manqueraient de preuves*[89].

Une comparaison n'est preuve ni en poésie ni en prose : elle sert en poésie d'embellissement, et en prose elle sert à éclaircir et à rendre les choses plus sensibles. Les poètes qui ont comparé les malheurs des grands à la foudre qui frappe les montagnes feraient des comparaisons contraires, si le contraire arrivait.

LVI. *C'est cette composition d'esprit et de corps qui a fait que presque tous les philosophes ont confondu les idées des choses, et attribué aux corps ce qui n'appartient qu'aux esprits, et aux esprits ce qui ne peut convenir qu'aux corps*[90].

Si nous savions ce que c'est qu'*esprit*, nous pourrions nous plaindre de ce que les philosophes lui ont attribué ce qui ne lui appartient pas ; mais nous ne connaissons ni l'esprit ni le corps ; nous n'avons aucune idée de l'un, et nous n'avons que des idées très imparfaites de l'autre. Donc nous ne pouvons savoir quelles sont leurs limites.

LVII. *Comme on dit* beauté poétique, *on devrait dire aussi* beauté géométrique *et* beauté médecinale. *Cependant on ne le dit point ; et la raison en est qu'on sait bien quel est l'objet de la géométrie, et quel est l'objet de la médecine, mais on ne sait pas en quoi consiste l'agrément, qui est l'objet de la poésie. On ne sait ce que c'est que ce modèle naturel qu'il faut imiter ; et à faute de cette connaissance, on a inventé de certains termes bizarres :* siècle d'or, merveille de nos jours, fatal laurier, bel astre, *etc.; et on appelle ce jargon beauté poétique. Mais qui s'imaginera une femme vêtue sur ce modèle, verra une jolie demoiselle toute couverte de miroirs et de chaînes de laiton*[91].

Cela est très faux : on ne doit pas dire *beauté géométrique* ni *beauté médecinale,* parce qu'un théorème et une purgation n'affectent point les sens agréablement, et qu'on ne donne le nom de *beauté* qu'aux choses qui charment les sens, comme la musique, la peinture, l'éloquence, la poésie, l'architecture régulière, etc.

La raison qu'apporte M. Pascal est tout aussi fausse. On sait très bien en quoi consiste l'objet de la poésie ; il consiste à peindre avec force, netteté, délicatesse et harmonie : la poésie est l'éloquence harmonieuse. Il fallait que M. Pascal eût bien peu de goût pour dire que *fatal laurier, bel astre* et autres sottises sont des beautés poétiques ; et il fallait que les éditeurs de ces *Pensées* fussent des personnes bien peu versées dans les belles-lettres pour imprimer une réflexion si indigne de son illustre auteur.

Je ne vous envoie point mes autres remarques sur les *Pensées* de M. Pascal, qui entraîneraient des discussions trop longues[92]. C'est assez d'avoir cru apercevoir quelques erreurs d'inattention dans ce grand génie ; c'est une consolation pour un esprit aussi borné que le mien d'être bien persuadé que les plus grands hommes se trompent comme le vulgaire.

DOSSIER

VIE DE VOLTAIRE

1694-1778

1572. 24 août. Nuit de la Saint-Barthélemy, qui marque le début de la quatrième guerre de religion. L'événement frappera toujours Voltaire.

1610. Assassinat de Henri IV, qui a ramené en France paix civile et tolérance.

1678. Traité de Nimègue. Apogée du « siècle de Louis XIV ».

1692. Bataille de La Hougue : la flotte française de haut-bord perd la maîtrise de la mer au profit de la flotte anglaise.

1694. 21 novembre. Naissance à Paris, paroisse Saint-André des Arcs, de François-Marie Arouet, fils de François Arouet, notaire au Châtelet, et de Marguerite Daumard. François-Marie est le cadet d'Armand, l'aîné, et de Marguerite-Catherine.

1701. Début de la guerre de la Succession d'Espagne. Grande Alliance de La Haye contre Louis XIV.

1704. Le père de François-Marie met son fils, qui a perdu sa mère, au collège Louis-le-Grand, tenu par les jésuites. Peu en sympathie avec un père et un frère dévots et rigoristes, il est sensible à l'affection que lui porte sa sœur. Cette même année, les armées françaises subissent une grave défaite à Hochstaedt (Blenheim pour les Anglais) devant les troupes de Marlborough et du prince Eugène.

1706. Défaite française à Ramillies.

1708. Défaite de Villars à Oudenarde.

1709. Après de brillants exploits, Charles XII de Suède est vaincu par Pierre le Grand à Poltava. Défaite française à Malplaquet.

1711. Voltaire, qui y a été introduit par son parrain, l'abbé de Châteauneuf, fréquente la société libertine des Vendôme, au Temple, à Paris.
Ayant terminé brillamment ses études à Louis-le-Grand, triom-

phant dans les exercices de vers français et se passionnant pour le théâtre du collège, il fait ses études de droit.

1712. Le 24 juillet, brillante victoire de Villars à Denain : elle permettra d'obtenir une paix honorable, quoique très onéreuse.

1713. Traité d'Utrecht, complété par les traités de Rastadt et de Bade. La France cède Terre-Neuve et l'Acadie à l'Angleterre, qui s'est résignée à la paix après le remplacement au pouvoir des whigs par les tories. L'Angleterre acquiert aussi Gibraltar. Le père de François-Marie, pour venir à bout du « libertinage » de son fils, l'envoie à La Haye à la suite de l'ambassadeur qui y renoue les relations diplomatiques normales. A La Haye, Voltaire tombe amoureux de « Pimpette », fille de Mme Dunoyer, une aventurière qui s'adonne au journalisme. Nouveau scandale, colère du père. François-Marie rentre à Paris.

1714. Il doit accepter de devenir clerc chez un notaire. A Paris, après la mort du Grand Dauphin (1711) et du duc de Bourgogne (1712), le roi prépare sa succession et tente de limiter les pouvoirs du duc d'Orléans, qui sera Régent. En Angleterre, la reine Anne meurt ; George Ier, un Hanovrien, lui succède aux dépens du demi-frère d'Anne, le prétendant Stuart (Jacques III). Les tories perdent le pouvoir. Lord Bolingbroke, leur chef de file, est poursuivi en justice et se réfugie en France.

1715 Le jeune Arouet brille au Temple et à Sceaux chez la duchesse du Maine, devant laquelle il lira sa tragédie d'*Œdipe*. Il compose son premier conte, *Le Crocheteur borgne*. Le 1er septembre, mort de Louis XIV. Philippe d'Orléans devient Régent et se débarrasse des entraves que lui imposait le testament de Louis XIV.

1716. À la suite de vers satiriques contre le Régent, Voltaire est exilé ; il séjourne à Sully-sur-Loire chez le jeune duc de Sully.

1717. Pamphlet « J'ai vu ces maux et je n'ai pas vingt ans », encore dirigé contre le Régent. Voltaire est envoyé à la Bastille, où il travaille à *La Henriade*.

Début en France du système de Law. Fondation de La Nouvelle-Orléans dans la colonie du Mississippi. Alliance entre la France, l'Angleterre et la Hollande.

1718. Un moment exilé à Châtenay, dans la propriété paternelle, Voltaire peut faire jouer *Œdipe* (18 novembre), dont le succès semble promettre en lui le successeur de Racine. Il reçoit une récompense du Régent.

1719. Arouet prend le nom de Voltaire (anagramme d'Arouet L[e] J[eune] ?). Il est reçu de château en château. Mais celui de

Sceaux est déserté par l'exil de la duchesse du Maine, compromise dans la conspiration de Cellamare contre le Régent.

1720. Dans l'agitation financière résultant du système de Law, qui doit quitter la France en décembre, après la banqueroute (septembre), Voltaire arrondit sa fortune, commencée en 1704 par un legs de Ninon de Lenclos. Dans son *Ode à la Chambre* de justice, Voltaire prend le parti des traitants emprisonnés. Les frères Pâris, qui succèdent à Law, le récompensent en l'associant à de fructueuses opérations. Mais sa tragédie d'*Artémire* échoue.

1721. Voltaire offre au Régent le manuscrit de *La Ligue*, future *Henriade*. Il continue à fréquenter les gens du monde, notamment la duchesse de Villars, dans son château de Vaux-le-Vicomte.

1722. Le 1er janvier, le père de Voltaire meurt, laissant une fortune importante, mais ne permettant pas à François-Marie d'en jouir avant l'âge de trente-cinq ans et à condition qu'il eût donné des preuves de sa sagesse. Voltaire obtient du roi une pension de deux mille livres. En juillet, il va en Hollande avec Mme de Rupelmonde. A Bruxelles, il rencontre le poète Jean-Baptiste Rousseau, qu'il choque et avec qui il se brouille. Reçu à La Source, près d'Orléans, par Bolingbroke, il garde une forte impression de son hôte.

1723. Une liaison avec Mme de Bernières entraîne Voltaire à faire plusieurs séjours en Normandie.
En novembre, atteint de la petite vérole, Voltaire est soigné par Thieriot et Mlle Lecouvreur. Le duc d'Orléans étant mort le 2 décembre, le duc de Bourbon devient premier ministre.

1724. Les comédiens français jouent *Mariamne*, qui échoue malgré le jeu de Mlle Lecouvreur. Voltaire se rend aux eaux de Forges avec le duc de Richelieu. Il loge désormais rue de Beaune, chez M. et Mme de Bernières.

1725. Bien en cour à cette époque, Voltaire obtient la grâce de l'abbé Desfontaines, accusé de sodomie sur de jeunes garçons. Celui-ci l'en remerciera par des critiques acerbes.
Il fait jouer la comédie de *L'Indiscret* (18 août). À Fontainebleau, il interroge des « sauvages » américains, dans l'intention de vérifier si la loi morale est universelle. Il s'intéresse à Locke, dont Bolingbroke lui a recommandé la lecture. Voulant imprimer *La Henriade* en Angleterre, il en envoie un exemplaire au roi George. Dès cette époque, il a décidé de séjourner en Angleterre. Pourtant, il obtient une pension sur la cassette personnelle de Marie Leszczynska, reine de France depuis septembre de cette année.

1726. Après deux querelles avec le chevalier de Rohan, Voltaire est bâtonné par les gens de son adversaire. Celui-ci, infirme, refuse de se battre en duel avec Voltaire, qui engage des bretteurs pour se venger de lui. Le lieutenant de police fait mettre Voltaire à la Bastille pour l'en empêcher. Voltaire y reçoit beaucoup de visites. Il apprend l'anglais et s'initie à l'Angleterre par un ouvrage de Miège, *The Present State of Great Britain and Ireland.* Lorsqu'il quitte la Bastille, il prend soin de préciser qu'il n'est pas exilé : il a « la permission et non pas l'ordre » de quitter la France. Il embarque à Calais par le paquebot du 9 ou 10 mai. En Angleterre, après un court séjour à Londres, il sera l'hôte, à Wandsworth, de Falkener, gentilhomme et riche marchand, qui restera pour lui un ami très fidèle. Il a le chagrin de perdre sa sœur, mère de la future Mme Denis.

1727. Poursuite du séjour en Angleterre : la vie de Voltaire y est mal connue. Il fréquente pourtant assidûment les théâtres de Londres où il réside désormais. Il publie sous son nom *An Essay upon the Civil Wars of France... and also upon the Epick Poetry...*

1728. Publication à Londres, par souscription, de *La Henriade,* qui rapporte une somme considérable (150 000 francs). La perte du paquet d'exemplaires destinés aux souscripteurs français — moins nombreux que les Anglais — nécessitera une seconde édition, sur même papier, presque semblable à la précédente, qui apparaîtra, quoique datée aussi de 1728, entre 1733 et 1738. En novembre, Voltaire rentre en France, clandestinement.

1729. Le 15 mars, Voltaire rentre définitivement en France. Fin avril, il obtient l'autorisation d'y demeurer. Il songe à rétablir ses affaires financières, partiellement compromises en 1726 par la faillite des banquiers d'Acosta, qui devaient transférer de ses avoirs en Angleterre. Une opération sur la loterie lui laisse un énorme bénéfice.

1730. Des eaux de Plombières, où il est avec le duc de Richelieu, Voltaire mène à bien une autre opération fructueuse à Nancy. À Paris, il fait jouer *Brutus* (12 décembre), avec un grand succès. Entre-temps, Adrienne Lecouvreur, morte le 20 mars sans avoir eu le temps de renoncer à sa profession de comédienne, n'est pas enterrée en terre chrétienne. Cet événement, qui affecte profondément Voltaire, est peut-être ce qui le détermine à rédiger les *Lettres philosophiques,* à partir de ses notes prises en Angleterre.

1731. Au printemps, Voltaire se rend à Rouen, où il est hébergé par le libraire Jore, qui prépare une édition clandestine de l'*Histoire de Charles XII,* et sera chargé de celle des *Lettres philosophiques.*

À la fin de l'année, Voltaire va habiter chez Mme de Fontaine-Martel ; il y est l'ornement du salon.

1732. Première représentation d'*Ériphyle,* qui deviendra plus tard *Sémiramis,* le 7 mars. Premières allusions dans la correspondance de Voltaire à ce qui sera *Le Siècle de Louis XIV.* Le 13 août, première représentation de *Zaïre,* tragédie dédiée à Falkener : c'est un grand succès. En décembre, Voltaire a terminé la mise au point des *Lettres philosophiques* (la vingt-cinquième exceptée).

1733. Janvier. Publication du *Temple du goût,* qui fait de nouveaux ennemis à Voltaire. Il remet à Jore et envoie à Thieriot, à Londres, un manuscrit des *Lettres philosophiques.* Il en lit des extraits choisis à divers personnages (Rothelin, Fleury...). Quand il comprend que, malgré certaines précautions de forme, la publication va lui attirer de graves ennuis, il écrit, le 27 juillet, à Thieriot pour lui demander de surseoir à la publication. Il est trop tard. Craignant d'être devancé par l'édition anglaise, Jore, en possession du manuscrit complet (comprenant la vingt-cinquième lettre, que ne donne pas Thieriot), tire la sienne.

1734. Introduites à Paris par Jore sans l'accord exprès de Voltaire, les *Lettres philosophiques* sont, le 10 juin, condamnées à être brûlées par le bourreau. Voltaire fuit Paris et rejoint au camp de Philippsbourg le duc de Richelieu, dont il a favorisé le mariage avec Mlle de Guise.

1735. Après différentes hésitations, Voltaire se réfugie à Cirey, aux frontières de la Champagne et de la Lorraine, dans un château appartenant à Mme du Châtelet, dont il a fait la connaissance en 1733.

1736. Il publie *Le Mondain.*

1738. Il publie les *Éléments de la philosophie de Newton.*

1740. Profitant de l'avènement d'une femme sur le trône d'Autriche, Frédéric II, devenu roi de Prusse, envahit la Silésie. Voltaire le rencontre pour la première fois à Clèves.

1741. Début de la guerre de Succession d'Autriche.

1742. *Mahomet,* tragédie de Voltaire, est interdite à Paris.

1743. Mort du cardinal Fleury. Les frères d'Argenson entrent au ministère. Voltaire fait jouer avec succès sa tragédie de *Mérope.* La protection du marquis d'Argenson le fait envoyer à Berlin avec une mission secrète auprès de Frédéric II.

1745. Le maréchal de Saxe remporte la bataille de Fontenoy, dans laquelle Louis XV a pris lui-même une part importante.

Mme de Pompadour devient la favorite. Voltaire, son intime ami, est nommé historiographe du roi ; il devient l'amant de sa nièce, Mme Denis.

1746. Voltaire est élu à l'Académie française.

1747. Il éprouve à la cour des difficultés après s'être plaint de tricheries au « jeu de la reine ». Il publie *Zadig.*

1748. Voltaire retourne en Lorraine, et séjourne à la cour du roi Stanislas, à Lunéville. La paix d'Aix-la-Chapelle termine la guerre de Succession d'Autriche.

1749. Mort en couches de Mme du Châtelet, enceinte des œuvres de Saint-Lambert.

1750. Voltaire part pour Berlin, où Frédéric II l'a nommé chambellan avec une pension confortable. Rousseau publie le *Discours sur les sciences et les arts*, qui déplaît à Voltaire.

1751. Il publie *Le Siècle de Louis XIV.* Début de la publication de l'*Encyclopédie.*

1752. Il publie *Micromégas.*

1753. Voltaire quitte Berlin après avoir rompu avec Frédéric II. Celui-ci lui fait subir un traitement humiliant à Francfort. N'ayant pas la permission de rentrer à Paris, Voltaire séjourne à Colmar et à Plombières.

1755. Voltaire s'installe aux Délices, aux abords immédiats de Genève. Rousseau écrit son *Discours sur l'inégalité.* Il l'envoie à Voltaire, qui lui répond par une lettre fameuse.

1756. Voltaire publie l'*Essai sur les mœurs et l'esprit des nations.* Début de la guerre de Sept Ans.

1757. Désastre français à Rossbach, contre Frédéric II.

1758. Le duc de Choiseul entre au ministère. Voltaire achète Ferney et Tournay, près de la frontière suisse, mais en territoire français.

1759. Publication de *Candide.*

1761. Début des actions du parlement de Paris qui aboutiront en 1764 à la suppression des jésuites en France. Rousseau publie *La Nouvelle Héloïse*, que Voltaire tourne en ridicule.

1762. Début de l'affaire Calas. Catherine II prend le pouvoir en Russie en se débarrassant du tsar son mari. Voltaire se fera en toute circonstance son apologiste, notamment lors du partage de la Pologne (1772).

1763. Traité de Paris, mettant fin à la guerre de Sept Ans. Perte du Canada, « quelques arpents de neige » pour Voltaire. Il défend la mémoire de Calas et écrit le *Traité sur la tolérance.*

1764. Voltaire publie le *Dictionnaire philosophique*, violemment antichrétien.

1766. Le chevalier de La Barre est décapité pour impiété. Entre autres griefs, on a trouvé chez lui le *Dictionnaire philosophique.*

1767. Voltaire publie *L'Ingénu.*

1770. Chute de Choiseul. Le chancelier Maupeou entreprend la réforme des parlements ; il reçoit l'appui de Voltaire.

1774. Avènement de Louis XVI. Ministère du « physiocrate » Turgot.

1775. *Histoire de Jenni,* roman dans lequel Voltaire développe des thèses déistes et chante l'Amérique de Penn et ses descendants.

1777. Voltaire publie les *Dernières remarques sur Pascal.*

1778. Voltaire est autorisé à rentrer à Paris. La représentation de sa tragédie d'*Irène* marque son apothéose. Il meurt peu après.

1784-1789. Édition posthume, par Beaumarchais, des *Œuvres complètes* en soixante-dix volumes in-8°, dite édition de Kehl.

BIBLIOGRAPHIE

De l'immense bibliographie voltairienne, on ne retiendra que les titres intéressant directement la présente édition.

1. Éditions anciennes des *Lettres philosophiques.*

Deux éditions anciennes peuvent prétendre au titre d'édition originale des *Lettres philosophiques.* En effet, Voltaire avait envoyé presque en même temps deux manuscrits, l'un à Thieriot pour qu'il l'imprime en Angleterre, et l'autre à Jore.

La première se présente comme suit :
*Lettres écrites de Londres sur les Anglais et autres sujets par M. D. V****.
À Basle (Londres), 1734, in-8°, 228 p.

La seconde comme suit :
*Lettres philosophiques par M. de V****, À Amsterdam, au Livre d'Or (Jore, Rouen), 1734, in-12, 387 p.

À la suite de Lanson, nous avons suivi le texte de l'édition Jore (d'ailleurs très proche de celle de Thieriot) pour les raisons suivantes : 1. c'est la seule dont Voltaire ait revu les épreuves ; 2. c'est la seule qui contienne la XXVe lettre. Il est à noter que la grande majorité des éditions parues au XVIIIe siècle, y compris celles que Voltaire a retouchées, étaient basées sur le texte de Thieriot, auquel elles ajoutaient la XXVe lettre, tirée de l'édition Jore.

2. Éditions modernes des *Lettres philosophiques.*

Dans les éditions complètes parues au XIXe siècle, le texte des *Lettres philosophiques,* ou ce qu'il en reste, est établi et disposé d'après l'édition de Kehl, c'est-à-dire qu'on n'y retrouve plus le texte primitif, dont on a souligné la cohérence et l'originalité. Elles ne nous intéressent donc pas.

La première édition se fondant sur l'original est l'admirable édition de Gustave Lanson (Société des Textes Français Modernes, Paris,

1909, 2 vol. in-12). Elle a été, de façon excellente, revue et complétée par André M. Rousseau (S.T.F.M., Didier, 1964, 2 vol. in-12). Nous lui avons emprunté une grande partie des notes, surtout celles qui concernent les sources, point traité de façon exemplaire par Lanson. L'apparat critique est aussi remarquable.

Entre-temps, Raymond Naves avait publié en 1939, dans la collection des Classiques Garnier, une édition des *Lettres philosophiques* (1 vol. de 304 p.). Outre une introduction élégante, cette édition se distingue par des notes présentant tous les prolongements des *Lettres philosophiques,* soit dans la « vulgate » (représentée par l'édition de Kehl), soit dans des œuvres telles que l'*Essai sur les mœurs,* les *Questions sur l'Encyclopédie,* etc. On regrette pourtant de n'y pas trouver certains renseignements qui paraîtraient s'imposer sur les faits ou sur les personnages.

L'édition des *Mélanges* de Voltaire, à la Bibliothèque de la Pléiade (1961), donne les *Lettres philosophiques* dans le texte de 1734 (Lanson). Les notes sont brèves mais substantielles ; elles n'apportent rien de nouveau, même sur la XXe lettre, par rapport à celles de Lanson.

Enfin, l'édition des *Lettres philosophiques* dans la collection Garnier-Flammarion (1964) bénéficie d'une courte préface de l'excellent spécialiste René Pomeau et d'une chronologie. Mais elle ne comporte ni notes ni indications sur les différents états du texte, suivant les usages de cette collection.

3. Ouvrages sur les *Lettres philosophiques.*

Le seul ouvrage en français qu'il y ait lieu de signaler est celui d'Albert Lantoine, *Les « Lettres philosophiques » de Voltaire,* Les Grands Événements littéraires, S.F.E.L.T., 1946. L'histoire extérieure des *Lettres philosophiques* y est assez bien retracée, malgré quelques imprécisions, partiellement dues au fait que la correspondance de Voltaire était encore mal éditée à cette époque. La dernière partie, « la tragi-comédie des *Lettres philosophiques* », retrace avec précision les rapports entre Jore et Voltaire ; elle fait apparaître l'immense mauvaise foi de l'écrivain dans ses rapports avec le libraire.

4. Ouvrages sur Voltaire.

Le tome I de la biographie de Voltaire, sous la direction de René Pomeau, a paru en 1985 sous l'égide de la *Voltaire Foundation,* à Oxford. Il contient l'histoire de la vie de Voltaire qui intéresse particulièrement les *Lettres philosophiques.*

Les ouvrages les plus intéressants à consulter sur la pensée de Voltaire sont les suivants :

LANSON (Gustave). *Voltaire* (Paris, Hachette, 1906); édition revue et complétée en 1960 par René Pomeau.

MASON (Haydn T.). *Pierre Bayle and Voltaire* (Oxford University Press, 1963).

NAVES (Raymond). *Voltaire* (Paris, Hatier-Boivin, 1942).

POMEAU (René). *Voltaire par lui-même* (Paris, Éditions du Seuil, 1955).

POMEAU (René). *La Religion de Voltaire.* Seconde édition revue (Paris, Nizet, 1969; 1re éd. : 1956).

ROUSSEAU (André M.). *L'Angleterre et Voltaire, 1718-1789* (Oxford, The Voltaire Foundation, 1976, Studies on Voltaire and the Eighteenth Century, nos 145, 146 et 147. 1 085 p.).

VAN DEN HEUVEL (Jacques). *Voltaire dans ses contes* (Paris, Armand Colin, 1968).

5. Autres œuvres de Voltaire.

Nous avons donné les références aux autres œuvres de Voltaire d'après les publications suivantes, toutes à la Bibliothèque de la Pléiade (Éditions Gallimard) :

Correspondance. Édition de Theodore Besterman, traduite et adaptée par Frédéric Deloffre (10 volumes parus, jusqu'à l'année 1770; 1977-1986).

Mélanges. Préface par Emmanuel Berl. Texte établi et annoté par Jacques Van den Heuvel (1961).

Romans et contes. Édition établie par Frédéric Deloffre et Jacques Van den Heuvel, avec la collaboration de Jacqueline Hellegouarc'h (1979).

6. Sur le milieu intellectuel.

ADAM (Antoine). *Le Mouvement philosophique dans la première moitié du XVIIIe siècle* (S.E.D.E.S., 1967).

NOTE SUR LE TEXTE

Pour les raisons qui sont exposées dans la bibliographie, le texte que nous présentons au lecteur est celui de l'édition Jore. S'il s'en écarte, exceptionnellement, nous le signalons en note.

L'orthographe a été modernisée. Nous laissons pourtant subsister quelques particularités grammaticales lorsqu'une modification changerait la prononciation, par exemple lorsque, conformément à un usage encore fréquent à l'époque, et qui du reste n'a pas disparu, l'accord du participe est négligé quand le participe en question ne termine pas le groupe de mots auquel il appartient, par exemple « la question que de bons catholiques ont *fait* plus d'une fois aux huguenots » (p. 38).

L'orthographe des noms propres, français et étrangers, a été en principe régularisée. On trouvera en note quelques exemples des graphies de Voltaire, telles que *Ofils* pour *Oldfield,* etc.

La ponctuation a été également modernisée avec discrétion. On a notamment supprimé la virgule qui, au XVIIIe siècle, sépare souvent le sujet de son verbe ou la proposition principale et la proposition complétive qui en dépend.

APPENDICES

1. UNE « AVANT-LETTRE ANGLAISE »

La pièce que nous reproduisons ici est sans doute le document le plus intéressant qui nous soit parvenu sur ce que pouvait être le premier état des Lettres philosophiques. *On était alors beaucoup plus près de la relation de voyage. En allégeant son texte, en laissant moins de part aux impressions personnelles, en renforçant l'aspect idéologique, Voltaire leur a donné le caractère « philosophique » qui est finalement mis en évidence dans le titre de la version parue en France.*

Les éditeurs de Kehl, qui ont les premiers publié ce texte (tome XLIX, p. 10, Mélanges littéraires, *t. 3), le datent de 1727. En réalité, il ne peut être antérieur au 23 février 1728, date à laquelle Curll fut pilorié, ni même probablement à mai 1728, date à laquelle parut le quatrième* Discours sur les miracles *de Woolston, date aussi où les journaux rendaient compte de l'agitation consécutive à la « presse » des matelots. Dans l'autre sens, il doit être antérieur à la publication du cinquième* Discours sur les miracles *de Woolston, qui est daté du 25 octobre 1728.*

*Dans ses additions au commentaire de Lanson, André M. Rousseau a même tenté une datation plus précise du texte en y distinguant trois morceaux. Le premier, comportant les quatre premiers alinéas, serait la partie la plus ancienne, composée en Angleterre (le « peuple avec lequel je vis »), sans doute en décembre 1727, moment où Voltaire met sous presse la deuxième édition de l'*Essay upon Epick Poetry, *avec lequel il présente en effet des ressemblances frappantes ; le second, traitant des « contrariétés » du peuple anglais, et le troisième, où il est question de politique (à partir de « Outre ces contrariétés... »), auraient été écrits à peu de distance l'un de l'autre, au printemps de 1728 ; le dernier traite en effet presque exclusivement d'événements survenus en mai 1728. Il pourrait, selon André Rousseau, avoir été rédigé à la fin de mai 1728, et serait contemporain de l'opuscule* Sottise des deux parts. *Cette analyse, probablement proche de la vérité, présente en outre le grand mérite de montrer comment la pensée de Voltaire progresse, par « sauts » corres-*

pondant à ses humeurs. Nous en avions mené une semblable à propos du Pot-Pourri (Romans et contes, *Pléiade, p. 900 et suiv.*).

Quant au livre de John Dennis, Miscellanies in Verse and Prose, *Londres, 1693, qui sert de point de départ à la réflexion de Voltaire, il se compose de trois lettres dont la première, datée du 15 octobre 1688, contient en effet le passage relevé et fortement concentré par Voltaire. Enfin, la promenade sur la Tamise du roi et de la reine décrite par Voltaire n'a pas eu lieu lors de sa première arrivée en Angleterre, au printemps de 1726, mais le samedi 15 juillet 1727. Voltaire ne s'est donc pas soucié de reproduire des faits exacts, mais, dès cette ancienne version, il compose de façon consciente un tableau plein de contrastes frappants.*

PROJET D'UNE LETTRE SUR LES ANGLAIS
À M***

Je tombai hier par hasard sur un mauvais livre d'un nommé Dennis, car il y a aussi de méchants écrivains parmi les Anglais. Cet auteur, dans une petite relation d'un séjour de quinze jours qu'il a fait en France, s'avise de vouloir faire le caractère de la nation qu'il a eu si bien le temps de connaître. « Je vais, dit-il, vous faire un portrait juste et naturel des Français, et pour commencer je vous dirai que je les hais mortellement. Ils m'ont, à la vérité, très bien reçu, et m'ont accablé de civilités; mais tout cela est pur orgueil, ce n'est pas pour nous faire plaisir qu'ils nous reçoivent si bien, c'est pour se plaire à eux-mêmes; c'est une nation bien ridicule! etc. »

N'allez pas vous imaginer que tous les Anglais pensent comme ce M. Dennis, ni que j'aie la moindre envie de l'imiter en vous parlant, comme vous me l'ordonnez, de la nation anglaise.

Vous voulez que je vous donne une idée générale du peuple avec lequel je vis. Ces idées générales sont sujettes à trop d'exceptions; d'ailleurs un voyageur ne connaît d'ordinaire que très imparfaitement le pays où il se trouve. Il ne voit que la façade du bâtiment; presque tous les dedans lui sont inconnus. Vous croiriez peut-être qu'un ambassadeur est toujours un homme fort instruit du génie du pays où il est envoyé, et pourrait vous en dire plus de nouvelles qu'un autre. Cela peut être vrai à l'égard des ministres étrangers qui résident à Paris, car ils savent tous la langue du pays; ils ont à faire à une nation qui se manifeste aisément : ils sont reçus, pour peu qu'ils le veuillent, dans toutes sortes de sociétés, qui toutes s'empressent à leur plaire; ils lisent nos livres, ils assistent à nos spectacles. Un ambassadeur de France en Angleterre est tout autre chose. Il ne sait pour l'ordinaire pas un mot d'anglais, il ne peut parler aux trois quarts de la nation que par interprète; il n'a pas la moindre idée des ouvrages faits dans la langue; il ne peut voir les spectacles où les mœurs de la nation sont représentées. Le très petit nombre de sociétés où il peut être admis sont d'un commerce tout opposé à la familiarité française ; on ne s'y assemble que pour jouer et pour se taire. La nation étant d'ailleurs presque toujours divisée en deux partis, l'ambassadeur, de peur d'être suspect, ne saurait être en liaison avec ceux du parti opposé au gouvernement ; il est réduit à ne voir guère que les ministres, à peu près comme un négociant qui ne connaît que ses correspondants et son trafic, avec cette différence pourtant que le marchand pour réussir doit agir avec une bonne foi qui n'est pas toujours recommandée dans les instructions de Son Excellence ; de sorte qu'il arrive assez souvent que l'ambassadeur est une espèce de facteur par le canal duquel les faussetés et les tromperies politiques passent d'une cour à l'autre, et qui, après avoir menti en cérémonie, au nom du roi son maître, pendant quelques années, quitte pour jamais une nation qu'il ne connaît point du tout.

Il semble que vous pourriez tirer plus de lumière d'un particulier qui aurait assez de loisir et d'opiniâtreté pour apprendre à parler la langue anglaise, qui converserait librement avec les whigs et les tories, qui dînerait avec un évêque, et qui souperait avec un quaker, irait le samedi à la synagogue et le dimanche à Saint-Paul, entendrait un sermon le matin, et assisterait l'après-dîner à la comédie, qui passerait de la cour à la Bourse, et par-dessus tout cela ne se rebuterait point de la froideur, de l'air dédaigneux et de glace que les dames anglaises mettent dans les commencements du commerce, et dont quelques-unes ne se défont jamais ; un homme tel que je viens de vous le dépeindre serait encore très sujet à se tromper, et à vous donner des idées fausses, surtout s'il jugeait, comme on juge ordinairement, par le premier coup d'œil.

Lorsque je débarquai auprès de Londres, c'était dans le milieu du printemps ; le ciel était sans nuages, comme dans les plus beaux jours du midi de la France ; l'air était rafraîchi par un doux vent d'occident, qui augmentait la sérénité de la nature, et disposait les esprits à la joie : tant nous sommes *machine*, et tant nos âmes dépendent de l'action des corps. Je m'arrêtai près de Greenwich sur les bords de la Tamise. Cette belle rivière qui ne se déborde jamais, et dont les rivages sont ornés de verdure toute l'année, était couverte de deux rangs de vaisseaux marchands durant l'espace de six milles ; tous avaient déployé leurs voiles pour faire honneur au roi et à la reine qui se promenaient sur la rivière dans une barque dorée, précédée de bateaux remplis de musique, et suivie de mille petites barques à rames ; chacune avait deux rameurs, tous vêtus comme l'étaient autrefois nos pages, avec des trousses et de petits pourpoints ornés d'une grande plaque d'argent sur l'épaule. Il n'y avait pas un de ces mariniers qui n'avertît par sa physionomie, par son habillement, et par son embonpoint, qu'il était libre, et qu'il vivait dans l'abondance.

Auprès de la rivière, sur une grande pelouse qui s'étend environ quatre milles, je vis un nombre prodigieux de jeunes gens bien faits qui caracolaient à cheval autour d'une espèce de carrière marquée par des poteaux blancs, fichés en terre de mille en mille. On voyait aussi des femmes à cheval, qui galopaient çà et là avec beaucoup de grâce ; mais surtout de jeunes filles à pied, vêtues pour la plupart de toile des Indes. Il y en avait beaucoup de fort belles, toutes étaient bien faites ; elles avaient un air de propreté, et il y avait dans leurs personnes une vivacité et une satisfaction qui les rendait toutes jolies.

Une autre petite carrière était enfermée dans la grande ; elle était longue d'environ cinq cents pieds, et terminée par une balustrade. Je demandai ce que tout cela voulait dire. Je fus bientôt instruit que la grande carrière était destinée à une course de chevaux, et la petite à une course à pied. Auprès d'un poteau de la grande carrière était un homme à cheval, qui tenait une espèce de grande aiguière d'argent couverte ; à la balustrade de la carrière intérieure étaient deux perches ; au haut de l'une on voyait un grand chapeau suspendu, et à l'autre flottait une chemise de femme. Un gros homme était debout entre les deux perches, tenant une bourse à la main. La grande aiguière était le prix de la course des chevaux ; la bourse, celle de la course à pied ; mais je fus agréablement surpris quand on me dit qu'il y avait aussi une course de filles ; qu'outre la bourse destinée à la victorieuse, on lui donnait pour marque d'honneur cette chemise qui flottait au haut de cette perche, et que le chapeau était pour l'homme qui aurait le mieux couru.

J'eus la bonne fortune de rencontrer dans la foule quelques négociants pour qui j'avais des lettres de recommandation. Ces messieurs me firent les honneurs de la fête, avec cet empressement et cette cordialité de gens qui sont dans la joie, et qui veulent qu'on la partage avec eux. Ils me firent venir un cheval, ils envoyèrent chercher des rafraîchissements, ils eurent soin de me placer dans un endroit d'où je pouvais aisément avoir le spectacle de toutes les courses et celui de la rivière, avec la vue de Londres dans l'éloignement.

Je me crus transporté aux jeux olympiques ; mais la beauté de la Tamise, cette foule de vaisseaux, l'immensié de la ville de Londres, tout cela me fit bientôt rougir d'avoir osé comparer l'Élide à l'Angleterre. J'appris que dans le même moment il y avait un combat de gladiateurs dans Londres, et je me crus aussitôt avec les anciens Romains. Un courrier de Danemark qui était arrivé le matin, et qui s'en retournait heureusement le soir même, se trouva auprès de moi pendant les courses. Il me paraissait saisi de joie et d'étonnement : il croyait que toute la nation était toujours gaie ; que toutes les femmes étaient belles et vives, et que le ciel d'Angleterre était toujours pur et serein ; qu'on ne songeait jamais qu'au plaisir ; que tous les jours étaient comme le jour qu'il voyait ; et il partit sans être détrompé. Pour moi, plus enchanté encore que mon Danois, je me fis présenter le soir à quelques dames de la cour ; je ne leur parlai que du spectacle ravissant dont je revenais ; je ne doutais pas qu'elles n'y eussent été, et qu'elles ne fussent de ces dames que j'avais vues galoper de si bonne grâce. Cependant, je fus un peu surpris de voir qu'elles n'avaient point cet air de vivacité qu'ont les personnes qui viennent de se réjouir ; elles étaient guindées et froides, prenaient du thé, faisaient un grand bruit avec leurs éventails, ne disaient mot, ou criaient toutes à la fois pour médire de leur prochain ; quelques-unes jouaient au quadrille, d'autres lisaient la gazette ; enfin, une plus charitable que les autres voulut bien m'apprendre que le *beau monde* ne s'abaissait pas à aller à ces assemblées populaires qui m'avaient tant charmé ; que toutes ces belles personnes vêtues de toiles des Indes étaient des servantes ou des villageoises ; que toute cette brillante jeunesse, si bien montée et caracolante autour de la carrière, était une troupe d'écoliers et d'apprentis montés sur des chevaux de louage. Je me sentis une vraie colère contre la dame qui me dit tout cela. Je tâchai de n'en rien croire ; et m'en retournai de dépit dans la Cité, trouver les marchands et les *aldermen* qui m'avaient fait si cordialement les honneurs de mes prétendus jeux olympiques.

Je trouvai le lendemain, dans un café malpropre, mal meublé, mal servi et mal éclairé, la plupart de ces messieurs, qui la veille étaient si affables et d'une humeur si aimable : aucun d'eux ne me reconnut ; je me hasardai d'en attaquer quelques-uns de conversation ; je n'en tirai point de réponse, ou tout au plus un oui et un non ; je me figurai qu'apparemment je les avais offensés tous la veille. Je m'examinai, et je tâchai de me souvenir si je n'avais pas donné la préférence aux étoffes de Lyon sur les leurs ; ou si je n'avais pas dit que les cuisiniers français l'emportaient sur les Anglais, que Paris était une ville plus agréable que Londres, qu'on passait le temps plus agréablement à Versailles qu'à Saint-James, ou quelque autre énormité pareille. Ne me sentant coupable de rien, je pris la liberté de demander à l'un deux, avec un air de vivacité qui leur parut fort étrange, pourquoi ils étaient tous si tristes : mon homme me répondit d'un air renfrogné qu'il faisait un vent d'est. Dans le moment arriva un de leurs amis, qui leur dit avec un visage indifférent : « Molly s'est coupé la gorge ce matin. Son amant l'a trouvée morte dans sa chambre, avec un rasoir sanglant à côté d'elle. » Cette Molly était une fille jeune, belle, et très riche, qui était prête à se marier avec le même homme qui l'avait trouvée morte. Ces messieurs, qui tous étaient amis de Molly, reçurent la nouvelle sans sourciller. L'un d'eux seulement demanda ce qu'était devenu l'amant ; *il a acheté le rasoir,* dit froidement quelqu'un de la compagnie.

Pour moi, effrayé d'une mort si étrange et de l'indifférence de ces messieurs, je ne pus m'empêcher de m'informer quelle raison avait forcé une demoiselle, si heureuse en apparence, à s'arracher la vie si cruellement ; on me répondit uniquement qu'il faisait un vent d'est. Je ne pouvais pas comprendre d'abord ce que le vent d'est avait de commun avec l'humeur sombre de ces messieurs, et la mort de Molly. Je sortis brusquement du café, et j'allai à la cour, plein de ce beau préjugé français qu'une cour est toujours gaie. Tout y était triste et morne, jusqu'aux filles d'honneur. On y parlait mélancoliquement du vent d'est. Je songeai alors à mon Danois de la veille. Je fus tenté de rire de la fausse idée qu'il avait emportée d'Angleterre ; mais le climat opérait déjà sur moi, et je m'étonnais de ne pouvoir rire. Un fameux médecin de la cour, à qui je confiai ma surprise, me dit que j'avais tort de m'étonner, que je verrais bien autre chose aux mois de novembre et de mars ; qu'alors on se pendait par douzaine ; que presque tout le monde était réellement malade dans ces deux saisons, et qu'une mélancolie noire se répandait sur toute la nation : car c'est alors, dit-il, que le vent d'est souffle le plus constamment. Ce vent est la perte de notre île. Les animaux même en souffrent, et ont tous l'air abattu. Les hommes qui sont assez robustes pour conserver leur santé dans ce maudit vent perdent au moins leur bonne humeur. Chacun alors a le visage sévère, et l'esprit disposé aux résolutions désespérées. C'était à la lettre par un vent d'est qu'on coupa la tête à Charles Ier, et qu'on détrôna Jacques II. « Si vous avez quelque grâce à demander à la cour, m'ajouta-t-il à l'oreille, ne vous y prenez jamais que lorsque le vent sera à l'ouest ou au sud. »

Outre ces contrariétés que les éléments forment dans les esprits des Anglais, ils ont celles qui naissent de l'animosité des partis ; et c'est ce qui désoriente le plus un étranger.

J'ai entendu dire ici, mot pour mot, que milord Marlborough était le plus grand poltron du monde, et que M. Pope était un sot.

J'étais venu plein de l'idée qu'un whig était un fier républicain, ennemi de la royauté ; et un tory, un partisan de l'obéissance passive. Mais j'ai trouvé que dans le parlement presque tous les whigs étaient pour la cour, et les tories contre elle.

Un jour, en me promenant sur la Tamise, l'un de mes rameurs, voyant que j'étais Français, se mit à m'exalter d'un air fier la liberté de son pays, et me dit en jurant Dieu qu'il aimait mieux être batelier sur la Tamise qu'archevêque en France. Le lendemain je vis mon même homme dans une prison auprès de laquelle je passais ; il avait les fers aux pieds, et tendait la main aux passants à travers la grille. Je lui demandai s'il faisait toujours aussi peu de cas d'un archevêque en France ; il me reconnut. « Ah ! Monsieur, l'abominable gouvernement que celui-ci ! On m'a enlevé par force, pour aller servir sur un vaisseau du roi en Norvège ; on m'arrache à ma femme et à mes enfants, et on me jette dans une prison, les fers aux pieds, jusqu'au jour de l'embarquement, de peur que je ne m'enfuie. »

Le malheur de cet homme, et une injustice si criante me touchèrent sensiblement. Un Français qui était avec moi m'avoua qu'il sentait une joie maligne de voir que les Anglais, qui nous reprochent si hautement notre servitude, étaient esclaves aussi bien que nous. J'avais un sentiment plus humain, j'étais affligé de ce qu'il n'y avait plus de liberté sur la terre.

Je vous avais écrit sur cela bien de la morale chagrine, lorsqu'un acte du parlement mit fin à cet abus d'enrôler des matelots par force, et me fit jeter ma lettre au feu. Pour vous donner une plus forte idée des contrariétés dont je vous parle, j'ai vu quatre traités fort savants contre la réalité des miracles de Jésus-Christ, imprimés ici impunément, dans le temps qu'un pauvre libraire a été pilorié pour avoir publié une traduction de la *Religieuse en chemise*[1].

On m'avait promis que je retrouverais mes jeux olympiques à Newmarket. « Toute la noblesse, me disait-on, s'y assemble deux fois l'an ; le roi même s'y rend quelquefois avec la famille royale. Là vous voyez un nombre prodigieux de chevaux les plus vites de l'Europe, nés d'étalons arabes et de juments anglaises, qui volent dans une carrière d'un gazon vert à perte de vue, sous de petits postillons vêtus d'étoffes de soie, en présence de toute la cour. » J'ai été chercher ce beau spectacle, et j'ai vu des maquignons de qualité qui pariaient l'un contre l'autre, et qui mettaient dans cette solennité infiniment plus de filouterie que de magnificence.

Voulez-vous que je passe des petites choses aux grandes ? Je vous demanderai si vous pensez qu'il soit bien aisé de vous définir une nation qui a coupé la tête à Charles Ier, parce qu'il voulait introduire l'usage des surplis[2] en Écosse, et qu'il avait exigé un tribut que les juges avaient déclaré lui appartenir, tandis que cette même nation a vu sans murmurer Cromwell chasser les parlements, les lords, les évêques, et détruire toutes les lois.

Songez que Jacques II a été détrôné en partie pour s'être obstiné à donner une place dans un collège à un pédant catholique[3] ; et souvenez-vous que Henri VIII, ce tyran sanguinaire, moitié catholique, moitié protestant, changea la religion du pays, parce qu'il voulait épouser une effrontée, laquelle il envoya ensuite sur l'échafaud ; qu'il écrivit un mauvais livre contre Luther en faveur du pape, puis se fit pape lui-même en Angleterre, faisant pendre tous ceux qui niaient sa suprématie, et brûler ceux qui ne croyaient pas la transsubstantiation[4] ; et tout cela gaiement et impunément.

Un esprit d'enthousiasme, une superstition furieuse avait saisi toute la nation durant les guerres civiles ; une impiété douce et oisive succéda à ces temps de trouble sous le règne de Charles II.

Voilà comme tout change, et que tout semble se contredire. Ce qui est vérité dans un temps est erreur dans un autre. Les Espagnols disent d'un homme : *il était brave hier.* C'est à peu près ainsi qu'il faudrait juger des nations, et surtout des Anglais ; on devrait dire : « Ils étaient tels en cette année, en ce mois. »

2. PREMIÈRE VERSION DE LA LETTRE SUR LOCKE

Dans sa lettre du 6 décembre (?) 1732 à Formont (lettre 363, t. I p. 381), Voltaire écrivait : « Je suis aussi obligé de changer tout ce que j'avais écrit à l'occasion de M. Locke, parce qu'après tout je veux vivre en France, et il ne m'est pas permis d'être aussi philosophe qu'un Anglais. Il me faut déguiser à Paris ce que je ne pourrais dire trop fortement à Londres. »

En refaisant une nouvelle lettre sur Locke, Voltaire ne sacrifia apparemment pas pour autant la première version. Gustave Lanson a jugé avec beaucoup d'apparence que c'est celle qui fut publiée dans un recueil, Lettres philosophiques par M. de V***. XXVIe lettre sur l'âme *(À La Haye, chez P. Poppy, in-12, 1738).*

Il nous semble pourtant, à la différence de Lanson, que cette lettre a dû être revue et complétée. Pour nous en tenir à un point, les réflexions sur le nombre des sens chez les êtres, peu élevé chez les huîtres, davantage chez les hommes, infini chez les êtres encore plus parfaits, se rattache très précisément à la genèse de Micromégas, *ou plutôt à l'époque du « Voyage du baron de Gangan », ouvrage que Voltaire envoyait à Frédéric au printemps de 1739. On se reportera à la notice de* Micromégas *par Jacques Van den Heuvel dans les* Romans et contes *de Voltaire, Pléiade, p. 692-703, et, bien entendu, au texte même du conte, p. 22. Ajoutons qu'une lettre de Piron à Mlle de Bar, du 22 juillet 1738, précise que Voltaire, qui est, comme lui, à Bruxelles, « passe quatre à cinq heures par jour chez Paupie son libraire » (*Œuvres posthumes, *éd. Honoré Bonhomme, 1888, p. 74). C'est plus qu'il n'en fallait pour retoucher les textes qui étaient envoyés à l'atelier de composition de Paupie ou Poppy. Quoi qu'il en soit, voici le texte de cette « vingt-sixième lettre » ; on y a, comme d'ordinaire, corrigé l'orthographe des noms propres,* Malbranche *en* Malebranche, Montagne *en* Montaigne, Colins *en* Collins, Shastbury *en* Shaftesbury, *etc., ainsi que les fautes typographiques (signalées par des crochets à la suite de Lanson).*

LETTRE SUR M. LOCKE

Il faut que je l'avoue, lorsque j'ai lu l'infaillible Aristote, le divin Platon, le Docteur subtil, le Docteur angélique, j'ai pris tous ces épithètes pour des sobriquets. Je n'ai rien vu dans les philosophes qui ont parlé de l'âme humaine que des aveugles pleins de témérité et de babil, qui s'efforcent de persuader qu'ils ont une vue d'aigle, à d'autres aveugles curieux et sots qui les croient sur leur parole, et qui s'imaginent bientôt eux-mêmes voir aussi quelque chose.

Je ne feindrai point de mettre au rang de ces maîtres d'erreurs Descartes et Malebranche. Le premier nous assure que l'âme de l'homme est une substance dont l'essence est de penser, qui pense toujours, et qui s'occupe dans le ventre de la mère de belles idées métaphysiques ou de beaux axiomes généraux qu'elle oublie ensuite.

Pour le père Malebranche, il est bien persuadé que nous voyons tout en Dieu ; il a trouvé des partisans, parce que les fables les plus hardies sont celles qui sont les mieux reçues de la faible imagination des hommes. Plusieurs philosophes ont donc fait le roman de l'âme ; enfin il est venu un sage qui en a écrit modestement l'histoire. Je vais vous faire l'abrégé de cette histoire, selon que je l'ai conçu. Je sais fort bien que tout le monde ne conviendra pas des idées de M. Locke : il se pourrait bien faire que M. Locke eût raison contre Descartes et Malebranche et eût tort contre la Sorbonne ; je ne réponds de rien ; je parle selon les lumières de la philosophie, et non selon les révélations de la foi. Il ne m'appartient que de penser humainement ; les théologiens décident divinement, c'est tout autre chose. La raison et la foi sont de nature contraire. En un mot, voici un petit précis de M. Locke que je censurerais si j'étais théologien, et que j'adopte pour un moment comme pure hypothèse, comme conjecture de simple philosophie.

Humainement parlant, il s'agit de savoir ce que c'est que l'âme.

1° Le mot d'*âme* est un de ces mots que chacun prononce sans l'entendre ; nous n'entendons que les choses dont nous avons une idée : nous n'avons point d'idée d'âme, d'esprit ; donc nous ne l'entendons pas.

2° Il nous a donc plu d'appeler âme cette faculté de penser et de sentir, comme nous appelons *vue* la faculté de voir, *volonté* [la] faculté de vouloir, etc.

Des raisonneurs sont venus ensuite, qui ont dit : « L'homme est composé de matière et d'esprit : la matière est étendue et divisible, l'esprit n'est ni étendu ni divisible ; donc il est, disent-ils, d'une autre nature ; donc c'est un assemblage d'êtres qui ne sont point faits l'un pour l'autre, et que Dieu unit malgré leur nature. Nous voyons peu le corps, nous ne voyons point l'âme ; elle n'a point de parties. Donc elle est éternelle ; elle a des idées pures et spirituelles ; donc elle ne les reçoit point de la matière : elle ne les reçoit point non plus d'elle-même ; donc Dieu [les] lui donne ; donc elle apporte en naissant les idées de Dieu, de l'infini, et toutes les idées générales. »

Toujours humainement parlant, je réponds à ces Messieurs qu'ils sont bien savants. Ils supposent d'abord qu'il y a une âme, et puis il nous disent ce que ce doit être ; ils prononcent le nom de matière, et décident ensuite nettement ce qu'elle est. Et moi je leur dis : Vous ne connaissez ni l'esprit ni la matière ; par l'esprit, vous ne pouvez vous imaginer que la faculté de penser ; par la matière, vous ne pouvez entendre qu'un certain assemblage de qualités, de couleurs, d'étendue, de solidité ; et il vous a plu d'appeler cela matière, et vous avez assigné les limites de la matière et de l'âme avant d'être sûr[s] seulement de l'existence de l'une et de l'autre. Quant à la matière, vous enseignez gravement qu'il n'y a en elle que de l'étendue et de la solidité, et moi je vous dirai modestement qu'elle est capable de mille propriétés que vous ni moi ne connaissons pas. Vous dites que l'âme est indivisible, éternelle, et vous supposez ce qui est en question.

Vous êtes à peu près comme un régent de collège, qui, n'ayant vu d'horloge de sa vie, aurait tout d'un coup entre ses mains une montre d'Angleterre à répétition. Cet homme, bon péripatéticien, est frappé de la justesse avec laquelle les aiguilles divisent et marquent le temps, et encore plus étonné de voir qu'un bouton pressé par le doigt sonne précisément l'heure que l'aiguille montre. Mon philosophe ne manque pas de trouver qu'il y a dans cette machine une âme qui la gouverne et qui en meut les ressorts, il démontre savamment son opinion par la comparaison des anges qui font aller les sphères célestes, et il fait soutenir dans sa classe de belles thèses sur l'âme des montres. Un de ses écoliers ouvre la montre : on n'y voit que des ressorts, et cependant on soutient toujours le système de l'âme, qui passe pour démontré. Je suis cet écolier : ouvrons la montre qu'on appelle homme, et au lieu de définir hardiment ce que nous ne connaissons pas, tâchons d'examiner par degrés ce que nous voulons connaître.

Prenons un enfant à l'instant de sa naissance, et suivons pas à pas le progrès de son entendement. Vous me faites l'honneur de m'apprendre que Dieu a pris la peine de créer une âme pour aller loger dans ce corps.

Lorsqu'il a environ six semaines, cette âme est arrivée ; la voilà pourvue d'idées métaphysiques, connaissant Dieu, l'esprit, les idées abstraites, l'infini fort clairement, étant en un mot une très savante personne. Mais malheureusement elle sort de l'utérus avec une ignorance crasse ; elle passe dix-huit mois à ne connaître que le téton de sa nourrice, et lorsqu'à l'âge de vingt ans on veut faire ressouvenir cette âme de toutes les idées scientifiques qu'elle avait quand elle fut unie à son corps, elle est souvent si bouchée qu'elle n'en peut recevoir aucune. Il y a des peuples entiers qui n'ont jamais eu une seule de ces idées : en vérité à quoi pensait l'âme de Descartes et celle de Malebranche, quand elles imaginaient de pareilles rêveries ?

Suivons donc l'histoire du petit enfant sans nous arrêter aux imaginations des philosophes. Le jour que sa mère est accouchée de lui et de son âme, il est né aussi un chien dans la maison, un chat et un serin. Au bout de trois mois j'apprends un menuet au serin, au bout d'un an et demi je fais du chien un excellent chasseur, le chat au bout de six semaines fait déjà tous ses tours, et l'enfant au bout de quatre ans ne fait rien du tout. Moi, homme grossier, témoin de cette prodigieuse différence, et qui n'ai jamais vu d'enfant, je crois d'abord que le chien, le chat et le serin sont des créatures très intelligentes, et que le petit enfant est un automate ; cependant petit à petit je m'aperçois que cet enfant a aussi des idées, de la mémoire, qu'il a les mêmes passions que ces animaux, et alors j'avoue qu'il est aussi, comme eux, une créature raisonnable. Il me communique différentes idées par quelques paroles qu'il a apprises, de même que mon chien par des cris diversifiés me fait exactement connaître ses divers besoins. J'aperçois qu'à l'âge de six ou sept ans l'enfant combine dans son petit cerveau presque autant d'idées que mon chien de chasse dans le sien. Enfin il atteint avec l'âge un nombre infini de connaissances. Alors que dois-je penser de lui ? irai-je le croire d'une nature absolument différente ? non, sans doute ; car vous qui voyez d'un côté un imbécile, de l'autre M. Newton, vous prétendez qu'ils sont pourtant de même nature, je dois prétendre à plus forte raison que mon chien et mon enfant sont au fond de même espèce, et qu'il n'y a de la différence que du plus ou du moins. Pour mieux m'assurer de la vraisemblance de mon opinion probable, j'examine mon enfant et mon chien pendant leur veille et pendant leur sommeil. Je les fais saigner l'un et l'autre outre mesure, alors leurs idées semblent s'écouler avec leur sang. Dans cet état je les appelle, ils ne me répondent plus, et si je leur tire encore quelques palettes, mes deux machines qui avaient une heure auparavant des idées en très grand nombre et des passions de toute espèce, n'auront plus aucun sentiment.

J'examine ensuite mes deux animaux pendant qu'ils dorment ; je m'aperçois que le chien, après avoir trop mangé, a des rêves ; il chasse, il crie après sa proie. Mon jeune homme étant dans le même cas, parle à sa maîtresse, et fait l'amour en songe. Si l'un et l'autre ont mangé modérément, ni l'un ni l'autre ne rêve : enfin, je vois que leur faculté de sentir, d'apercevoir, d'exprimer leurs idées s'est développée en eux petit à petit et s'affaiblit aussi par degrès. J'aperçois en eux plus de rapport cent fois que je n'en trouve entre tel homme d'esprit et tel autre homme absolument imbécile.

Quelle est donc l'opinion que j'aurai de leur nature ? Celle que tous les peuples ont eu d'abord avant que la politique égyptienne imaginâ[t] la spiritualité et l'immortalité de l'âme. Je soupçonnerai, mais avec bien de l'apparence, qu'Archimède et une taupe sont de la même espèce, quoique d'un genre différent ; de même qu'un chêne et un grain de moutarde sont formés par les mêmes principes, quoique l'un soit un grand arbre et l'autre une petite plante.

Je penserai que Dieu a donné des portions d'intelligence [à] des portions de matière organisées pour penser : je croirai que la matière a pensé à proportion de la finesse de ses sens, que ce sont eux qui sont les portes et la mesure de nos idées ; je croirai que l'huître à l'écaille a moins d'esprit que moi, parce qu'elle a moins de sensations que moi, et je croirai qu'elle a moins de sensations et de sens parce qu'ayant l'âme attachée à son écaille, cinq sens lui seraient inutiles. Il y a beaucoup d'animaux qui n'ont que deux sens ; nous en avons cinq, ce qui est bien peu de chose, il est à croire qu'il est dans d'autres mondes d'autres animaux qui jouissent de vingt ou trente sens, et que d'autres espèces, encore plus parfaites, ont des sens à l'infini.

Il me paraît que voilà la manière la plus naturelle d'exposer des raisons, c'est-à-dire de deviner et de soupçonner. Certainement, il s'est passé bien du temps avant que les hommes aient été assez ingénieux pour imaginer un Être inconnu qui est en nous, qui fait tout en nous, qui n'est pas tout à fait nous, et qui vit après nous. Aussi n'est-on venu que par degrés à concevoir une idée si hardie. D'abord le mot d'*âme* a signifié la vie, et a été commun pour nous et pour les autres animaux, ensuite notre orgueil nous a fait une âme à part et nous a fait imaginer une forme substantielle pour les autres créatures.

Cet orgueil humain me demandera ce que c'est donc que ce pouvoir d'apercevoir et de sentir, qu'il appelle [une ?] *âme* dans l'homme, et un *instinct* dans la brute. Je satisferai à cette question quand les universités m'auront appris ce que c'est que le *mouvement*, le *son*, la *lumière*, l'*espace*, le *corps*, le *temps*. Je dirai, dans l'esprit du sage M. Locke : « La philosophie consiste à s'arrêter quand le flambeau de la physique nous manque. » J'observe les effets de la nature, mais je vous avoue que je n'en conçois pas plus que vous les premiers principes. Tout ce que je sais, c'est que je ne dois pas attribuer à plusieurs causes, surtout à des causes inconnues, ce que je puis attribuer à une cause connue : or, je puis attribuer à mon corps la faculté de penser et de sentir ; donc, je ne dois pas chercher cette faculté dans un autre être appelé *âme*, ou *esprit*, dont je ne puis avoir la moindre idée. Vous vous récrierez à cette proposition, vous trouverez de l'irréligion à oser dire que le corps peut penser. Mais que direz-vous, vous répondrait M. Locke, si c'est vous-même qui êtes ici coupables d'irréligion, vous qui osez borner la puissance de Dieu ? Et quel est l'homme sur la terre qui peut assurer sans une impiété absurde qu'il est impossible à Dieu de donner à la matière le sentiment et la pensée ? Faible et hardi que vous êtes, vous avancez que la matière ne pense point, parce que vous ne concevez pas qu'une substance étendue puisse penser, et concevez-vous mieux comme une substance, telle qu'elle soit, pense ?

Grands philosophes qui décidez du pouvoir de Dieu et qui dites que Dieu peut d'une pierre faire un ange, ne voyez-vous pas que, selon vous-mêmes, Dieu ne ferait en ce cas que donner à une pierre la puissance de penser ? car, si la matière de la pierre ne restait pas, ce ne serait plus une pierre changée en ange, ce serait une pierre anéantie et un ange créé. De quelque côté que vous vous tourniez, vous êtes forcé[s] d'avouer deux choses, votre ignorance et la puissance immense du Créateur : votre ignorance qui se révolte contre la matière pensante, et la puissance du Créateur à qui certes cela n'est pas impossible.

Vous qui savez que la matière ne périt pas, vous contesterez à Dieu le pouvoir de conserver, dans cette matière, la plus belle qualité dont il l'avait ornée ! L'étendue subsiste bien sans corps par lui, puisqu'il y a des philosophes qui croient le vide ; les accidents subsistent bien sans substance parmi les chrétiens qui croient la transsubstantiation. Dieu, dites-vous, ne peut pas faire ce qui implique contradiction. Cela est vrai, mais pour savoir si la matière pensante est une chose contradictoire, il faudrait en savoir plus que vous n'en savez, vous aurez beau faire, vous ne saurez jamais autre chose, sinon que vous êtes corps, et que vous pensez.

Bien des gens qui ont appris dans l'École à ne douter de rien, qui prennent leurs syllogismes pour des oracles et leur superstition pour de la religion, regardent M. Locke comme un impie dangereux. Les superstitieux sont dans la société des hommes ce que les poltrons sont dans une armée, ils ont et donnent des terreurs paniques.

Il faut avoir la pitié de dissiper les craintes, il faut qu'ils sachent que ce ne sont pas les sentiments des philosophes qui feront jamais tort à la religion.

Il est assuré que la lumière vient du soleil, et que les planètes tournent autour de cet astre : on ne lit pas avec moins d'édification dans la Bible que la lumière a été faite avant le soleil, et que le soleil s'est arrêté sur le village de Gabaon.

Il est démontré que l'arc-en-ciel est formé nécessairement par la pluie, on n'en respecte pas moins le texte sacré qui dit que Dieu posa son arc dans les nues, après le déluge, en signe qu'il n'y aurait plus d'inondation.

Le mystère de la Trinité et celui de l'Eucharistie ont beau être contraires aux démonstrations connues, ils n'en sont pas moins révérés chez les philosophes catholiques, qui savent que les objets de la raison et de la foi sont de différente nature.

La notion des antipodes a été condamnée comme hérétique par les papes et les conciles : malgré cette décision ceux qui reconnaissent les conciles et les papes ont découvert les antipodes et y ont porté cette même religion chrétienne dont on croyait la destruction sûre, en cas qu'on pût trouver un homme qui (comme on parlait alors) eût la tête en bas et les pieds en haut par rapport à nous, et qui, comme dit le très peu philosophe saint Angustin, serait tombé dans le Ciel[1].

Jamais les philosophes ne feront tort à la religion dominante d'un pays. Pourquoi ? C'est qu'ils sont sans enthousiasme, et qu'ils n'écrivent point pour le peuple.

Divisez le genre humain en vingt parties ; il y en aura dix-neuf composées de ceux qui travaillent de leurs mains et qui ne sauront jamais s'il y a eu un M. Locke au monde ; dans la vingtième partie qui reste, combien trouve-t-on peu d'hommes qui lisent ? Et parmi ceux qui lisent, il y en a vingt qui lisent des romans, contre un qui étudiera en philosophie : le nombre de ceux qui pensent est excessivement petit, et ceux-là ne s'avisent pas de troubler le monde.

Ce n'est ni Montaigne ni Locke ni Bayle ni Spinoza, ni Hobbes, ni

Shaftesbury, ni M. Collins, ni Toland, etc.[2], qui ont porté le flambeau de la discorde dedans leur patrie. Ce sont pour la plupart des théologiens qui, ayant eu d'abord l'ambition d'être chefs de secte, ont eu bientôt celle d'être chefs de parti. Que dis-je ? Tous les livres des philosophes modernes mis ensemble ne feront jamais dans le monde autant de bruit seulement qu'en fit autrefois la dispute des cordeliers sur la forme de leur manche et de leur capuchon.

Au reste, Monsieur, je vous répète encore qu'en vous écrivant avec liberté, je ne me rends garant d'aucune opinion ; je ne suis responsable de rien. Il y a peut-être parmi les songes des raisonnements quelques rêveries auxquelles je donnerais la préférence : mais il n'y en a aucune que je ne sacrifiasse tout d'un coup à la religion et à la patrie.

DE VOLTAIRE.

3. NOUVELLE FIN DE LA LETTRE SUR LOCKE (À PARTIR DE 1748)

L'intérêt de Voltaire pour le problème de la nature de l'âme s'est manifesté une fois de plus dans une très importante addition à la lettre XIII qu'il a apportée dans des cartons de l'édition de 1748 sous le titre « Continuation du même sujet ». Cette addition intervient p. 92 avant les neuf derniers paragraphes, dont les six premiers sont remplacés par le texte qu'on va lire.

Le début du paragraphe devient : « Si j'osais parler après M. Locke sur un sujet si délicat, voici comment je m'y prendrais. » Vient ensuite le nouveau texte :

CONTINUATION DU MÊME SUJET

Je suppose une douzaine de bons philosophes dans une île, où ils n'ont jamais vu que des végétaux. Cette île, et surtout douze bons philosophes, sont fort difficiles à trouver ; mais enfin cette fiction est permise. Ils admirent cette vie qui circule dans les fibres des plantes, qui semble se perdre et ensuite se renouveler ; et ne sachant pas trop comment les plantes naissent, comment elles prennent leur nourriture et leur accroissement, ils appellent cela une *âme végétative*. — Qu'entendez-vous par âme végétative ? leur dit-on. — C'est un mot, répondent-ils, qui sert à exprimer le ressort inconnu par lequel tout cela s'opère. — Mais ne voyez-vous pas, leur dit un mécanicien, que tout cela se fait naturellement par des poids, des leviers, des roues, des poulies ? — Non, diront nos philosophes, s'ils sont éclairés. Il y a dans cette végétation autre chose que des mouvements ordinaires ; il y a un pouvoir secret qu'ont toutes les plantes d'attirer à elles sans aucune impulsion ce suc qui les nourrit; et ce pouvoir, qui n'est explicable par aucune mécanique, est un don que Dieu a fait à la matière et dont ni vous ni moi ne comprenons la nature.

Ayant ainsi bien disputé, nos raisonneurs découvrent enfin des animaux. Oh! oh! disent-ils, après un long examen, voilà des êtres organisés comme nous! Ils ont incontestablement de la mémoire, et souvent plus que nous. Ils ont nos passions; ils ont de la connaissance; ils font entendre tous leurs besoins; ils perpétuent comme nous leur espèce.

Nos philosophes dissèquent quelques-uns de ces êtres, ils y trouvent un cœur, une cervelle. Quoi! disent-ils, l'auteur de ces machines, qui ne fait rien en vain, leur aurait-il donné tous les organes de sentiment pour qu'ils n'eussent point de sentiment? il serait absurde de le penser. Il y a certainement en eux quelque chose que nous appelons aussi *âme*, faute de mieux; quelque chose qui éprouve des sensations, et qui a une certaine mesure d'idées. Mais ce principe, quel est-il? Est-ce quelque chose d'absolument différent de la matière? est-ce un esprit pur? est-ce un être mitoyen entre la matière que nous ne connaissons guère et l'esprit pur que nous ne connaissons pas? est-ce une propriété donnée de Dieu à la matière organisée?

Ils font alors des expériences sur des insectes, sur des vers de terre; ils les coupent en plusieurs parties, et ils sont étonnés de voir qu'au bout de quelque temps il vient des têtes à toutes ces parties coupées; le même animal se reproduit, tire de sa destruction même de quoi se multiplier. A-t-il plusieurs âmes qui attendent, pour animer ces parties reproduites, qu'on ait coupé la tête au premier tronc? Il ressemble aux arbres qui repoussent des branches et qui se reproduisent de bouture; ces arbres ont-ils plusieurs âmes? il n'y a pas d'apparence; donc il est très probable que l'âme de ces bêtes est d'une autre espèce que ce que nous appelons *âme végétative* dans les plantes; que c'est une faculté d'un ordre supérieur, que Dieu a daigné donner à certaines portions de matière; c'est une nouvelle preuve de sa puissance; c'est un nouveau sujet de l'adorer.

Un homme violent et mauvais raisonneur entend ce discours et leur dit : « Vous êtes des scélérats dont il faudrait brûler les corps pour le bien de vos âmes; car vous niez l'immortalité de l'âme de l'homme. » Nos philosophes se regardent tous étonnés : l'un d'eux lui répond avec douceur : « Pourquoi nous brûler si vite? Sur quoi avez-vous pu penser que nous ayons l'idée que votre cruelle âme est mortelle? — Sur ce que vous croyez, reprend l'autre, que Dieu a donné aux brutes, qui sont organisées comme nous, la faculté d'avoir des sentiments et des idées. Or cette âme des bêtes périt avec elles, donc vous croyez que l'âme des hommes périt aussi. »

Le philosophe répond : « Nous ne sommes point du tout sûrs que ce que nous appelons *âme* dans les animaux périsse avec eux; nous savons très bien que la matière ne périt pas, et nous croyons qu'il se peut faire que Dieu ait mis dans les animaux quelque chose qui conservera toujours, si Dieu le veut, la faculté d'avoir des idées. Nous n'assurons pas, à beaucoup près, que la chose soit ainsi, car il n'appartient guère aux hommes d'être si confiants ; mais nous n'osons borner la puissance de Dieu. Nous disons qu'il est très probable que les bêtes, qui sont matière, ont reçu de lui la propriété de l'intelligence. Nous découvrons tous les jours des propriétés de la matière, c'est-à-dire, des présents de Dieu dont auparavant nous n'avions pas d'idées ; nous avions d'abord défini la matière une substance étendue ; ensuite nous avons reconnu qu'il fallait lui ajouter la solidité, quelque temps après il a fallu admettre que cette matière a une force, qu'on nomme force d'inertie, après cela nous avons été tous étonnés d'être obligés d'avouer que la matière gravite. Quand nous avons voulu pousser plus loin nos recherches, nous avons été forcés de reconnaître des êtres qui ressemblent à la matière en quelque chose, et qui n'ont pas cependant les autres attributs dont la matière est douée.

Le feu élémentaire, par exemple, agit sur nos sens comme les autres corps, mais il ne tend point à un centre comme eux, il s'échappe, au contraire, du centre en lignes droites de tous côtés. Il ne semble pas obéir aux lois de l'attraction, de la gravitation, comme les autres corps. Il y a enfin des mystères d'optique dont on ne pourrait guère rendre raison qu'en osant supposer que les traits de lumière se pénètrent les uns les autres. Car que cinq cent mille hommes d'un côté et autant de l'autre regardent un petit objet peint de plusieurs couleurs qui sera au haut d'une tour, il faut qu'autant de rayons, et mille millions de fois davantage partent de ces petits points colorés ; il faut qu'ils se croisent tous avant de parvenir aux yeux : or comment arriveront-ils chacun avec sa couleur en se croisant en chemin ? on est donc forcé de soupçonner qu'ils peuvent se pénétrer ; mais s'ils se pénètrent, ils sont très différents de la matière connue. Il semble que la lumière soit un être mitoyen entre les corps et d'autres espèces d'êtres que nous ignorons. Il est très vraisemblable que ces autres espèces sont elles-mêmes un milieu qui conduit à d'autres créatures, et qu'il y a ainsi une chaîne de substances qui s'élèvent à l'infini.

Usque adeo quod tangit idem est, tamen ultima distant[1].

Cette idée nous paraît digne de la grandeur de Dieu, si quelque chose en est digne. Parmi ces substances, il a pu sans doute en choisir une qu'il a logée dans nos corps, et qu'on appelle âme humaine ; cette substance immatérielle est immortelle. Nous sommes bien loin d'avoir sur cela la moindre incertitude, mais nous n'osons affirmer que ce maître absolu de tous les êtres ne puisse donner aussi des sentiments et des perceptions à l'être qu'on appelle matière. Vous êtes bien sûr que l'essence de votre âme est de penser et nous n'en sommes pas si sûrs, car lorsque nous examinons un fœtus, nous avons de la peine à croire que son âme ait eu beaucoup d'idées dans sa coiffe ; et nous doutons fort que dans un sommeil plein et profond, dans une léthargie complète, on ait jamais fait des méditations. Ainsi il nous paraît que la pensée pourrait bien être, non pas l'essence de l'être pensant, mais un présent que le Créateur a fait à ces êtres, que nous nommons pensants, et tout cela nous a fait naître le soupçon, que s'il le voulait, il pourrait faire ce présent-là à un atome, et conserver à jamais cet atome et son présent, ou le détruire à son gré. La difficulté consiste moins à deviner comment la matière pourrait penser, qu'à deviner comment une substance quelconque pense. Vous n'avez des idées que parce que Dieu a bien voulu vous en donner ; pourquoi voulez-vous l'empêcher d'en donner à d'autres espèces ? Seriez-vous bien assez intrépides pour oser croire que votre âme est précisément de la même matière que les substances qui approchent le plus près de la divinité ? Il y a grande apparence qu'ils sont d'un ordre bien supérieur, et qu'en conséquence Dieu leur a daigné donner une façon de penser infiniment plus belle ; de même qu'il a accordé une mesure d'idées très médiocre aux animaux qui sont d'un ordre inférieur à vous. Y a-t-il rien dans tout cela dont on puisse inférer que vos âmes sont mortelles ? Encore une fois, nous pensons comme vous sur l'immortalité de vos âmes ; mais nous croyons que nous sommes trop ignorants pour affirmer que Dieu n'ait pas le pouvoir d'accorder la pensée à tel être qu'il voudra. Vous bornez la puissance du Créateur qui est sans bornes, et nous l'étendons aussi loin que s'étend son existence. Pardonnez-nous de le croire tout-puissant, comme nous vous pardonnons de restreindre son pouvoir. Vous savez sans doute tout ce qu'il peut faire, et nous n'en savons rien. Vivons en frères, adorons en paix notre Père commun ; vous avec vos âmes savantes et hardies ; nous avec nos âmes ignorantes et timides. Nous avons un jour à vivre sur la terre, passons-le doucement sans nous quereller pour des difficultés qui seront éclaircies dans la vie immortelle, qui commencera demain. »

QUE LES PHILOSOPHES NE PEUVENT JAMAIS NUIRE

Le brutal, n'ayant rien de bon à répliquer, parla beaucoup, et se fâcha longtemps. Nos pauvres philosophes se mirent pendant quelques semaines à lire l'histoire, et après avoir bien lu, voici ce qu'ils dirent à ce barbare, qui était si indigne d'avoir une âme immortelle. « Mon ami, nous avons lu que dans toute l'Antiquité les choses allaient aussi bien que dans notre temps ; qu'il y avait même de plus grandes vertus, et qu'on ne persécutait point les philosophes pour les opinions qu'ils avaient ; pourquoi donc voudriez-vous nous faire du mal pour des opinions que nous n'avons pas ? Nous lisons que toute l'Antiquité croyait la matière éternelle. Ceux qui ont vu qu'elle était créée ont laissé les autres en repos. Pythagore avait été coq, ses parents cochons, personne n'y trouva à redire, et sa secte fut chérie et révérée de tout le monde, excepté des rôtisseurs et de ceux qui avaient des fèves à vendre.

Les stoïciens reconnaissent un Dieu, a peu près tel que celui qui a été si témérairement admis depuis par les spinozistes, le stoïcisme cependant fut la secte la plus féconde en vertus héroïques et la plus accréditée.

Les épicuriens faisaient leurs dieux ressemblants à nos chanoines, dont l'indolent embonpoint soutient la divinité, et qui prennent en paix leur nectar et leur ambroisie en ne se mêlant de rien. Ces épicuriens enseignaient hardiment la matérialité et la mortalité de l'âme. Ils n'en furent pas moins considérés. On les admettait dans tous les emplois, et leurs atomes crochus ne firent jamais aucun mal au monde.

Les platoniciens, à l'exemple des gymnosophistes[2], ne nous faisaient pas l'honneur de penser que Dieu eût daigné nous former lui-même. Il avait, selon eux, laissé ce soin à ses officiers, à des génies, qui firent dans leur besogne beaucoup de balourdises. Le dieu des platoniciens était un ouvrier excellent, qui employa ici-bas des élèves assez médiocres[3]. Les hommes n'en révèrent pas moins l'école de Platon.

En un mot, chez les Grecs et chez les Romains, autant de sectes, autant de manières de penser sur Dieu, sur l'âme, sur le passé, et sur l'avenir : aucune de ces sectes ne fut persécutante. Toutes se trompaient, et nous en sommes bien fâchés ; mais toutes étaient paisibles, et c'est ce qui nous confond ; c'est ce qui nous condamne ; c'est ce qui nous fait voir que la plupart des raisonneurs d'aujourd'hui sont des monstres, et que ceux de l'Antiquité étaient des hommes.

On chantait publiquement sur le théâtre de Rome, *Post mortem nihil est ; ipsaque mors nihil* « Rien n'est après la mort ; la mort même n'est rien[4] ». Ces sentiments ne rendaient les hommes ni meilleurs ni pires ; tout se gouvernait, tout allait à l'ordinaire ; et les Titus, les Trajan, les Marc-Aurèle gouvernèrent la terre en dieux bienfaisants.

Si nous passons des Grecs et des Romains aux nations barbares, arrêtons-nous seulement aux Juifs. Tout superstitieux, tout cruel et tout ignorant qu'était ce misérable peuple, il honorait cependant les Pharisiens qui admettaient la fatalité de la destinée et la métempsycose ; il portait aussi respect aux Sadducéens, qui niaient absolument l'immortalité de l'âme et l'existence des esprits, et qui se fondaient sur la loi de Moïse, laquelle n'avait jamais parlé de peine ni de récompense après la mort. Les Esséniens, qui croyaient aussi la fatalité, et qui ne sacrifiaient jamais de victimes dans le Temple, étaient encore plus réservés que les Pharisiens et les Sadducéens. Aucune de leurs opinions ne troubla jamais le gouvernement. Il y avait pourtant là de quoi s'égorger, se brûler, s'exterminer réciproquement, si on l'avait voulu. Ô misérables hommes, profitez de ces exemples ! Pensez et laissez penser. C'est la consolation de nos faibles esprits dans cette courte vie. Quoi ! vous recevez avec politesse un Turc qui croit que Mahomet a voyagé dans la lune ; vous vous garderez bien de déplaire au Bacha Bonneval[5], et vous voudrez mettre en quartiers votre frère, parce qu'il croit que Dieu pourrait donner l'intelligence à toute créature ? » C'est ainsi que parla un des philosophes ; un autre ajouta : « Croyez-moi, [il ne faut...] »

[*Les éditions qui ont cette addition, de 1748 à celle de Kehl, reprennent ici les trois derniers paragraphes des éditions plus anciennes, p. 94,* [D'ailleurs il ne faut...]

4. NOUVELLES REMARQUES SUR PASCAL (1739 et 1742)

Comme on l'a dit (n. 92 de la lettre XXV), Voltaire développa ses remarques sur les Pensées *à trois reprises. Dans l'édition Ledet en 4 vol. de 1739, il intercale deux remarques entre la remarque XXVIII et la remarque XXIX, celle-ci se trouvant ainsi décalée d'autant avec la suite. En 1742, ce sont seize nouvelles remarques, en deux groupes de huit, qui viennent s'ajouter aux précédentes. Elles sont occasionnées par la publication, dans le tome V des* Mémoires de littérature et d'histoire *publiés dès 1728 par le père Desmolets, de l'*Entretien avec M. de Saci *et des* Œuvres posthumes ou suite des *Pensées* de M. Pascal extraites du manuscrit de M. l'abbé Périer son neveu. *Voltaire date le second groupe de 1738 et on peut accepter cette affirmation. Il existe en tout cas un document, signalé par Lanson, qui indique qu'il lisait le 30 mai 1735 les* Mémoires *du père Desmolets à la Bibliothèque royale de Paris. La troisième série d'additions (1777), ne se rattache plus, à proprement parler, aux* Lettres philosophiques, *et c'est pourquoi nous la laissons de côté. Voici donc les deux premières séries d'additions.*

ADDITIONS DE 1739

I. *Car enfin, si l'homme n'avait pas été corrompu, il jouirait de la vérité de la félicité avec assurance, etc. : tant il est manifeste que nous avons été dans un degré de perfection dont nous sommes tombés*[1].

Il est sûr par la foi et par notre révélation si au-dessus des lumières des hommes que nous sommes tombés ; mais rien n'est moins manifeste par la raison. Car je voudrais bien savoir si Dieu ne pouvait pas sans déroger à sa justice créer l'homme tel qu'il est aujourd'hui ; et ne l'a-t-il pas même créé pour devenir ce qu'il est ? L'état présent de l'homme n'est-il pas un bienfait du Créateur ? Qui vous a dit que Dieu vous en devait davantage? qui vous a dit que votre être exigeait plus de connaissances et plus de bonheur? Qui vous a dit qu'il en comporte davantage? Vous vous étonnez que Dieu ait fait l'homme si borné, si ignorant, si peu heureux; que ne vous étonnez-vous qu'il ne l'ait pas fait plus borné, plus ignorant, plus malheureux? Vous vous plaignez d'une vie si courte et si infortunée; remerciez Dieu de ce qu'elle n'est pas plus courte et plus malheureuse[2]. Quoi donc! selon vous, pour raisonner conséquemment, il faudrait que tous les hommes accusassent la Providence hors les métaphysiciens qui raisonnent sur le péché originel!

II. *Le péché originel est une folie devant les hommes; mais on le donne pour tel*[3].

Par quelle contradiction trop palpable dites-vous donc que ce péché originel est manifeste? Pourquoi dites-vous que tout nous en avertit? Comment peut-il en même temps être une folie, et être démontré par la raison?

ADDITIONS DE 1742

I. *On ne passe point dans le monde pour se connaître en vers si l'on n'a mis l'enseigne de poète, ni pour être habile en mathématiques, si l'on n'a mis celle de mathématicien, mais les vrais honnêtes gens ne veulent point d'enseigne*[4].

A ce compte, il serait donc mal d'avoir une profession, un talent marqué, et d'y exceller? Virgile, Homère, Corneille, Newton, le marquis de l'Hôpital, mettaient une enseigne. Heureux celui qui réussit dans un art, et qui se connaît aux autres!

II. *Le peuple a les opinions très saines : par exemple, d'avoir choisi le divertissement et la chasse plutôt que la poésie, etc.*[5].

Il semble que l'on ait proposé au peuple de jouer à la boule ou de faire des vers. Non, mais ceux qui ont des organes grossiers cherchent des plaisirs où l'âme n'entre pour rien; et ceux qui ont un sentiment plus délicat veulent des plaisirs plus fins : il faut que tout le monde vive.

III. *Quand l'univers écraserait l'homme, il serait encore plus noble que ce qui le tue, parce qu'il sait qu'il meurt; et l'avantage que l'univers a sur lui, l'univers n'en sait rien*[6].

Que veut dire ce mot *noble?* Il est bien vrai que ma pensée est autre chose, par exemple, que le globe du soleil; mais est-il bien prouvé qu'un animal, parce qu'il a quelques pensées, est plus *noble* que le soleil qui anime tout ce que nous connaissons de la nature? Est-ce à l'homme à en décider? Il est juge et partie. On dit qu'un ouvrage est supérieur à un autre, quand il a coûté plus de peine à l'ouvrier et qu'il est d'un usage plus utile; mais en a-t-il moins coûté au Créateur de faire le soleil que de pétrir un petit animal haut d'environ cinq pieds, qui raisonne bien ou mal ? Qui est le plus utile au monde, ou de cet animal ou de l'astre qui éclaire tant de globes ? Et en quoi quelques idées reçues dans un cerveau sont-elles préférables à l'univers matériel ?

IV. *Qu'on choisisse telle condition qu'on voudra, et qu'on y assemble tous les biens et les satisfactions qui semblent pouvoir contenter un homme ; si celui qu'on aura mis en cet état est sans occupation et sans divertissement et qu'on le laisse faire réflexion sur ce qu'il est, cette félicité languissante ne le soutiendra pas* [7].

Comment peut-on assembler tous les biens et toutes les satisfactions autour d'un homme, et le laisser en même temps sans occupation et sans divertissement ? N'est-ce pas là une contradiction bien sensible ?

V. *Qu'on laisse un roi tout seul, sans aucune satisfaction des sens, sans aucun soin dans l'esprit, sans compagnie, penser à soi tout à loisir, et l'on verra qu'un roi qui se voit est un homme plein de misères, et qui les ressent comme les autres* [8].

Toujours le même sophisme. Un roi qui se recueille pour penser est alors très occupé ; mais s'il n'arrêtait sa pensée que sur soi en disant à soi-même : « je règne », et rien de plus, ce serait un idiot.

VI. *Toute religion qui ne reconnaît pas Jésus-Christ est notoirement fausse, et les miracles ne lui peuvent de rien servir* [9].

Qu'est-ce qu'un miracle ? Quelque idée qu'on s'en puisse former, c'est une chose que Dieu seul peut faire. Or, on suppose ici que Dieu peut faire des miracles pour le soutien d'une fausse religion. Ceci mérite bien d'être approfondi ; chacune de ces questions peut fournir un volume.

VII. *Il est dit : « Croyez à l'Église » ; mais il n'est pas dit : « Croyez aux miracles », à cause que le dernier est naturel, et non pas le premier. L'un avait besoin de précepte, et non pas l'autre* [10].

Voici, je pense, une contradiction. D'un côté, les miracles, en certaines occasions, ne doivent servir de rien ; et, de l'autre, on doit croire si nécessairement aux miracles, c'est une preuve si convaincante, qu'il n'a pas même fallu recommander cette preuve. C'est assurément dire le pour et le contre.

VIII. *Je ne vois pas qu'il y ait plus de difficulté de croire à la résurrection des corps et à l'enfantement de la Vierge qu'à la création. Est-il plus difficile de reproduire un homme que de le produire* [11] ?

On peut trouver, par le seul raisonnement, des preuves de la création, car, en voyant que la matière n'existe pas par elle-même et n'a pas le mouvement par elle-même, etc., on parvient à connaître qu'elle doit être nécessairement créée ; mais on ne parvient point, par le raisonnement, à voir qu'un corps toujours changeant doit être ressuscité un jour, tel qu'il était dans le temps même qu'il changeait. Le raisonnement ne conduit point non plus à voir qu'un homme doit naître sans germe. La création est donc un objet de la raison; mais les deux autres miracles sont un objet de la foi.

Ce 10 mai 1738.

J'ai lu, depuis peu, des *Pensées* de Pascal qui n'avaient point encore paru. Le P. Desmolets les a eues écrites de la main de cet illustre auteur, et on les [a] fait imprimer. Elles me paraissent confirmer ce que j'ai dit, que ce grand génie avait jeté au hasard toutes ces idées, pour en réformer une partie et employer l'autre, etc.

Parmi ces dernières *Pensées*, que les éditeurs des *Œuvres* de Pascal avaient rejetées du recueil, il me paraît qu'il y en a beaucoup qui méritent d'être conservées. En voici quelques-unes que ce grand homme eût dû, ce me semble, corriger.

I. *Toutes les fois qu'une proposition est inconcevable, il ne la faut pas nier à cette marque, mais examiner le contraire, et si on le trouve manifestement faux, on peut affirmer le contraire, tout incompréhensible qu'il est*[12].

Il me semble qu'il est évident que les deux contraires peuvent être faux. Un bœuf vole au sud avec des ailes, un bœuf vole au nord sans ailes; vingt mille anges ont tué hier vingt mille hommes, vingt mille hommes ont tué hier vingt mille anges : ces propositions contraires sont évidemment fausses[13].

II. *Quelle vanité que la peinture, qui attire l'admiration par la ressemblance des choses dont on n'admire pas les originaux*[14] *!*

Ce n'est pas dans la bonté du caractère d'un homme que consiste assurément le mérite de son portrait : c'est dans la ressemblance. On admire César en un sens, et sa statue ou son image sur toile en un autre sens.

III. *Si les médecins n'avaient des soutanes et des mules, si les docteurs n'avaient des bonnets carrés et des robes très amples, ils n'auraient jamais eu la considération qu'ils ont dans le monde*[15].

Au contraire, les médecins n'ont cessé d'être ridicules, n'ont acquis une vraie considération que depuis qu'ils ont quitté ces livrées de la pédanterie; les docteurs ne sont reçus dans le monde, parmi les honnêtes gens, que quand ils sont sans bonnet carré et sans arguments.

Il y a même des pays où la magistrature se fait respecter sans pompe. Il y a des rois chrétiens très bien obéis, qui négligent la cérémonie du sacre et du couronnement. A mesure que les hommes acquièrent plus de lumière, l'appareil devient plus inutile; ce n'est guère que pour le bas peuple qu'il est encore quelquefois nécessaire; *ad populum phaleras*[16].

IV. *Selon ces lumières naturelles, s'il y a un Dieu, il est infiniment incompréhensible, puisque n'ayant ni parties, ni bornes, il n'a aucun rapport à nous; nous sommes donc incapables de connaître ni ce qu'il est ni s'il est*[17].

Il est étrange que M. Pascal ait cru qu'on pouvait deviner le péché originel par la raison, et qu'il dise qu'on ne peut connaître par la raison si Dieu est. C'est apparemment la lecture de cette pensée qui engagea le P. Hardouin à mettre Pascal dans sa liste ridicule des athées[18]; Pascal eût manifestement rejeté cette idée, puisqu'il la combat en d'autres endroits. En effet, nous sommes obligés d'admettre des choses que nous ne concevons pas; *j'existe, donc quelque chose existe de toute éternité,* est une proposition évidente; cependant, comprenons-nous l'éternité?

V. *Croyez-vous qu'il soit impossible que Dieu soit infini sans parties? Oui. Je veux donc vous faire voir une chose infinie et indivisible : c'est un point se mouvant partout d'une vitesse infinie; car il est en tous lieux et tout entier dans chaque endroit*[19].

Il y a là quatre faussetés palpables.

1° Qu'un point mathématique existe seul.

2° Qu'il se meuve à droite et à gauche en même temps.

3° Qu'il se meuve d'une vitesse infinie; car il n'y a vitesse si grande qui ne puisse être augmentée.

4° Qu'il soit tout entier partout.

VI. *Homère a fait un roman qu'il donne pour tel. Personne ne doutait que Troie et Agamemnon n'avaient non plus été que la pomme d'or*[20].

Jamais aucun écrivain n'a révoqué en doute la guerre de Troie. La fiction de la pomme d'or ne détruit pas la vérité du fond du sujet. L'ampoule apportée par une colombe et l'oriflamme par un ange n'empêchent pas que Clovis n'ait, en effet, régné en France[21].

VII. *Je n'entreprendrai pas de prouver ici par des raisons naturelles ou l'existence de Dieu, ou la Trinité, ou l'immortalité de l'âme, parce que je ne me sentirais pas assez fort pour trouver dans la nature de quoi convaincre des athées endurcis*[22].

Encore une fois est-il possible que ce soit Pascal qui ne se sente pas assez fort pour prouver l'existence de Dieu?

VIII. *Les opinions relâchées plaisent tant aux hommes naturellement qu'il est étrange qu'elles leur déplaisent*[23].

L'expérience ne prouve-t-elle pas au contraire qu'on n'a de crédit sur l'esprit des peuples qu'en leur proposant le difficile, l'impossible même à faire et à croire? Les stoïciens furent respectés parce qu'ils écrasaient la nature humaine. Ne proposez que des choses raisonnables, tout le monde répond : « Nous en savions autant. » Ce n'est pas la peine d'être inspiré pour être commun; mais commandez des choses dures, impraticables; peignez la divinité toujours armée de foudres; faites couler le sang devant ses autels; vous serez écouté de la multitude, et chacun dira de vous : « Il faut qu'il ait bien raison, puisqu'il débite si hardiment des choses si étranges. »

NOTES

I. SUR LES QUAKERS

Page 37.

1. Effectivement, les quakers avaient attiré l'attention des Français dès le XVIIe siècle, comme en témoignent divers manuscrits cités par Lanson dans son édition des *Lettres philosophiques*, t. I, p. 8 et suiv., ainsi que des livres tels que l'*Histoire abrégée de la naissance et des progrès du quakerisme, avec celle de ses dogmes*, de Philippe Naudé (1692). Sur le nom donné à cette secte, qui représente une des branches des anabaptistes persécutés en Europe centrale dès la fin du Moyen Âge, il existe deux explications. Selon les uns, le nom de « trembleurs » leur aurait été donné à cause des tremblements qui les agitaient quand ils étaient saisis par l'inspiration (voir plus loin, n. 12 de la lettre III) ; selon les autres, il viendrait du fait que George Fox, interrogé par le juge Bennett, l'avait exhorté à « honorer Dieu et à trembler devant sa parole ». Voltaire reviendra sur les anabaptistes dans l'*Essai sur les mœurs*, chap. CXXXVI.

2. Ceci s'applique à Andrew Pitt, qu'effectivement Voltaire avait rencontré à Hampstead, et avec qui il restera en relation jusqu'à sa mort (1736). Avec un sens très sûr de la narration, Voltaire en fait le symbole de tous les quakers. En réalité, il avait aussi fréquenté au moins un autre quaker avec qui il avait échangé questions et réponses, un certain Edward Higginson, sous-maître d'école de Wandsworth, où Voltaire logeait chez Falkener. Higginson, qui donnait des leçons d'anglais à Voltaire, a laissé un récit très vivant de ses relations avec le philosophe. C'est lui qui, en signalant à Voltaire le passage de saint Paul cité plus loin, lui permit ainsi de gagner un pari considérable. Outre ses sources orales, Voltaire emprunte aussi beaucoup à des sources imprimées, notamment à l'ouvrage du théologien du quakerisme, Robert Barclay, *Theologiæ vere christianæ apologia* (1675).

Page 38.

3. Cette prière avant le repas, pour laquelle tous les assistants se donnent la main, est toujours pratiquée chez les quakers d'Amérique.

4. Chamberlayne, dont l'*État présent de l'Angleterre*, publié en 1669, avait été traduit en français par D[e] N[euville] en 1686, en 2 vol. in-12, disait lui-même des quakers : « Ils n'ont aucun sacrement, et par conséquent ils ne sont que demi-chrétiens » (éd. de 1698, t. I, p. 309).

5. On attend « d'une autre », qu'on trouve d'ailleurs habituellement à l'époque. La différence est sans doute purement orthographique, car on prononçait « d'une autre », de même qu'on dit encore au masculin « une enfant » dans certaines régions de l'Est de la France.

Page 39.

6. Dans l'*Évangile selon saint Mathieu*, III, 11, cité par Barclay, thèse 12, proposition 3, p. 267.

7. *Première épître aux Corinthiens*, 17. Le texte est cité par Barclay de façon correcte : « *Christus misit me non baptizatum, sed evangelizatum.* » Les exégètes catholiques interprètent ce passage dans un sens précis et restreint : la mission de saint Paul, en la circonstance, n'était pas de baptiser, mais de prêcher la morale de l'Évangile.

8. Enthousiaste : l'emploi du mot est subtilement calculé. Il procède à la fois d'une feinte indignation à base d'orthodoxie, d'une méfiance de Voltaire à l'égard de l'enthousiasme irrationnel, proche du fanatisme, d'une ironie qu'on retrouvera plus loin envers Fox, mais aussi d'une amorce d'admiration, réprimée sous l'ironie, à l'endroit de la foi tranquille du quaker.

Page 40.

9. Barclay : c'est l'ouvrage cité à la n. 2 de la présente lettre.

10. *Dominus :* ce trait d'érudition a été suggéré à Voltaire par la lecture de la *Lettre à l'Académie* de Fénelon, dans laquelle celui-ci cite un passage de Suétone d'après lequel Auguste ne voulait être appelé ainsi ni par ses enfants ou petits-enfants, ni par d'autres, ni par plaisanterie, ni sérieusement.

11. En 1739, Voltaire ajoute ici « de Divinité même », ce qui est une pointe d'inspiration protestante : d'Aubigné, dans ses *Tragiques*, dit que le pape se fait appeler vice-dieu. Mais Fontenelle, dans l'*Histoire des oracles* (*Œuvres*, éd. B. Brunet, 1742, t. II, p. 180-181), rapporte aussi que les empereurs Théodose et Arcadius, « quoique chrétiens, souffrent que Symmaque, ce grand défenseur du paganisme, les traite de Votre Divinité ». Il ajoute que « les empereurs chrétiens ne reçoivent pas seulement ce titre, ils se le donnent eux-mêmes. Tantôt ils nomment leurs édits des statuts célestes, des oracles divins, tantôt ils disent nettement " la très heureuse expédition de notre divinité... " ».

Page 41.

12. Les sergents recruteurs. À l'inverse de Voltaire, Robert Challe ne voit dans la morale des quakers qu'une sorte d'outrance de la morale chrétienne, et la blâme au nom de l'intérêt public et individuel : « N'a-t-on pas aussi trouvé qu'il ne faut point porter les armes, qu'il ne faut saluer personne, qu'on ne doit nulle obéissance aux magistrats, qu'il ne faut point prêter serment en justice, ni défendre sa vie, son bien, son honneur et sa liberté ? » (*Difficultés sur la religion proposées au père Malebranche,* édition critique d'après un manuscrit inédit, par Frédéric Deloffre et Melâhat Menemencioglu, Paris, Jean Touzot, 1983, p. 203.) Sur le pacifisme des sectes dissidentes américaines jusqu'à nos jours, voir les films avec Gary Cooper tels que *Sergent York,* et, spécialement chez les quakers *La Loi du Seigneur.* Noter encore que ce passage ouvre la voie à une page célèbre de *Candide* (*Romans et contes,* édition de Frédéric Deloffre et Jacques Van den Heuvel, Pléiade, p. 147-148).

II. SUR LES QUAKERS

Page 42.

1. Le monument est une colonne que fit élever Charles II à l'endroit où se déclara le grand embrasement qui ravagea Londres en 1666. Les inscriptions sur le monument en racontent l'histoire. Quant à la chapelle des quakers, c'est celle de Whitehart Yard Meeting, Gracechurch street, non loin de l'endroit où mourut George Fox (voir plus loin).

Page 43.

2. Cette scène sent le témoignage oculaire ; comparer la scène de l'église de *La Loi du Seigneur.*

3. « *Gratis accepistis, gratis date* », dit le Christ à ses disciples (*Évangile selon saint Mathieu,* X, 8). Challe cite souvent ce mot pour justifier ses attaques contre les richesses de l'Église (voir les *Difficultés sur la religion,* éd. cit., p. 50, 137, etc.).

4. En fait, des difficultés surgissaient parfois, et Voltaire ne pouvait manquer de le savoir : en 1727-1728, les journaux londoniens, *The Daily Journal, Parker's Penny Post, The Daily Post...*, avaient fait état de l'emprisonnement d'un quaker à la demande des « frères », parce qu'il causait du scandale dans les assemblées en condamnant avec fureur les « nouveautés ».

Page 44.

5. Comme on l'a suggéré précédemment, l'attitude de Voltaire envers les quakers est hésitante : telle qu'il la présente ici, leur

doctrine est un pur déisme qui ne peut que lui être sympathique. L'allusion qui suit à Malebranche n'est pas moins ambiguë. Quoique Voltaire condamne en général toute recherche métaphysique, il demeure sensible à la profondeur limpide de Malebranche. Ce n'est pas seulement la *Recherche de la vérité* qui l'impressionne, comme on le voit ici, c'est la célèbre formule du « tout en Dieu » ou de la vision en Dieu, qu'il n'a pas hésité à donner pour titre à un ouvrage (1769), plus spinoziste, il est vrai, que malebranchiste.

III. SUR LES QUAKERS

Page 45.

1. Formule pleine de sens. En dépeignant la naissance du quakerisme, Voltaire pense sans cesse à la naissance de la religion chrétienne, sur laquelle il écrira par exemple l'allégorie du *Pot pourri* (1765). Dans ce dernier texte, comme dans le présent, il ne montre pas le fondateur de la religion comme un imposteur, suivant la vision habituelle des athées. Voltaire reconnaît la sincérité du mysticisme, mais il le déclare irrationnel, et, par conséquent, bon tout au plus pour le petit peuple. On sait qu'il n'avait pas hésité à rendre plusieurs visites, à Paris, en 1725, à une femme qui avait été miraculeusement guérie par la vue du Saint-Sacrement, et il avait pu se convaincre de sa bonne foi et de son désintéressement.

2. Dans les différentes sectes d'anabaptistes.

3. La date de 1642 est tirée de Sewel, *The History of the Rise Increases and Progress of the Christian People Called Quakers* (3e éd., Burlington, 1726). Mais Voltaire commet une inadvertance : Sewel indique 1642 comme l'année du début de la guerre civile, et n'évoque la naissance de la secte qu'à la vingt-cinquième année de Fox (1649)

4. « Fox could read at that age », dit une note de la traduction anglaise des *Lettres philosophiques*. Sewel dit la même chose, mais Voltaire a besoin que Fox ne sache pas lire et écrire, pour mieux ressembler au Christ tel qu'il le présentera dans le *Pot pourri.*

5. En fait, Fox prêchait surtout contre les gens d'Église, très peu contre la guerre. Mais Voltaire reporte sur le fondateur la doctrine de la secte concernant l'objection de conscience ; voir encore le film *La Loi du Seigneur.*

Page 46.

6. Voltaire rassemble ici des traits épars dans l'histoire de Fox et même d'autres quakers ; ainsi ce dernier détail concerne en fait une certaine Barbara Blaugdod, qui, fouettée à Exeter, se réjouissait de souffrir pour l'amour de Dieu. En outre, Voltaire songe au Christ qui conseillait de tendre la joue gauche (*Évangile selon saint Luc,* VI, 29).

7. Sewel parle aussi de la conversion du geôlier de Derby en 1662.

Mais, comme l'observe Lanson, Voltaire pense également au geôlier compatissant de saint Paul, qui se convertit et fut baptisé (*Actes des Apôtres*, XVI, 27-34).

8. Une douzaine de prosélytes : autant que les douze apôtres.

9. Une fois de plus, l'anecdote est arrangée. Dans l'histoire, il n'est pas question d'un prêtre, mais d'un geôlier qui, plus tard, se trouve lui-même mis en prison.

10. Métier des armes : en 1756, sous l'influence de la guerre de Sept Ans, Voltaire durcit la formule : « métier de tuer ».

11. *Dove non si chiavava :* « où on ne s'enfermait pas à clé ». Allusion au conclave chargé d'élire les papes.

Page 47.

12. *Trembleurs :* c'est l'explication de Barclay; Sewel en propose une autre; voir n. 1 de la lettre I.

13. Non seulement le peuple, mais les comédiens; Voltaire put voir au théâtre de Drury Lane, le 5 janvier 1727, « a new grotesque entertainment » avec un rôle de quaker, et, dans un autre théâtre, une pièce entière intitulée *The Quaker's Opera,* qui fut même imprimée.

14. Voltaire arrange les choses. Sewel parle d'un juge qui meurt noyé quelque temps après avoir persécuté des quakers et c'est un autre personnage qui meurt d'apoplexie.

Page 48.

15. *Apologie des quakers :* voir n. 2 de la lettre I.

16. À son habitude, Voltaire concentre le texte, le rend plus frappant, mais ne le déforme pas véritablement. Selon Higginson, son « élève » aurait d'abord traduit l'original de ce texte à la deuxième personne du pluriel. C'est lui qui aurait amené Voltaire à se corriger.

IV. SUR LES QUAKERS

Page 49.

1. Le fond de cette lettre est tiré de la « Vie de l'auteur », en tête de *A Collection of the Works of William Penn,* Londres, 1726, 2 vol., in-f°.

2. Environ ce temps : la version anglaise des *Lettres philosophiques* précise en note la date, 1666.

Page 50.

3. Éclaircissaient : Naves comprend que les prêches éclaircissaient, convertissaient les auditeurs. Cette interprétation ne nous paraît pas seulement forcée (le quakerisme se place moins sur le plan intellectuel que sur le plan sentimental pour exposer ses doctrines), mais impossible : en effet les quakers n'ont pas de ministres ! Il s'agit

des prêches des anglicans et des autres sectes ayant des « ministres », comme les presbytériens ; ils « éclaircissent » — comme des cheveux éclaircissent — c'est-à-dire qu'ils attirent moins de monde ; et c'est dans ce sens que les éditions de 1751, 1756, etc. corrigent « éclaircissaient » en « s'éclaircissaient ». Les auditeurs désertent les sermons pour se rendre aux assemblées de quakers animées par Penn.

4. Inadvertance de Voltaire : ce n'est pas en Hollande que le quakerisme est désigné sous le nom de « société des amis », mais dans les pays anglo-saxons. Ce (second) voyage de Penn en Hollande eut lieu en 1677.

5. Voltaire donne une portée générale et symbolique à la rencontre de Penn avec un certain comte de Falkenstein à Mühlheim. Les quakers choquent le comte par leurs manières, et il leur refuse l'entrée de la ville et de ses domaines.

Page 52.

6. Cette vision idyllique de la Pennsylvanie est constante chez Voltaire ; voir notamment l'*Histoire de Jenni*, écrite quarante ans plus tard (1775). Le père de Jenni, le sage Freind, n'a qu'à dire aux Indiens des Montagnes bleues qu'il est « le descendant de Penn » pour que ceux-ci tombent à ses genoux et célèbrent les louanges de Penn (voir les *Romans et contes*, Pléiade, p. 625-627).

7. Nous adoptons la ponctuation de l'édition Thieriot qui est d'ailleurs confirmée par le texte de la version anglaise de 1733. L'édition Jore met le point après *Charles II*. L'erreur est très facile, car si Voltaire distingue le point et la virgule, il néglige souvent d'utiliser la majuscule après un point.

8. Voltaire ne signale jamais, dans les *Lettres philosophiques*, que l'acte de tolérance (1689), dont il fait gloire aux Anglais, excepte expressément du bénéfice de la tolérance les catholiques et les sociniens, une variété d'anabaptistes qui niaient la Trinité.

Page 54.

9. L'édition de 1756 et les éditions suivantes substituent à ce paragraphe un autre texte qui permet à Voltaire d'exercer son esprit, mais qui contient une erreur historique, puisque le privilège dont il parle fut accordé seulement en 1696, par Guillaume III et non par Charles II : « Ce fut sous le règne de Charles II qu'ils obtinrent le noble privilège de ne jamais jurer, et d'être crus en justice sur leur parole. Le chancelier, homme d'esprit, leur parla ainsi : " Mes amis, Jupiter ordonna un jour que toutes les bêtes de somme vinssent se faire ferrer. Les ânes représentèrent que leur loi ne le permettait pas. — Eh bien, dit Jupiter, on ne vous ferrera point ; mais au premier faux pas que vous ferez, vous aurez cent coups d'étrivières. " »

V. SUR LA RELIGION ANGLICANE

Page 55.

1. « Ici » semble indiquer que cette lettre a été rédigée en Angleterre, au moins dans une première version. Comme les suivantes, elle paraît d'ailleurs faire assez largement appel aux impressions personnelles recueillies dans les conversations, par la lecture des journaux, etc. Noter que l'édition publiée par Thieriot ajoute à la fin de l'alinéa : « *Multæ sunt mansiones in domo patris mei* (*Jean*, XVI, 2) », c'est-à-dire « Il y a beaucoup de demeures dans la maison de mon père. » Cette citation de l'Évangile reviendra fréquemment sous la plume de Voltaire comme une devise de la tolérance.

2. Un bill de 1711 excluait rigoureusement les non-conformistes de tous les emplois.

3. Implicitement, Voltaire donne raison à la politique menée assez longtemps en France, avant les persécutions brutales des quelques années qui précédèrent la révocation de l'édit de Nantes, et qui consistait à écarter les protestants de certaines fonctions, tout en récompensant ceux qui se convertissaient.

Page 56.

4. Les guelfes furent d'abord les partisans des empereurs souabes au moment des querelles entre ceux-ci et la papauté. À partir du XIIIe siècle, ils furent les représentants du parti démocrate, appuyé sur la papauté, contre les gibelins, aristocrates, qui s'appuyaient sur l'empereur.

5. Robert Harley, comte d'Oxford (1661-1724), Premier ministre tory sous le règne d'Anne, fut renversé et même emprisonné à l'avènement de George Ier (1714). Bolingbroke, ministre des Affaires étrangères à partir de 1710, et principal responsable de la paix d'Utrecht, fut aussi inquiété à l'avènement de George Ier et quitta l'Angleterre pour la France en 1714; jusqu'en 1716, il servit les intérêts du prétendant Stuart. Autorisé à rentrer en Angleterre en 1723, il y mena une lutte acharnée contre Walpole. Il mourut en 1751 à l'âge de soixante-treize ans.

6. Le père Le Courayer, bibliothécaire de Sainte-Geneviève et adversaire de la bulle *Unigenitus*, avait publié en 1723 à Bruxelles une *Dissertation sur la validité des ordinations anglicanes*, qu'il fit suivre, en réponse à ses contradicteurs, d'une *Défense* de sa dissertation. Cette réponse fut condamnée et Le Courayer fut excommunié. En février 1728, il passa en Angleterre où l'université d'Oxford le fit docteur et où il reçut une pension de la reine. Il mourut en 1774 à l'âge de quatre-vingt-treize ans.

Page 57.

7. Lord B*** : Bolingbroke. Quoique tory, celui-ci professait en effet des idées sur le clergé que Voltaire résumera plus tard dans les *Dialogues d'A.B.C.* (1768) : « Une bonne religion honnête, mort de ma vie! bien établie par acte du parlement, bien dépendante du souverain, voilà ce qu'il nous faut, et tolérer toutes les autres. »

8. Si Voltaire se résigne à rendre justice au clergé d'Angleterre, c'est pour mieux critiquer celui de France!

9. Ici encore, Voltaire a l'art d'entrelacer de façon indissoluble l'éloge assassin et le blâme ironique.

10. Un abbé n'est pas un prêtre (il n'a reçu que les ordres mineurs), mais peut se voir conférer des bénéfices ecclésiastiques. Les écrivains du temps attaquent souvent les abbés, comme La Bruyère (*Les Caractères,* « De quelques usages », 16). Il y a aussi un personnage d'abbé inquiétant dans *La Vie de Marianne* de Marivaux (histoire de Tervire).

11. Font publiquement l'amour : au sens classique, font publiquement la cour aux femmes.

Page 58.

12. Voltaire résume un mot de Rabelais (*Le Tiers Livre,* 22) sur un hérétique « brûlable », dont l'âme « va à trente mille charretées de diables ».

VI. SUR LES PRESBYTÉRIENS

Page 59.

1. Alexandre le Grand, se trouvant à Corinthe, avait demandé à Diogène ce qu'il souhaitait : « Que tu te retires de mon soleil », avait répondu le philosophe cynique. Voltaire, qui est sur le point d'écrire *Le Mondain,* où il fera l'apologie des progrès matériels et du luxe, n'aime pas Diogène (c'est même ainsi qu'il surnommera plus tard Jean-Jacques Rousseau). Du reste, il sera toujours sévère pour les presbytériens. Dans l'*Essai sur les mœurs,* chap. CLXXX, « Des malheurs et de la mort de Charles Ier », il les présentera comme des « fanatiques », chez lesquels « l'absurdité se joignait à la fureur ». S'il les ménage ici, c'est qu'il prépare une pointe contre les évêques anglicans, sous lesquels il vise naturellement le clergé français.

2. Le mot « français » est omis dans l'édition Jore.

Page 60.

3. Voltaire s'indignera encore davantage que l'Église interdise le travail du dimanche quand il sera propriétaire foncier. « Cultivez mon champ, au lieu d'aller au cabaret », fait-il dire à son porte-parole

dans le *Pot pourri*, chap. XIV (*Romans et contes*, Pléiade, p. 251-252).

4. Ce sont les jansénistes « fanatiques » qui sont ici condamnés, sous le voile des presbytériens comme ils le seront sur le plan doctrinal à travers Pascal. Ce trait est bien remarqué par Piron, dans le portrait qu'on a cité à la fin de la préface (p. 33).

Page 61.

5. Ces deux derniers alinéas, qui proposent un idéal de tolérance, ou plutôt d'indifférence, ne se rattachent guère à ce qui précède, puisqu'ils n'ont rien à faire avec les presbytériens. Mais il est intéressant de voir que Voltaire exprime déjà des idées qu'il reprendra surtout à partir de l'affaire Calas (en 1762). Ce tableau de la Bourse aux cent religions combine diverses impressions recueillies par Voltaire dans son second voyage en Hollande ; voici comment il évoque à Mme de Bernières le spectacle d'Amsterdam : « J'ai vu avec respect cette ville qui est le magasin de l'univers. Il y avait plus de mille vaisseaux dans le port. De cinq cent mille hommes qui habitent Amsterdam, il n'y en a pas un d'oisif, pas un pauvre, pas un petit-maître, pas un homme insolent. Nous rencontrâmes le Pensionnaire à pied sans laquais au milieu de la populace. On ne voit là personne qui ait de cour à faire, on ne se met point en haie pour voir passer un prince, on ne connaît que le travail et la modestie » (« La Haye, ce 7 octobre [1722] », lettre 79, t. I, p. 90). Et celui de La Haye : « Il y a à La Haye plus de magnificence et plus de société par le concours des ambassadeurs [...]. Nous avons ici un opéra détestable, mais en revanche je vois des ministres calvinistes, des arminiens, des sociniens, des rabbins, des anabaptistes qui parlent tous à merveille et qui en vérité ont tous raison » (*ibid.*, p. 91). Ce sont les mêmes souvenirs qui inspireront le passage du *Pot pourri* où l'on voit à Amsterdam les représentants d'une douzaine de sectes « sortir de leurs maisons avec leurs commis, se saluer civilement, et aller à la Bourse de compagnie. Il y avait ce jour-là, de compte fait, cinquante-trois religions sur la place, en comptant les arméniens et les jansénistes. On fit cinquante-trois millions d'affaires le plus paisiblement du monde » (*Romans et contes*, Pléiade, p. 243).

VII. SUR LES SOCINIENS, OU ARIENS, OU ANTITRINITAIRES

Page 62.

1. Quoique l'arianisme et le socinianisme aient des points communs, ils se distinguent historiquement et doctrinalement. L'arianisme fut professé par Arius, qui, en 323, soutint, en s'appuyant sur Origène, que le Christ n'a qu'une divinité subordonnée, d'emprunt ; il n'est donc pas de la même substance que le Père. Cette doctrine, comme on le fit remarquer, contenait un germe de

polythéisme, et rendait douteuse la Rédemption. Arius fut condamné par le concile de Nicée (325), qui proclama le symbole de Nicée (appelé *credo d'Athanase* par Voltaire en raison du rôle qu'Athanase joua pour soutenir et professer l'orthodoxie). Le socinianisme sort de l'enseignement de Lelio Sozzini (1525-1562) et de Fausto Sozzini (1539-1604), son neveu. Le socinianisme trouva surtout des appuis en Pologne de la part des adversaires du clergé catholique. Du point de vue doctrinal, le socinianisme, tout en reconnaissant le caractère inspiré de la Bible, l'interprète rationnellement. Il ne rejette pas seulement la Trinité, mais aussi la divinité du Christ, la rédemption par la Croix, l'éternité des peines, etc. Comme l'unitarisme, avec lequel Voltaire la confond, cette doctrine ne fut pas tolérée en Angleterre, et resta même punie de la peine capitale jusqu'en 1804. C'est ce qui explique que de nombreux unitariens passèrent aux États-Unis, où une société unitarienne fut fondée et subsiste encore à l'université de Harvard.

2. Cette anecdote provient originairement d'historiens de l'Église qui la rapportèrent en grec. Voltaire a peut-être eu connaissance par le « déclamateur Maimbourg », qui la reproduit dans son *Histoire de l'arianisme* (1683, in-4°, t. I, p. 611-612) ; il cite en effet cet ouvrage dans l'*Essai sur les mœurs* à propos de l'histoire de la Pologne au XVIIe siècle (chap. CLXXXIX). Mais il pourrait aussi l'avoir entendu raconter en Angleterre.

Page 63.

3. Voltaire pourrait disposer de sources orales, car le manuscrit de Newton où celui-ci expose ses idées, remis par lui à Locke en 1691, ne fut publié qu'en 1754 sous le titre : *Historial Account of Two Notable Corruptions of the Scripture.* Le passage ainsi relevé par Newton est celui des trois témoins célestes (*Mathieu,* X, 32-33), qui, avec le prologue de saint Jean, fonde le dogme de la Trinité.

4. Samuel Clarke, que Voltaire avait rencontré en Angleterre, et envers lequel il garda toujours une grande admiration pour sa démonstration de l'existence de Dieu ; voir en particulier l'*Histoire de Jenni,* chap. VIII, où Freind exhorte ses auditeurs à relire « les arguments métaphysiques de notre célèbre Clarke » (*Romans et contes,* Pléiade, p. 630, et la n. 1 de cette page, où nous reproduisons la démonstration).

5. Le premier livre de Clarke est *A Discourse Concerning the Being and Attributes of God,* le second *The Verity and Certitude of Natural and Revealed Religion.*

6. Notre ami... : très probablement Bolingbroke, qui professait des opinions déistes.

7. Samuel Clarke avait publié à cet effet *The Scripture Doctrine of the Holy Trinity* (1712), dans lequel il soutenait que Jésus n'était de nature divine que par la communication que lui faisait le Père, n'était que Fils de Dieu et non Dieu le Fils, et que le Saint-Esprit était encore

inférieur au Père et au Fils. Il fut réfuté par Daniel Waterland dans une série d'ouvrages après lesquels il est très difficile de trouver une voie moyenne entre la conception chrétienne orthodoxe et celle qui admet l'humanité pure et simple du Christ.

8. L'édition Ledet de 1739 ajoute une anecdote développant ce point. Lorsque la reine Anne aurait songé à lui donner ce poste, un docteur nommé Gibson lui aurait dit qu'il ne manquait qu'une chose à Clarke. « Et quoi ? dit la reine. — C'est d'être chrétien, dit le docteur bénévole. » L'histoire est d'ailleurs suspecte, puisque le siège en question ne fut pas vacant du temps de la reine Anne, mais seulement en 1715, sous George Ier.

9. Dans son désir d'exalter la tolérance anglaise, Voltaire n'est pas de bonne foi ; voir la n. 8 de la lettre IV.

10. Voltaire ne prévoit pas le renouveau de ferveur religieuse qu'allait bientôt connaître l'Angleterre.

Page 64.

11. Jean Leclerc, théologien protestant né à Genève (1657-1736), dirigea plusieurs journaux, la *Bibliothèque universelle,* la *Bibliothèque choisie,* la *Bibliothèque ancienne et moderne,* consacrés aux belles-lettres, à la philosophie et à la critique religieuse.

12. Les mots « qui même diminue tous les jours » disparaissent de l'édition de 1756, moins peut-être par respect d'une vérité historique nouvelle que parce que Voltaire, récemment installé à Genève, met beaucoup d'espoir dans les pasteurs réformés. Ces espoirs s'évanouirent lorsque les pasteurs protestèrent avec vigueur contre l'article « Genève » de l'*Encyclopédie* dans lequel d'Alembert, à l'instigation de Voltaire, avait prononcé à leur propos le mot de socinianisme.

VIII. SUR LE PARLEMENT

Page 65.

1. Cette attaque de la VIIIe lettre est riche de signification. Historiquement, elle est vraie : Gustave Lanson, dans les notes de son édition, cite plusieurs écrits, comme les « Lettres de Caton » *(Cato's Letters),* de 1720-1721 (voir n. 9 de la lettre XXII), qui roulent sur le parallélisme signalé par Voltaire. Politiquement, c'est pour Voltaire une occasion de rehausser le prestige du parlement anglais qui, depuis l'exécution de Charles Ier, avait en France une réputation de régicide, répandue même dans le petit peuple. Enfin, on observa que le style de cette huitième lettre est très soigné, au point qu'il semble rivaliser avec celui des historiens anciens, Thucydide, Tite-Live, Tacite ou Suétone.

2. Shipping : comme le signale la version anglaise des *Lettres philosophiques,* il s'appelait en réalité Shippen. C'était un tory et

même un jacobite, qui avait la réputation d'être « calm, intrepid, shrewd and sarcastic ». L'un de ses thèmes favoris était de dénoncer la corruption que le whig Walpole avait érigée en système. L'anecdote que rapporte ici Voltaire doit provenir de sources orales. Le mot « la majesté du peuple anglais » deviendra une formule toute faite chez les politiciens anglais du XVIIIe siècle.

3. Affirmation prudente, mais bien entendu hypocrite.

Page 66.

4. Cette première partie, présentée comme à l'avantage des Romains, tourne à l'avantage des Anglais, qui ont appris la tolérance ; mais aussi au désavantage des Français, demeurés « fanatiques ». C'est en même temps une transition du domaine religieux au domaine politique.

5. L'idée est déjà exprimée par Montesquieu dans les *Lettres persanes*. Dans la lettre 136, Rica lit « les historiens de l'Angleterre, où l'on voit la liberté sortir sans cesse des feux de la discorde et de la sédition ; le prince toujours chancelant sur un trône inébranlable ; une nation impatiente, sage dans sa fureur même, et qui, maîtresse de la mer, chose inouïe jusqu'alors, mêle le commerce avec l'Empire ».

6. Voltaire, qui doit beaucoup à Fénelon (il s'en inspirera notamment dans *Zadig*), se souvient, peut-être inconsciemment, du mot d'un vieillard crétois définissant le pouvoir du roi idéal : « Il peut tout sur le peuple, mais les lois peuvent tout sur lui. Il a une puissance absolue pour faire le bien, et les mains liées pour faire le mal » (*Télémaque*, livre V).

7. Cette notion de l'équilibre des pouvoirs et le mot même de balance sont des apports anglais. « That ballance which has been so much talked of... », dit Bolingbroke dans un de ses écrits cité par Lanson.

Page 67.

8. Cette phrase, qui reprend le thème favori de la propagande de Guillaume III, thème que les tories avaient d'ailleurs retourné pour prôner la paix avec Louis XIV, ne dut pas être bien reçue en France. Voltaire la supprima en 1739.

9. Allusion probable à la révolte de la Catalogne contre Philippe V en 1714 ; mais il s'agissait d'un particularisme comparable à celui de l'Irlande, non d'une revendication de la liberté politique. Aussi Voltaire supprimera-t-il ces trois mots en 1739. D'autre part, il y avait eu des révoltes en Égypte en décembre 1726, à Tunis et à Smyrne en mai 1728.

10. Cette image, qui entraîne la suivante, vient de Bossuet ; celui-ci montre l'Angleterre « plus agitée en sa terre et dans ses ports mêmes que l'océan qui l'environne » (*Oraison funèbre d'Henriette de France, reine d'Angleterre*).

Page 68.

11. On a dit quelle émotion la mort de Charles Ier (1649) avait provoquée en France, où le sentiment monarchique était très vif.

12. Henri VII, empereur romain germanique en 1308, qui allait attaquer Naples contre les ordres du pape, fut non pas empoisonné, mais emporté par une attaque de fièvre à Buonconvento, près de Sienne, le 24 août 1313.

13. Jacques Clément, un moine jacobin (1er août 1589). Voltaire se garde ici de mentionner le rôle de Charles IX dans la Saint-Barthélemy. Les mots « ministre de la rage de tout un parti » (la Ligue) furent supprimés par Thieriot dans l'édition anglaise des *Lettres philosophiques*. Ils manquent, en conséquence, dans toutes les éditions dérivées de celle-là, y compris celle de Kehl.

14. Voltaire oppose-t-il les Anglais aux autres peuples, ou les protestants aux catholiques ? En tout cas, le parallèle n'est pas exact : d'un côté il s'agissait officiellement d'un régicide ; dans les autres cas évoqués par Voltaire, il s'agit d'actes individuels dont on ne peut rendre responsable la collectivité nationale. Ce n'est que sous la Révolution que la France fournit un parallèle à l'exécution de Charles Ier.

IX. SUR LE GOUVERNEMENT

Page 69.

1. Guillaume le Conquérant avait gardé les cadres administratifs anglais et s'était fait bien accepter de ses nouveaux sujets. Du reste, la dernière révolte à laquelle il eut à faire face fut une révolte de ses sujets normands. Mais il édicta des lois très sévères contre les jeux, ainsi que pour la protection des forêts domaniales. Surtout il fit régner avec une main de fer une police du royaume si stricte qu'un contemporain qui lui était hostile reconnaissait qu'un homme chargé d'une croix d'or pouvait traverser le royaume en toute quiétude.

Page 70.

2. Voltaire ne cache pas qu'il préfère le despotisme éclairé aux tyrannies féodales, même si les historiens, comme Rapin-Thoiras dans son *Histoire d'Angleterre*, t. I, p. 404, attribuent aux guerriers germaniques la fondation des parlements.

3. A partir de 1739, les éditions précisent même : « au lieu d'un *bon* maître ».

4. Heptarchie : on appelle ainsi la période plus ou moins légendaire allant des invasions saxonnes (Ve siècle), où s'instaurèrent sept royaumes qui se partageaient le pays, jusqu'à leur destruction par les invasions danoises dans la seconde moitié du IXe siècle.

Page 71.

5. Le passage est adouci comme suit à partir de 1756 : « [des artisans], des laboureurs enfin, qui exercent la plus noble et la plus méprisée des professions, [le peuple, dis-je] ».

6. La question de savoir quand les communes eurent part au parlement était discutée par les historiens anglais. Voltaire adopte le point de vue de Bolingbroke qui pensait que les communes avaient « little or no share in the legislation ».

7. Voltaire procède ici à un amalgame abusif (comme il l'a fait un peu plus haut). Rapin-Thoiras distingue, fort justement, les *ceorles* ou *curls,* marchands et artisans (donc bourgeois) des *villains* attachés à la terre. La même distinction avait aussi existé en France.

8. Comme le remarque Raymond Naves, l'expression de Voltaire est confuse. C'est qu'il veut à la fois s'en prendre aux tyrans locaux et rappeler que sans eux la monarchie serait restée absolue et sans contrepoids.

Page 72.

9. A son habitude, Voltaire ramasse des traits et concentre l'original, sans cependant en fausser véritablement l'esprit.

10. Voltaire s'en tire par une pirouette. En fait, la Grande Charte (1215) confirmait les franchises des barons, du clergé et des villes (Londres en particulier). On sait que les députés de douze communes assistaient au parlement de 1258, sous Henry III.

11. L'article 21 : il s'agit en fait de l'article 38. Le texte authentique fait apparaître la mauvaise foi de Voltaire lorsqu'il introduit le mot « dorénavant » : « Aucun shérif ou bailli ne prendra par force ni chariots ni chevaux pour porter aucun bagage, qu'en payant le prix *ordonné par les anciens règlements* [c'est nous qui soulignons], savoir dix sols par jour pour un chariot à deux chevaux et quatorze sols pour un à trois chevaux. »

12. A la fois en les entraînant à faire des dépenses de faste et en exigeant sévèrement les impôts mis sur leurs terres.

13. Cette explication est donnée par beaucoup d'écrivains politiques du XVIIIe siècle. Lanson cite Swift, Bolingbroke, ainsi que divers journaux.

Page 73.

14. La justice seigneuriale provenait soit de la justice féodale, soit d'un démembrement de la justice royale. On distinguait la haute justice, qui donnait droit de connaître de toute accusation criminelle entraînant une peine afflictive et de toute affaire civile pouvant donner lieu au duel judiciaire, et la basse justice, qui comprenait les autres cas. La moyenne justice n'apparut qu'au XIVe siècle. Ces justices seigneuriales, quoique subsistant jusqu'à la Révolution,

étaient fortement battues en brèche par les possibilités d'appel au roi, la qualification des « cas royaux », etc. À noter que Voltaire devait plus tard exercer avec le plus grand sérieux ses droits de juge seigneurial comme seigneur de Tournay.

15. L'assiette de la taille était déterminée localement par les *élus*. Pour la capitation, instituée en 1695, les contribuables étaient répartis en vingt-deux classes.

16. Évaluées : l'édition Jore porte par erreur « enclavées ».

17. Bien entendu, cet éloge de l'Angleterre est un blâme de la France. Pourtant, beaucoup de voyageurs anglais, pendant tout le XVIIIe siècle et spécialement aux approches de la Révolution, se disent frappés de la relative prospérité des paysans français.

X. SUR LE COMMERCE

Page 75.

1. Cette date de 1723 n'est pas une faute d'impression, puisqu'elle est donnée indépendamment par les deux éditions, française et anglaise, de 1734. Elle est due à un lapsus de Voltaire. C'est en mai 1726, lorsqu'il arriva en Angleterre, que les journaux se trouvèrent remplis des nouvelles des trois flottes, celle qui veillait à la sûreté de Gibraltar, anglais depuis 1713, une autre pour les Indes, et une en Baltique (cf. Rapin-Thoiras, t. XII, p. 451).

2. En 1756, instruit par ses recherches préliminaires à l'*Essai sur les mœurs,* Voltaire présentera la chose d'une façon plus précise et plus exacte en remaniant tout le premier alinéa :

« Depuis le malheur de Carthage, aucun peuple ne fut puissant à la fois par le commerce et par les armes, jusqu'au temps où Venise donna cet exemple. Les Portugais, pour avoir passé le cap de Bonne-Espérance, ont quelque temps été de grands seigneurs sur les côtes de l'Inde, et jamais redoutables en Europe. Les Provinces-Unies n'ont été guerrières que malgré elles ; et ce n'est pas comme *unies* entre elles, mais comme *unies* avec l'Angleterre, qu'elles ont prêté la main pour tenir la balance de l'Europe au commencement du XVIIIe siècle.

« Carthage, Venise et Amsterdam ont été puissantes ; mais elles ont fait comme ceux qui parmi nous, ayant amassé de l'argent par le négoce, en achètent des terres seigneuriales. Ni Carthage, ni Venise, ni la Hollande, ni aucun peuple, n'a commencé par être guerrier, et même conquérant, pour finir par être marchand. Les Anglais sont les seuls : ils se sont battus longtemps avant de savoir compter. Ils ne savaient pas, quand ils gagnaient les batailles d'Azincourt, de Crécy et de Poitiers, qu'ils pouvaient vendre beaucoup de blé, et fabriquer de beaux draps qui leur vaudraient bien davantage. Ces seules connaissances ont augmenté, enrichi, fortifié la nation. Londres était pauvre et agreste lorsqu'Édouard III conquérait la moitié de la France. C'est uniquement parce que les Anglais sont devenus négociants que Londres l'emporte sur Paris par l'étendue de la ville et le nombre des citoyens ; qu'ils peuvent mettre en mer deux cents vaisseaux de guerre, et soudoyer des rois alliés. Les peuples d'Écosse sont nés guerriers et spirituels. D'où vient que leur pays est devenu, sous le nom d'union, une province d'Angleterre ? C'est que l'Écosse n'a que du charbon, et que l'Angleterre a de l'étain fin, de belles laines, d'excellents blés, des manufactures et des compagnies de commerce. »

Page 76.

3. Tout ce paragraphe est caractéristique de la manière de l'auteur. Outre les exagérations, qu'on a signalées dans la préface, p. 21, Voltaire, pour les besoins de sa démonstration, attribue le prêt à des marchands. Or, ceux-ci avaient été essentiellement les intermédiaires, alors que les plus gros prêteurs avaient été les princes et l'aristocratie. Quant au billet à la romaine prêté au prince Eugène, il n'eut pour répondant dans la réalité qu'un accusé de réception avant la bataille, où le prince s'engageait à faire bon usage de la somme reçue.

4. « Un *freeholder* est chez nous ce qu'était autrefois à Rome un citoyen de cette fameuse république », écrit Addison dans *Le Freeholder, ou l'Anglais jaloux de sa liberté,* dans les *Essais politiques,* traduits de l'anglais, 1727, in-12, p. 3.

5. Charles Townshend (1674-1738) commença véritablement sa carrière avec l'avènement de George Ier (1714). Il réprima la rébellion jacobite de 1715. Trop lié avec le prince de Galles, il fut renvoyé en 1717, mais devint Premier ministre lorsque celui-ci se réconcilia avec son père (1720). Il dut se retirer le 8 mai 1730 — ce qui fixe en principe la rédaction de cette lettre avant cette date — en raison de ses différends avec Walpole, qui était son beau-frère.

6. Sur Robert Harley, comte d'Oxford, voir la n. 5 de la lettre V. Son second frère, Nathaniel (1665-1720), était facteur, c'est-à-dire fondé de pouvoir à Alep, à une époque où l'Angleterre jouait un rôle important dans le commerce de l'Empire ottoman.

7. Remarque fondée. Le journaliste du *Craftsman,* n° 323, note que, « de son temps » (et il a alors soixante-treize ans), les cadets des meilleures familles étaient mis en apprentissage chez les riches négociants. Maintenant, dit-il, on en fait des officiers. On voit que Voltaire donne un coup de pouce à la réalité.

8. Voltaire pense ici à Falkener, auquel il dédie en 1733 (et dédiera une seconde fois en 1736) sa tragédie de *Zaïre.* Dans les deux cas, il s'adresse aux Français : « Je jouis en même temps du plaisir de pouvoir dire à ma nation de quel œil les négociants sont regardés chez vous, quelle estime on sait avoir en Angleterre pour une profession

qui fait la grandeur de l'État, et avec quelle supériorité quelques-uns d'entre vous représentent leur patrie dans le parlement, et sont au rang des législateurs » (première préface).

XI. SUR L'INSERTION DE LA PETITE VÉROLE

Page 77.

1. Voltaire s'imaginait sincèrement être le premier en France à recommander l' « insertion » de la petite vérole. En fait, comme Fréron le remarqua malignement plus tard, en 1769, cette méthode prophylactique avait déjà été recommandée et discutée plusieurs fois depuis 1717, d'abord à propos de la thèse d'un nommé Boyer, soutenue devant la faculté de médecine de Montpellier, puis à propos de comptes rendus d'opinions anglaises publiés dans le *Journal des savants,* notamment au sujet d'un lettre au docteur Freind (que Voltaire mettra plus tard en scène dans l'*Histoire de Jenni*), contre l'inoculation; surtout à propos d'une brochure de La Coste, D[octeur en] M[édecine], Paris, 1723, intitulée *Lettre sur l'inoculation de la petite vérole comme elle se pratique en Turquie et en Angleterre...* Mais Voltaire n'a pas connu ces travaux, et son rôle comme propagandiste de l'inoculation reste de toute façon très important.

2. Des critiques comparables avaient été faites en Angleterre même; voir les textes réunis par Lanson, t. I, p. 139-140.

Page 78.

3. Voltaire a tiré ces renseignements de La Mottraye, *Voyages en Europe, Asie et Afrique* (La Haye, 1727), 2 vol. in-fol. C'est de La Mottraye qu'il infère (en forçant les choses) le rapport entre la vente des filles et l'insertion. La Mottraye dit seulement que les Circassiens sont soucieux de la beauté de leurs « enfants » et, en d'autres circonstances, il est d'usage de « vendre leurs enfants, neveux et nièces, etc. », surtout les filles qui passent « dans les harems des riches Turcs et même souvent jusque dans celui du Grand Seigneur »

4. Le parallèle est bien de Voltaire. Le détail lui-même vient de La Mottraye : « L'éducation [...] enseigne au sexe à caresser les hommes » (t. I, p. 337). Les Turcs même, selon La Mottraye, en font parfois autant, apprenant « à danser, à chanter, en un mot à plaire » à leurs filles avant de les vendre à des marchands d'esclaves (t. I, p. 336).

Page 79.

5. C'était en effet une thèse soutenue par certains. Elle était liée au fait que la petite vérole semble ne pas avoir été connue avant le

XIIe siècle, où elle prit naissance en Arabie ; voir le *Journal des savants*, février 1718, p. 135.

6. Il s'agissait en fait d'un enfant né en Angleterre ; les Montague arrivèrent en Turquie en 1716, et l'inoculation eut lieu en 1717. Noter que La Coste (voir la note 1 de la présente lettre) avait déjà noté dans son ouvrage le courage de Mrs. Wortley-Montague qui fit faire cette expérience sur « son fils unique ». Voltaire ajoute, apparemment de son cru, le mot du chapelain.

Page 80.

7. Les éloges que Voltaire accorde à la reine Caroline ne sont pas mendiés. Caroline d'Anspach (1683-1737) avait épousé en 1705 George-Auguste, prince électoral de Hanovre. Quand son beau-père devint roi de Grande-Bretagne sous le nom de George Ier, elle vint à Londres avec son mari, et, par son tact, elle contribua à le réconcilier avec son père. Durant le temps de leur disgrâce (1717-1720), ils vécurent à Londres, dans leur résidence de Leicester House, et à Richmond, où ils attirèrent l'élite du royaume. Lorsque son mari devint roi en 1727, Caroline appuya Walpole. On lui reprocha d'avoir soutenu la candidature de prélats peu orthodoxes, et c'est peut-être de là que vient l'anecdote rapportée par Voltaire à la fin de sa lettre, sous une forme manifestement inexacte. Rappelons que Caroline avait accepté la dédicace de *La Henriade* en 1728.

8. Le fait est rapporté par les journaux de 1727.

9. Le père Le Courayer : voir n. 6 de la lettre V.

10 Tout ceci est exact en gros ; le fait, rapporté par La Mottraye en annexe à ses *Voyages* (t. II, p. 461), eut lieu en juillet 1721 ; toutefois l'initiative n'est pas attribuée par La Mottraye à Caroline, qui n'était alors que la femme du prince de Galles mais aux « principaux membres du collège de médecine ».

11. Voltaire n'est pas ici meilleur calculateur qu'à l'ordinaire. Les statistiques anglaises parlent d'un mort sur cinq malades ; le nombre des morts serait alors de douze pour cent de la population. Du reste, vingt pour cent de morts plus vingt pour cent de « marqués » ne feraient pas un cinquième, mais deux cinquièmes.

Page 81.

12. Le chiffre de 20 000 est arbitraire et exagéré. Il correspond au chiffre moyen de la mortalité *totale* pour Paris (voir l'*Encyclopédie*, article « inoculation »). Il est vrai que Voltaire avait perdu un ami très cher, La Faluère, dit Genonville, et avait été lui-même victime de la maladie lors de l'épidémie de 1723.

13. Ce dernier paragraphe, comme l'observe Gustave Lanson, pourrait être une addition. La source de Voltaire doit être en effet le volume XX des *Lettres édifiantes et curieuses*, publiées par les jésuites, qui ne parut qu'en 1731.

XII. SUR LE CHANCELIER BACON

Page 82.

1. On ne sait ce qu'est cette « compagnie » ; mais le sujet qui y est débattu est un lieu commun dans la première moitié du XVIIIe siècle. Il inspire la pensée politique de Fénelon. Marivaux l'agitera pour sa part dans les *Réflexions sur les hommes,* et il lit même à l'Académie des *Réflexions sur les différentes sortes de gloire* le 29 décembre 1744.

2. Bien entendu, ce tour ne viendra jamais.

3. Comte de Verulam : en fait, le nom de Bacon était simplement Lord Verulam. La traduction anglaise de 1733 dit *viscount.*

Page 83.

4. C'est en 1624 que le marquis d'Effiat fut envoyé en ambassade à Londres pour y négocier le mariage de Henriette de France (ou Henriette-Marie, ce qui explique que Voltaire l'appelle Marie) avec le prince de Galles, qui devait devenir roi sous le nom de Charles Ier l'année suivante, celle de son mariage. Bacon était en disgrâce depuis 1621, année où le parlement lui avait intenté un procès pour vénalité.

5. Encore un calcul discutable. Les historiens anglais parlent de quarante mille livres anglaises, ce qui ferait un million de livres françaises. Le roi fit d'ailleurs remise de la somme à Bacon.

6. Comme on a eu l'occasion de le dire dans la préface, p. 21, ce mot de Bolingbroke était moins un éloge de Marlborough (Voltaire écrit : Malboroug) qu'une vive critique de Walpole.

Page 84

7. Ce que Bacon avait dégagé, c'est une méthode inductive fondée sur l'observation et l'expérimentation. Stuart Mill lui reproche de ne pas avoir fait une place suffisante à la déduction.

8. A partir de 1751, Voltaire remplace cette phrase par celle-ci « [ce que] des fous en bonnet carré enseignaient sous le nom de philosophie dans les petites maisons appelées collèges ».

9. Ces mots, et la critique de la philosophie de l'École, se retrouvent dans l'opuscule *Sottise des deux parts,* qui, quoique publié seulement en 1750, remonte apparemment à cette époque ; voir la préface, p. 24.

Page 85.

10. « C'est dommage pour la gloire d'Aristote qu'on n'ait pas fait la guerre civile et donné quelques batailles rangées en faveur des quiddités et de l'universel de la part de la chose », écrit Voltaire dans *Sottise des deux parts.* Le mot « quiddité », qu'on a rencontré p. 84,

désigne « ce qui fait qu'un être est ce qu'il est » (le support de son essence). D'autre part, les débats de l'École, issue d'Aristote, roulaient sur la question de savoir si les universaux — ce qui est compris sous un terme général — existent en soi *(in se)*, avant le réel *(ante rem)*, ou seulement à partir du réel *(a parte rei)*.

11. Ce philosophe est Anaxagore.

12. Cette reprise est nécessaire. Voltaire semble dire par ce qui suit que Bacon a été le premier à faire le lien entre le raisonnement pur et l'empirisme utilitaire, sous le nom de physique expérimentale.

Page 86.

13. Voltaire résume fortement le *Novum organum*, II, p. 355 de l'édition de 1740.

14. *Essays*; trois éditions, la première contenant dix essais en 1597 ; la seconde trente-huit essais en 1612 ; la troisième comprenant cinquante-huit essais en 1625. Le tout a été réuni par Edward Arber dans le recueil *Harmony of the Essays* (1871).

15. *History of the Reign of King Henry the Seventh* (1623).

16. Parkins : Henry VII, qui avait déjà réussi à venir à bout de la rébellion de Lambert Simnel, dut faire face en 1491 à une autre menace. Un jeune Tournaisien, Perkin Warbeck (ou Pierrequin Warbecque), fut poussé par Marguerite, duchesse douairière de Bourgogne, sœur du roi, à se faire passer pour le fils d'Édouard IV, mort en 1483, qui avait lui-même disputé la couronne à Henry VI. Avec le soutien — au moins à éclipses — de la France, de Maximilien, régent des Pays-Bas, et de Jacques IV d'Écosse, il tenta trois fois l'invasion de l'Angleterre et ne fut finalement capturé, à Beaulieu, dans le Hampshire, qu'en 1497.

Page 87.

17. Cette remarque peut avoir été suggérée à Voltaire par la traduction française de l'*Historia Thuana, l'Histoire du président de Thou,* dont il parle à Formont dans une lettre du 8 août 1731 (n° 276, t. I, p. 286). Mais cet ouvrage était à la mode ; l'abbé Prévost songeait depuis longtemps à en faire une traduction et allait bientôt commencer à la réaliser.

XIII. SUR M. LOCKE

Page 88.

1. Cette lettre est d'une grande importance. Le sensualisme de Locke représente en effet la première tentative pour présenter l'esprit humain comme le fruit de sensations qui se combinent et produisent les idées · de là sortira par exemple la fameuse statue de Condillac

Du reste, la philosophie de Locke était déjà beaucoup plus connue en France des milieux savants que Voltaire ne l'imaginait. Ce qu'il retient surtout pour sa part, c'est l'abandon d'une métaphysique de l'âme au profit d'une « philosophie expérimentale » de celle-ci.

En raison même de sa signification, ce développement était un des plus dangereux pour l'auteur. D'une lettre à Formont du 6 décembre (?) 1732 (lettre 363, t. I, p. 381), il ressort que Voltaire vient de refaire cette treizième lettre : « Je suis obligé de changer tout ce que j'avais écrit à l'occasion de M. Locke, parce qu'après tout je veux vivre en France. [...] Il me faut déguiser à Paris ce que je ne pourrais dire trop fortement à Londres. » Un peu plus loin dans la même lettre, il évoque ses efforts pour « expliquer Newton et obscurcir Locke ». C'est apparemment cette première version qui, après avoir circulé en manuscrit, parut dans un recueil de 1738 sous le titre de « XXVIe lettre sur l'âme ». Lanson en donne le texte, qu'on trouvera ici en appendice 2.

La comparaison entre les deux textes fait apparaître que le premier était d'un ton plus sérieux. C'est ce que Voltaire confirme dans une lettre à Formont du 15 décembre 1732 (lettre 365, t. I, p. 384) : « Il n'y a qu'une lettre touchant M. Locke. La seule matière philosophique que j'y traite est la petite bagatelle de l'immatérialité de l'âme, mais la chose est trop de conséquence pour la traiter sérieusement. Il a fallu l'égayer pour ne pas heurter de front nos seigneurs les théologiens, gens qui voient si clairement la spiritualité de l'âme qu'ils feraient brûler, s'ils pouvaient, les corps de ceux qui en doutent. » Malgré les précautions de Voltaire, l'abbé Rothelin ne fut pas dupe et précisa que la lettre en question ne pourrait obtenir d'approbation ni de permission. On trouvera en appendice 3 une addition que Voltaire fit en 1748 à la lettre XIII.

2. Anaxagore (500-428 av. J.-C.), dont Voltaire caricature la pensée, enseignait que le monde est composé de particules élémentaires simples, organisées par un principe unique, le *nous*, qui est pour lui à la fois connaissance et mouvement. Voltaire n'a d'ailleurs aucune connaissance directe des philosophes dont il parle ici et plus loin. Il tire sa science de l'article « âme » du *Dictionnaire* de Bayle, dans l'édition de 1720. C'est là aussi qu'il trouve le détail du Diogène faussaire.

3. Diogène d'Apollonie (ve siècle avant J.-C.), dont la philosophie empruntait des éléments à Anaxagore, professait qu'il existe une substance unique, commune à tous les êtres, infinie, immuable, toute-puissante, toute connaissante, et disposant l'univers suivant un principe de beauté parfaite.

Page 89.

4. Voltaire ajoute ici à Bayle des réminiscences de Malebranche. Celui-ci consacre le chapitre V du livre II de la *Recherche de la vérité*,

seconde partie, à montrer « l'entêtement » de « certaines personnes d'étude », qui, sur le problème de l'immortalité de l'âme, se coiffent du sentiment de « quelques auteurs ». Malebranche relève que « le sentiment d'Aristote sur l'immortalité de l'âme a été en divers temps une fort grande question, et fort considérable entre les personnes d'étude ». Il cite un long passage de La Cerda, commentateur de Tertullien, mentionnant diverses opinions des Pères sur la doctrine d'Aristote. Le mot « divin », que Voltaire applique ironiquement à Platon et Socrate, vient de Malebranche.

5. La source de ce prétendu « aveu » de Mabillon est Bayle, article « saint Bernard ».

6. Docteur irréfragable, subtil, angélique, séraphique, chérubique : les quatre premières épithètes viennent du *Dictionnaire* de Moreri, article « docteur », la cinquième est une plaisanterie de Rabelais (*Pantagruel*, chap. VII). Comme le précise une note de l'édition Thieriot, les quatre premiers de ces docteurs sont respectivement Hales, Scot, saint Thomas d'Aquin et saint Bonaventure.

Page 90.

7. Cette objection à la théorie des idées innées, que Voltaire reprendra sans cesse, est déjà formulée par Gassendi.

8. On a déjà dit, n. 5 de la lettre II, que Voltaire se rapprochera dans sa vieillesse de cette idée dans les opuscules intitulés *Tout en Dieu* (1769), *Les Adorateurs* (1769) et *De l'âme* (1771); voir René Pomeau, *La Religion de Voltaire* (2e éd., 1969), p. 413.

9. L'idée, qui vient de Locke lui-même (il parle de sa manière « historique », et son traducteur Coste dit qu'il fait une « histoire » des connaissances de l'esprit humain), deviendra un lieu commun. Marivaux répondra à Voltaire à propos de Descartes : « N'eût-il fait qu'un excellent roman, comme certains le disent, il nous a du moins mis en état de n'en plus faire » (*Le Miroir*, composé sans doute en 1748, dans les *Journaux et œuvres diverses*, Classiques Garnier, p. 536, et les notes correspondantes, 158 et 159). — Nous avons corrigé le texte de l'édition Jore qui omet *a* dans « qui en a fait ».

10. Voltaire choisit la phrase essentielle dans la longue page consacrée par Locke à cette question dans son *Essai philosophique concernant l'entendement humain*, traduction Coste (5e éd., 1755), II, I, 10, p. 64-65.

Page 91.

11. Ouvrage cité, IV, III, 6, p. 440. Coste ajoute en note, p. 440-448, la réponse de Locke aux critiques du docteur Stillingfleet dans son *Discourse in Vindication of the Doctrine of the Trinity* (1697), voir plus bas.

Page 92.

12. Tous les philosophes de l'École : et après eux Stillingfleet ; voir la note précédente.

Page 93.

13. L'argument paraît en effet propre à Voltaire; en tout cas, il n'est pas clairement dégagé par Locke; voir son *Essai*, éd. cit., p. 445-447.

Page 94.

14. Cette fois, c'est bien l'argument de Locke en réponse à Stillingfleet, qui reconnaissait que les bêtes ont du sentiment : « Sur quoi M. Locke observe que si ce docteur donne du sentiment aux bêtes, il doit reconnaître ou que Dieu peut donner et donne actuellement la puissance d'apercevoir et de penser à certaines parties de la matière, ou que les bêtes ont des âmes immatérielles, et par conséquent immortelles tout aussi bien que les hommes » (éd. cit., p. 443, note).

15. Nouvel emploi critique du mot « enthousiasme », à peu près au sens où Locke l'entend dans le chapitre IV, XIX, intitulé ainsi, p. 582 et suiv. Il l'applique aux « hommes en qui la mélancolie a été mêlée avec la dévotion, et dont la bonne opinion d'eux-mêmes leur a fait accroire qu'ils avaient une plus étroite familiarité avec Dieu et plus de part à sa faveur que les autres hommes » (alinéa 5, p. 584).

16. Au fil des éditions, Voltaire développera cette liste, qui finira par devenir à partir de 1756 : « [patrie.] Est-ce Pomponace, Montaigne, Le Vayer, Descartes, Gassendi, Bayle, Spinoza, Hobbes, le lord Shaftesbury, le comte de Boulainvilliers, le consul Maillet, Toland, Collins, Flud, Wolston, Becker, l'auteur déguisé sous le nom de Jacques Massé, celui de *L'Espion turc*, celui des *Lettres persanes*, celui des *Lettres juives*, celui des *Pensées philosophiques*, etc. » Pour nous en tenir au texte original, on peut préciser que Shaftesbury est Cooper Antony Ashley, troisième comte de Shaftesbury (1671-1713), philosophe optimiste, auteur des *Characteristics of men, manners, opinions and times* (1711); qu'Antony Collins (1676-1729), élève de Locke, fut un des premiers représentants de la libre pensée anglaise; et que John Toland (1670-1722) se rendit célèbre pour son ouvrage audacieusement déiste : *Christianity not mysterious* (1696), traduit en français sous le titre *Le Christianisme raisonnable.*

Page 95.

17. Présentation caricaturale (qui sera souvent reprise par Voltaire) des luttes qui opposèrent les franciscains partisans de la pauvreté absolue (dite *usus pauper*) et ceux qui voulaient s'accommoder aux usages et accepter quelque forme de propriété ou du moins d'usufruit des biens. Du reste, Voltaire n'a pas inventé cette réduction des dissensions chez les franciscains à une simple question de costume. Challe écrit dans les *Difficultés sur la religion*, pour montrer que le fait de souffrir un martyre n'est pas la preuve que la cause défendue par les martyrs est vraie : « Certaine espèce de cordeliers

souffrit bien le feu à l'occasion de l'habit court ou long » (p. 234 de l'édition citée à la n. 12 de la lettre I).

XIV. SUR DESCARTES ET NEWTON

Page 96.

1. Cette quatorzième lettre et surtout la quinzième, « Sur le système de l'Attraction », doivent beaucoup à Maupertuis : « Il me dicta le thème que j'écris sur Newton », écrira Voltaire dans les *Adieux à Mme du Châtelet* à propos des *Éléments de la philosophie de Newton* (1738). C'est déjà vrai des *Lettres philosophiques*. Voltaire consulte Maupertuis le 30 octobre 1732 (lettre 355, t. I, p. 370), le 3 novembre (lettre 356, t. I., p. 373), le 12 novembre (lettre 357, t. I, p. 375) ; il lui soumet ses essais vers le 1er décembre (lettre 362, t. I., p. 380), vers le 15 décembre 1732 (lettre 366, t. I, p. 385, etc. On n'a pas, malheureusement, les réponses de Maupertuis à ces demandes de renseignements.

Page 97.

2. « Il ne nous appartient pas de juger de si grands procès » (Virgile, *Églogue* III, 108).

3. Les formules « l'an passé » et « ici » semblent indiquer que la lettre XIV a été composée en Angleterre, à quelques retouches près. Ainsi que l'a souligné André M. Rousseau, Voltaire, qui était arrivé à temps pour faire la connaissance de Newton, n'avait pas eu la curiosité de le rencontrer. Noter l'irrévérence de la dernière formule, « qui aurait fait », laquelle met ce bien au rang d'une pure hypothèse.

4. Malgré son anglophilie, Voltaire est choqué du ton de la presse anglaise, dont témoigne par exemple une phrase du *Present State of the Republick of Letters* de janvier 1728, t. I, p. 67, parlant des « most extravagant conjectures » de Descartes ; ou l'indignation du *London Journal* à la pensée que Fontenelle ait pu comparer Descartes et Newton : « This is just as if a comparison was to be made betwixt a romance and a real history [...], between mere reveries and plain facts, visible laws and known experience » (n° 443, 27 janvier, 1727-1728).

Page 98.

5. Ce divertissement avait été demandé à Descartes par Christine de Suède à l'occasion de la paix de Münster ; voir Baillet, *La Vie de Monsieur Descartes* (1691, in-4°), t. II, p. 395 ; Baillet dit que ces vers sur la paix « ne dérogeaient point à la sagesse d'un philosophe de son rang ».

6. « Éclaircir » est le texte de l'édition Jore ; l'édition de Thierot donne « éclairer ».

7. Il n'y eut aucune condamnation de la philosophie de Descartes avant sa mise à l'Index en 1663. Dès lors, l'enseignement de la philosophie cartésienne fut, en principe, interdit dans la plupart des universités. En fait, elle fut souvent présentée et discutée, notamment dans les collèges jésuites.

8. Nous suppléons les mots « de Hollande » omis dans l'édition Jore.

9. Formule exagérée ; Descartes ne fut nullement obligé de quitter la ville d'Utrecht en 1640.

10. « Il n'a été accusé d'athéisme que pour avoir voulu prouver l'existence de Dieu », écrivait Baillet dans la *Vie de Descartes*, table du tome II.

11. Baillet, qui raconte cette histoire, n'explique pas pourquoi Descartes n'obtint pas cette seconde pension (car il avait joui d'une pension de trois mille livres, accordée par lettres patentes du 6 septembre 1646, lors d'un précédent séjour en France). Peut-être est-ce à cause de la période troublée — notamment sur le plan financier — qui précéda la Fronde. Descartes quitta Paris le 28 août 1648, apparemment effrayé par les troubles qu'avait, la veille, entraînés l'arrestation du populaire conseiller Broussel ; ce fut la journée dite « des barricades ».

Page 99.

12. Galilée mourut en 1642, non en prison, mais dans sa villa d'Arcetri, près de Florence, où il était sous la surveillance de l'Inquisition.

13. Ces phrases concentrent et présentent de façon dramatique des détails donnés çà et là par Baillet (ouvr. cit., t. II, p. 416, 455 et 417) afin de renforcer le parallèle avec Newton.

14. Voir n. 4 de la présente lettre.

Page 100.

15. Voltaire fait allusion à une des notes de la traduction de l'*Éloge de Newton*, de Fontenelle, donnée par *The Present State of the Republick of Letters*, (janvier 1728, art. V, p. 67) : « Nor was he a great geometer [...]. M. Fermat [...] has shown some of his mistakes » ; ou au *London Journal*, nº 443, d'après lequel il n'y a « noth'ng of geometry » dans le système cartésien.

16. C'est Baillet qui, dans sa *Vie de M. Descartes*, p. 292-293, cite, parmi d'autres que Descartes jugeait dignes de le comprendre, Fermat (le grand mathématicien français, 1601-1665) et Schooten. Ce dernier avait traduit en latin, avec des commentaires, la géométrie de Descartes (Baillet, p. 374-376).

Page 101.

17. Descartes exprime plusieurs fois cette idée. Les textes les plus clairs sont dans des lettres, l'une à Mesland du 2 mai 1644 (éd. Alquié,

Classiques Larousse, III, 74-75), l'autre à Arnaud du 29 juillet 1648; on lit dans cette dernière : « Pour moi, il me semble qu'on ne doit jamais dire d'aucune chose qu'elle est impossible à Dieu [...]. Je n'ose pas même dire que Dieu ne peut faire une montagne sans vallée, ou que l'agrégé d'un et deux ne fasse pas trois, etc. Je dis seulement que de telles choses impliquent contradiction en ma conception. » Challe s'indigne aussi de cette proposition dans les *Difficultés sur la religion* (éd. cit., p. 314 et voir n. 1. 142) : « Dieu ne peut faire que deux fois trois égalent sept [...]. S'il est vrai que M. Descartes ait dit le contraire, comme je crois l'avoir ouï dire, je parierais toute chose, sauf mon salut éternel, qu'il a lâché une extravagance et une absurdité. »

18. Voltaire reviendra longuement sur les fautes de Descartes dans l'article « cartésianisme » des *Questions sur l'Encyclopédie* (1770).

19. Jacques Rohault (1620-1675), disciple de Descartes, auteur d'un *Traité de physique* (1671) souvent réédité, auquel Voltaire fait allusion ici.

XV. SUR LE SYSTÈME DE L'ATTRACTION

Page 102.

1. Voltaire a pu attraper quelque chose de ces sublimes idées, comme il dit, de trois principales sources imprimées : *A View of Sir Isaac Newton's Philosophy*, du docteur Pemberton (1728, in-8) dont il annonce la publication prochaine dans une lettre à Thieriot du 27 mai 1727 (lettre 204, t. I, p. 212); l'*Éloge de Newton*, par Fontenelle (*Œuvres*, éd. de 1790, t. VII, p. 262); le *Discours sur les différentes figures des astres* de Maupertuis (Paris, 1732, in-8), auquel, comme on l'a dit (préface, p. 25), Voltaire a fait largement appel, tant pour le consulter que pour lui demander de revoir ses essais.

Page 104.

2. « Plus » est l'ancien superlatif correspondant à « le plus ».

3. Ce passage est caractéristique de la manière dont Voltaire sait égayer sa matière et la rendre piquante. Le fond de son récit est tiré de la préface de Pemberton, qui rapporte que Newton s'était retiré de Cambridge à la campagne en 1665 à cause d'une épidémie de peste. Mais il ne dit rien de l'anecdote de la pomme : il mentionne seulement le fait que Newton se livrait à sa méditation dans un jardin. Voltaire dira, dans les *Éléments de la philosophie de Newton*, III, 3, qu'il tient le détail de Mrs. Conduit, la nièce de Newton. Du reste, Voltaire ne suit pas le raisonnement que Pemberton fait tenir à Newton; la fin de la réflexion qu'il lui prête est confuse.

Page 105.

4 L'abbé Jean Picard (1620-1682), astronome, fit en 1669 la première mesure rigoureuse d'un arc de méridien.

Page 106.

5. Comme pour beaucoup de mots commençant par une voyelle et se terminant par *e*, le genre d'*orbite*, comme celui d'*énigme, équivoque, espèce*, etc., est resté longtemps incertain. On voit que Voltaire le fait encore masculin.

Page 108.

6. Parce que leur mouvement contrarie celui des « tourbillons » qui entraînent les planètes dans le système cartésien.

7. Edmund Halley, né à Londres en 1656, mort en 1742, est l'astronome qui observa la comète de 1682, qui porte son nom et revient tous les soixante-seize ans. Il succéda à John Flamsteed comme astronome royal en 1720. Noter que Voltaire ne parle pas de cette comète, mais de la brillante comète de 1680, qui fut notamment observée par Newton, et qui donna lieu aux *Pensées sur la comète de* Bayle (1682).

8. Traduit de Pemberton, p. 195.

9. C'est ce qu'avait dit Fontenelle dans son *Éloge de Bernoulli* (mort en 1705) ; la prédiction de Bernoulli datait de 1682.

10. C'était le calcul de Halley pour la fameuse comète (Pemberton, p. 193).

11. En appendice à la deuxième édition de son ouvrage, *A New Theory of the Earth* (1714), Whiston (et non Wilston, comme l'écrit Voltaire) avait publié une dissertation intitulée *The Cause of the Deluge Demonstrated*, qui lui attira les moqueries de Swift (voir les *Œuvres* de Swift, Pléiade, p. 1409-1420).

Page 109.

12. Attraction : nous gardons la majuscule que Voltaire donne à ce mot, alors qu'il la refuse à « gravitation », « impulsion », etc.

13. Avec un sens pédagogique éprouvé, Voltaire extrait la formule importante des développements qui précèdent, souvent trop confus pour qu'on puisse les suivre.

14. Maupertuis signale, p. 11, que le mot attraction a en effet « effarouché » les esprits, qui craignaient d'y retrouver les « qualités occultes ».

15. Joseph Saurin (1655-1737), géomètre, père de l'auteur dramatique (1706-1781).

Page 110.

16. Voltaire ne soupçonne apparemment pas que le mouvement des planètes ne s'explique pas seulement par l'attraction, mais par la

combinaison d'une impulsion initiale qui les a écartées du soleil et d'une attraction qui les maintient en orbite.

17. En fait, Newton, après avoir rendu compte des effets par la loi de l'attraction, ne s'oppose pas, si on veut faire des hypothèses sur la cause de cette attraction, à ce qu'on imagine une autre sorte de matière subtile qui rendrait compte du phénomène, mais pour sa part il se refuse à « forger des hypothèses ».

18. L'édition Jore porte ici par erreur : « que ne nous ».

Page 111.

19. « Tu avanceras jusque-là, et tu n'iras pas plus loin. » Cette formule, qui plaît à Voltaire parce qu'elle résume la condition humaine (voir les remarques de la XXVe lettre, ainsi que la dernière note relative à la même lettre XXV), vient du *Livre de Job,* XXXVIII, 11, mais avec une inexactitude, puisque le texte authentique est *Usque huc venies et non procedes amplius,* ce qui donne d'ailleurs à peu près le même sens. Lorsqu'il la reprendra plus tard avec la même impropriété consistant dans l'emploi du verbe *ire,* aller, pour *procedere,* s'avancer, Guénée se moquera de son mauvais latin dans les *Lettres de quelques juifs* (1769) : « *Non ibis amplius!* Si vous nous donnez ce latin, Monsieur, pour du latin de la Vulgate, c'est une petite méchanceté que vous faites à la Vulgate. La Vulgate, quoique *barbare,* selon vous, n'a pas poussé la barbarie jusque-là. Nous l'avons bien lue, et nous n'y avons jamais rien trouvé de pareil. Ce latin serait-il donc du vôtre ? Il est un peu plat. Ah ! Monsieur, *Non ibis, non ibis amplius!* C'est le latin qu'on entend en prenant des chevaux aux postes de Pologne. »

XVI. SUR L'OPTIQUE DE M. NEWTON

Page 112.

1. Comme le mot anglais correspondant qui a pris un sens un peu différent, *vegetable* était à l'époque le nom désignant les plantes, tandis que *vegetal* était surtout adjectif.

2. Marco-Antonio de Dominis (1566-1624), théologien, mais aussi physicien, qui exposa la première théorie correcte de l'arc-en-ciel. C'est dans Pemberton, ouvrage cité à la n. 1 de la lettre XV, livre III, que Voltaire a trouvé ce renseignement, ainsi d'ailleurs que toute la documentation de cette lettre XVI.

Page 113.

3. Anatomisera : le mot vient de Fontenelle qui dit que l'objet de l'optique de Newton est l' « anatomie » de la lumière, et qui parle de la « dissection » d'un rayon de lumière.

Page 114.

4. Un pouce cubique : « one inch only in diameter, or even less », dit Pemberton, p. 291.

Page 115.

5. Descartes : dans la *Dioptrique,* discours 9.

Page 116.

6. Lanson a identifié la source de cette remarque : c'est une note de la traduction anglaise du discours de Fontenelle, publiée dans *The Present State ot the Republick of Letters,* t. I, p. 70, n. *n.*

XVII. SUR L'INFINI ET SUR LA CHRONOLOGIE

Page 117.

1. Voltaire s'inspire de Fontenelle : « Descartes [...], Fermat [...], Pascal [...], se trouvaient conduits ou à l'infini ou sur le bord de l'infini » (préface des *Éléments de la géométrie de l'infini,* 1727). C'est aussi Fontenelle qui cite Wallis.

2. Wallis (1616-1703), ecclésiastique et professeur à Oxford, publia des ouvrages de mathématiques et fut l'initiateur de l'enseignement pour les sourds-muets.

3. Brouncker : voir les *Philosophical Transactions of the Royal Society,* n° 34, 13 avril 1668, sur la quadrature de l'hyperbole. Mais c'est Fontenelle, dans l'*Éloge de Newton,* qui cite Mercator (alinéa suivant).

4. Dans une nouvelle version de la dix-septième lettre que Voltaire adoptera entre 1739 et 1751, il précisera ce point : « La méthode de Newton a deux parties, le calcul différentiel et le calcul intégral. Le différentiel consiste à trouver une quantité plus petite qu'aucune assignable, laquelle prise une infinité de fois égale la quantité donnée ; et c'est ce qu'en Angleterre on appelle la méthode des fluentes ou des fluxions. L'intégral consiste à prendre la somme totale des quantités différentielles. »

Page 118.

5. L'édition Jore omet le mot « peu »

6. D'après Fontenelle : « Newton est constamment le premier inventeur [...]. Leibniz de son côté est le premier qui ait publié ce calcul » (*Éloge de Leibniz ;* voir aussi l'*Éloge de Bernoulli*).

7. Claude Perrault (1613-1688), médecin et architecte, frère de Charles Perrault (1628-1703).

8. Nicolas Hartsœker (1656-1725), physicien hollandais, perfectionna le microscope, ce qui lui permit de découvrir les spermatozoïdes. — Antoine Van Leeuwenhœck (1632-1723), naturaliste hollandais, compléta les découvertes de Harvey sur la circulation du sang et fit, comme Hartsœker des recherches sur les spermatozoïdes.

Page 119.

9. C'est le problème de la cycloïde, c'est-à-dire la courbe tracée par un point qui se déplace sur une circonférence qui roule sans glisser sur une droite. C'est Roberval qui, en 1634, résolut la question posée en 1628 par le père Mersenne. Mais, d'après Baillet, *Vie de Descartes,* t. II, p. 545, les Florentins en attribuaient la découverte à Torricelli.

10. Notamment dans sa *Chronologia veterum regnorum emendata,* Londres, 1728. Les problèmes de la chronologie biblique avaient provoqué des discussions entre chronologistes depuis que Scaliger avait le premier posé le problème dans son ouvrage *De emendatione temporum.*

Page 120.

11. Denys Pétau, jésuite, avait eu l'idée d'utiliser les données de l'astronomie pour discuter les problèmes de chronologie dans son *De doctrina temporum* et dans son *Uranologion,* publiés sous la forme d'in-folios respectivement en 1627 et 1630. Voltaire a dû étudier cet aspect de la méthode newtonienne, comme le précédent, dans l'*Abrégé de la chronologie de* [...] *Newton, traduit* [par Fréret] *sur le manuscrit anglais,* 1725.

Page 121.

12. « Si, parmi les méridiens de la sphère céleste, on considère celui qui coupe l'écliptique aux points solsticiaux, et celui qui le coupe aux points équinoxiaux, on a les deux grands cercles que les anciens astronomes appelaient *colures.* Les plans de ces deux cercles sont perpendiculaires l'un à l'autre. C'est à partir du *demi-colure* passant par l'équinoxe de printemps que l'on compte (d'occident en orient, et sur l'équateur) les ascensions droites des astres » *(Larousse du* xx*e siècle).*

Page 123.

13. Cinq cents ans est en effet le chiffre que donne Fontenelle dans son *Éloge de Newton.*

14. *The Present State of the Republick of Letters* fait état de ces contradictions dans les numéros de février, avril, juin, juillet, août et septembre 1729. Les objections provenaient notamment de William Whiston.

XVIII. SUR LA TRAGÉDIE

Page 124.

1. Ce mot est constamment écrit à l'époque et par Voltaire « *Shakespéar* », ce qui correspond apparemment à la prononciation du temps.

2. Envoyant à Cideville le 3 novembre 1735 la traduction de la dernière scène de *Jules César* (lettre 602, t. I, p. 650), Voltaire lui écrit : « C'est Shakespeare, le Corneille de Londres, grand fou d'ailleurs, et ressemblant plus souvent à Gilles qu'à Corneille. Mais il a des morceaux admirables. »

3. Lope de Vega : Voltaire écrit « Lopez ».

Page 125.

4. Le reproche était fait par Rymer, *A Short View of Tragedy* [...] *with Some Reflections on Shakespeare* (1693) : « We may learn here that a woman never loses her tongue even tho' after she is stifled » (p. 134).

5. *Venice Preserved* (1682), tragédie d'Otway inspirée de *La Conjuration des Espagnols contre la République de Venise,* de Saint-Réal. Voltaire avait pu voir représenter la pièce d'Otway sur la scène du théâtre de Haymarket en janvier 1729.

Page 126.

6. Cette traduction est très caractéristique non seulement de la manière, mais aussi des intentions de Voltaire. Il laisse d'abord tomber l'idée de *rêves,* si frappante dans le texte de Shakespeare. En revanche, comme le remarque l'abbé Prévost dans le compte rendu du *Pour et contre* (voir la préface, p. 27), il invente totalement l'idée de l'hypocrisie des prêtres. L'idée du « chrétien timide », à la fin du texte, est aussi entièrement inventée. En somme, Voltaire fait de Shakespeare un auteur essentiellement anticlérical et antichrétien !

Page 127.

7. Dryden : il s'agit d'un passage d'*Aureng Zeb* (un prince de la dynastie mongole ayant régné sur les Indes à la fin du XVIIe siècle), tragédie datant de 1675, que Voltaire avait pu voir représenter au théâtre de Drury Lane en 1727. La traduction anglaise des *Lettres philosophiques* (1733) donne le texte du passage en question (acte IV, scène 1) :

When I consider life, 'tis all a cheat,
Yet fool'd by hope, men favour the deceit;
Trust on and think, to-morrow will repay;
To-morrow's falser than the former day,
Lies more; and whilst it says we shall be blest
With some new joy, cuts off what we possest;
Strange cozenage! none wou'd live past years again;
Yet all hope pleasure in what yet remain,
And from the dregs of life think to receive
What the first sprightly running could not give.
I'm tir'd with waiting for this chymic gold,
Which fools us young, and beggars us when old.

8. Inutile de souligner combien cette vue de Voltaire est courte. C'est apparemment l'étroitesse de son goût qui le rend insensible à la force dramatique des pièces de Shakespeare, par exemple.

Page 128.

9. A partir de 1748, Voltaire a remplacé l'alinéa qui précède par un développement différent, complété par la traduction d'un morceau dans lequel Caton, lisant les dialogues de Platon, fait des réflexions sur l'immortalité de l'âme :

> Oui, Platon, tu dis vrai, notre âme est immortelle,
> C'est un dieu qui lui parle, un dieu qui vit en elle...

C'est une atténuation indirecte des audaces semées dans le reste de l'ouvrage.

10. Plus tard, si Voltaire cite toujours *Caton* comme « la seule tragédie anglaise écrite avec une élégance et une noblesse continue », il admet qu'elle est froide : « On revint bientôt aux irrégularités grossières, mais attachantes, de Shakespeare » (*Dictionnaire philosophique,* article « Shakespeare »).

XIX. SUR LA COMÉDIE

Page 129.

1. Shadwell (1640-1692) Voltaire écrit « Shadwal ». C'est dans la seconde des *Lettres sur les Anglais* (1725) que Béat de Muralt critique longuement *L'Avare* de Shadwell, parce qu'il s'attache surtout à comparer les comiques anglais avec Molière.
2. Ce vers semble inventé par Voltaire.
3. La maîtresse de Charles II était la duchesse de Cleveland
4. *Le Misanthrope* de Wicherley : *The Plain Dealer* (1674).

Page 131.

5. *L'École des femmes : The Country Wife* (1673).
6. Vanbrugh (1664-1726) : Voltaire écrit « Vanbrouck ».
7. Cette épigramme qui tient lieu de jugement littéraire est en accord avec l'opinion du temps sur Vanbrugh architecte, notamment pour la construction du château de Blenheim (près d'Oxford) où Voltaire avait rendu visite à la duchesse de Marlborough ; voir G. H. Lovegrove, *The Life, Work and Influence of sir G. Vanbrugh* (1902) : « The grant façade, known as the Park front, is so vast that it must be seen from a considerable distance in order to include the whole in one view » (p. 22).

8. Voici le texte anglais de cette épitaphe, composée par un certain docteur Evans :

Under this stone, reader, survey
Dead sir John Vanbrugh's house of clay.
Lie heavy on him, earth, for he
Laid many heavy loads on thee!

Page 132.

9. Deux comédies, disent les biographes de Vanbrugh, dont la seconde, *The Provoked Wife* (1697), fut traduite en français par Saint-Évremond sous le titre *La Femme poussée à bout*. Vanbrugh avait été arrêté et incarcéré à Calais « sur un avis que donna une femme de Paris que cet homme s'en allait sans passeport après la déclaration de guerre ». (Archives de la Bastille, XII, p. 339) ; la même source précise qu'on l'avait gardé (à la Bastille depuis le 30 janvier 1692) « pour pouvoir être échangé contre un homme que l'on avait envoyé en Angleterre par ordre de S. M. et qui y avait été arrêté » (p. 340). Il fut relâché sur caution le 22 novembre 1692. On notera que, pendant cette guerre surtout maritime (la bataille de La Hougue est du 29 mai 1692), les Français redoutaient les espions (souvent des protestants alors persécutés) qui renseignaient les Anglo-Hollandais sur les mouvements de la flotte française.

10. L'édition Jore omet le mot « moindre ».

11. Congreve mourut, infirme et goutteux, le 19 janvier 1729. Il habitait à Londres dans Surrey street.

12. Allusion à Shadwell.

Page 133.

13. Buononcini avait vécu en Angleterre à partir de 1720, protégé par la duchesse de Marlborough.

14. Mead : médecin de la reine Caroline.

15. Cet Helvétius est le père de l'écrivain. Voltaire consultait Silva ; il le cite dans le *Catalogue des écrivains du siècle de Louis XIV*. Lorsque mourut Mlle Lecouvreur, dont Silva était le médecin, Piron lui composa l'épitaphe que voici :

L'enfer, abondant en supplices,
Est doublement notre bourreau,
En nous enlevant nos délices,
En nous laissant notre fléau.
Ô comble affreux, mais pas nouveau,
De ces horreurs dont il s'honore :
La Lecouvreur est au tombeau,
Et son médecin vit encore!

16. On n'avait pas joué à Londres pendant le séjour de Voltaire la meilleure pièce de Steele, *The Conscious Lovers*, imprimée en 1723.

17. Cibber succéda à Eusden dans la charge de poète du roi le 3 décembre 1730, ce qui fournit un *terminus a quo* pour la rédaction de la lettre, ou du moins de ce passage. Les 1 000 écus (3 000 francs) dont parle Voltaire sont quelque peu optimistes.

18. Cette approbation accordée à la comédie contraste avec les réserves formulées à propos de la tragédie anglaise. Elle s'explique par la distinction que Voltaire veut maintenir entre le genre noble de la tragédie et le genre plaisant qu'il demande à la comédie. Il blâmera bientôt les comédies larmoyantes de La Chaussée, qui sont en train de faire leur apparition, et il s'inspirera du comique à l'anglaise dans sa comédie de *L'Écossaise* (1760).

19. Voir la comédie tous les jours : ce que Voltaire avait fait lui-même, ayant ses entrées à Drury Lane et obtenant le texte manuscrit des pièces jouées par le souffleur de la comédie.

XX. SUR LES SEIGNEURS QUI CULTIVENT LES LETTRES

Page 134.

1 Une phrase comme celle-ci traduit la philosophie historique de Voltaire : il admet des cycles dans l'histoire de l'humanité, mais ne croit pas au progrès constant de l'esprit humain. C'est cette conviction négative qui lui inspirera la première idée du *Siècle de Louis XIV* La formule « le génie n'a qu'un temps, après quoi il faut qu'il dégénère » représente bien le fond de sa pensée, en matière de goût au moins.

2. En France : la version de Londres des *Lettres philosophiques*, imprimée par Thieriot et non revue par Voltaire, porte « ici ». Ce mot montrait que la lettre avait été écrite en France. S'apercevant de l'inadvertance, Voltaire l'a corrigée dans la version de Jore, peut-être sur épreuves. Il ajoute aussi dans cette édition, sans doute par prudence, la note donnant la date, 1727, qui est manifestement fausse.

3. Curieux détour pour justifier le goût des belles-lettres chez les seigneurs anglais! Voltaire aurait pu songer au rôle joué par les universités d'Oxford et de Cambridge, où la plupart des jeunes gens de très bonne famille étaient élevés.

Page 135.

4. Guillaume Amphrye, abbé de Chaulieu (1639-1720), anima notamment les soupers du Temple; Jean-François Sarasin (1614-1654) et même Claude-Emmanuel Chapelle (1626-1686) appartiennent à une époque antérieure; Voltaire cite ses exemples en reculant.

5. Milord... : l'édition de Kehl complète « Harvey ». Il s'agit effectivement de John Hervey, baron d'Ickworth, âgé de trente-quatre

ans en 1729, lorsqu'il revint d'Italie. Lanson et Naves ne connaissaient pas le texte anglais dont parle Voltaire. Voltaire en accuse réception à Hervey dans une lettre écrite probablement en janvier 1732 (lettre 303, t. I, p. 313) ; il en cite même les quatre premiers vers On retrouve ceux-ci avec les onze suivants dans les *Note Books* (éd. Besterman, 1968, I, 238). Les voici, semblables d'ailleurs au texte du poème complet qui figure dans le livre de lord Ilchester, *Lord Hervey and his friends* (1950) :

Throgout all Italy besides
What does one find but want and pride,
Farces of superstitious folly,
Decay, distress and melancoly,
The havok of despotick power,
A country rich, its owners poor,
Unpeopled towns, and lands untill'd,
Bodies uncloath'd and mouth's unfill'd,
The nobles miserably great
In painted domes and [humble *biffé*] empty state,
Too proud to work, too poor to eat ?
No art the meaner sort employ,
They nought improve, nor ought enjoye,
Each clown from misery grows a saint,
He prays from idleness, and fasts from want.

Voltaire en donne une première ébauche dans les *Note Books*, I, 101, sous le titre « Traduction de Mylord Hervey » :

Qu'ai-je donc vu dans l'Italie ?
Orgueil, astuce, et pauvreté,
Peu d'agréments, nulle bonté,
Mais beaucoup de cérimonie [*sic*],
L'extravagante comédie
Qu'à Rome l'inquisition
Veut qu'on nomme religion,
[Et *biffé*] Qu'à Londres on nomme folie.
La nature en vain bienfaisante
Veut enrichir ces lieux charmants :
Des prêtres la main désolante
Étouffe ses plus beaux présents.
Des monseigneurs soi-disant grands,
Seuls dans des palais magnifiques,
Y sont d'illustres fainéants,
Sans argent et sans domestiques.
[Les peuples dont le *biffé*] Les petits, peuple esclave
Martyrs du joug qui les domine, [*vers faux*],
[Devienne *biffé*] Ont tous fait vœu de pauvreté,

Priant Dieu par oisiveté
Et toujours jeûnant par famine.
Mais ces lieux du pape bénis
Semble [*sic*] occupés [gouvernés *au-dessus de la ligne*] par le diable,
Et les habitants misérables
Sont damnés dans le paradis.

Voltaire envoya à Hervey ce texte mis au net dans la lettre citée plus haut. Il se présentait alors sous la forme suivante :

Qu'ai-je donc vu dans l'Italie ?
Orgueil, astuce, et pauvreté,
Peu d'agréments, moins de bonté,
Mais beaucoup de cérimonie [*sic*] :
L'extravagante comédie
Qu'à Rome l'inquisition
Veut qu'on nomme religion
Mais qu'ici nous nommons folie.

La nature en vain bienfaisante
Veut enrichir ces lieux charmants ;
Des prêtres la main désolante
Étouffe ses plus beaux présents ;
Les monsignors soi-disant grands
Seuls dans des palais magnifiques
Y sont d'illustres fainéants
Sans argent et sans domestiques.
Pour les petits, sans liberté,
Martyrs du joug qui les domine,
Ils ont fait vœu de pauvreté,
Priant Dieu par oisiveté
Et toujours jeûnant par famine.
Ces saints lieux du pape bénis
Semblent gouvernés par des diables
Et les habitants misérables
Sont damnés dans le paradis.

Si ces différentes versions marquent un certain progrès dans l'expression, on y remarque surtout la façon dont Voltaire déforme la pensée de Hervey. Celui-ci critique le système politique ; Voltaire fait de ses vers une violente satire de l'Inquisition, des prêtres, du pape et de la « religion ». On ne peut naturellement pas prendre au sérieux l'explication qu'il propose de la « comédie » qu'on nomme religion. Quant à la conclusion très ironique de la lettre, elle déplut, paraît-il, à Hervey, et on n'en est pas surpris.

XXI. SUR LE COMTE DE ROCHESTER ET M. WALLER

Page 137.

1. Voltaire fait allusion aux *Memoirs of the Life of the Right Honourable John late Earl of Rochester, written by Monsieur St. Evremont in a letter to her Grace the Duchess of Mazarine,* en tête de *The Works of... Rochester and Roscommon,* 1709, in-8° (autre édition, comprenant les œuvres de Dorset : 1731, 2 vol. in-12). Quoique ainsi attribués à Saint-Évremond, ces Mémoires ne sont pas compris dans la collection de ses *Œuvres* publiées en 1706, à laquelle il avait pourtant collaboré avant sa mort (1703). Antoine Adam n'y fait pas allusion dans le chapitre qu'il consacre à Saint-Évremond au t. V de sa *Littérature du XVIIe siècle,* et l'*Encyclopaedia Britannica* pas davantage dans les articles consacrés à Rochester et à Saint-Évremond. En revanche, dans sa *Vie de Saint-Évremont,* parue en tête de l'édition citée plus haut, Desmaizeaux signale les liens de Saint-Évremond avec « son bon ami M. Waller », à qui il confie des papiers précieux avant de passer en Hollande (*Mélange curieux des meilleures pièces attribuées à M. de Saint-Évremond,* t. I, p. 95).

2. Traduction libre et surtout fortement condensée. Ainsi, les vers 3-10 correspondent à plusieurs pages de Rochester. En revanche, le reste du poème est plus près de l'original, comme on le verra par les notes suivantes.

Page 138.

3. Texte de Rochester :

> ... This busie puzzling stirrer up of doubt
> That frames deep mysteries, then finds'em out;
> Filling with frantic crowds of thinking fools,
> These rev'rend Bedlams, colleges and schools;
> Borne on those wings, each heavy sot can pierce
> The limits of the boundless universe...

4. Texte de Rochester :

> And we have modern cloister'd coxcombs, who
> Retire to think, 'cause they havel nought to do :
> But thoughts are given for action's government;
> Where action ceases, thought is impertinent.
> Our sphere of action is life's happiness;
> And he who thinks beyond, thinks like an ass.

5. L'éloge en forme que Saint-Évremond fait de Waller se trouve dans l'opuscule intitulé *Des belles-lettres et de la jurisprudence, Œuvres mêlées* (Amsterdam, 1706), t. III, p. 71. Le voici : « Je n'ai point connu d'homme à qui l'Antiquité soit si obligée qu'à M. Waller. Il lui prête sa

belle imagination, aussi bien que son intelligence fine et délicate ; en sorte qu'il entre dans l'esprit des Anciens non seulement pour bien entendre ce qu'ils ont pensé, mais pour embellir encore leurs pensées. » Les éloges de La Fontaine se trouvent dans une lettre à Bonrepaux du 31 août 1687 ; il le félicite d'être avec ses « deux Anacréons, M. de Saint-Évremond et M. Waller, en qui l'imagination et l'amour ne finissent point » (voir La Fontaine, *Œuvres diverses*, éd. Pierre Clarac, Pléiade, p. 667 ; voir aussi p. 668, 671, 676). En revanche, on ne sait pas à quel éloge de Bayle Voltaire fait allusion (voir n. 10 de la présente lettre).

Page 139.

6. Despréaux : *Satires*, III, v. 181, et cf. *Satires*, IX, v. 27. Mais il est vrai que Boileau est plus sévère à propos de Voiture dans un âge plus avancé ; voir *Satires*, XII, v. 41-48.

7. Segrais : *Art poétique*, IV, 201-202.

8. Quinault : *Satires*, II, v. 20 ; III, v. 187-199 ; IX, v. 98, 288.

Page 140.

9. Le texte de Waller, cousin de Cromwell, est donné dans la version anglaise des *Lettres philosophiques* (1733) :

> We must resign ! Heav'n his great soul does claim
> In storms as loud as his immortal fame :
> His dying groans, his last breath shakes our isle,
> And trees uncut fall for his fun'ral pile :
> About his palace their broad roots are tost
> Into the air ; so Romulus was lost !
> New Rome in such a tempest miss'd her king.
> And from obeying fell to worshipping :
> On Œta's top thus Hercules lay dead,
> With ruin'd oaks and pines about him spread.
> ... Nature herself took notice of his death,
> And, sighing, swell'd the sea with such a breath,
> That to remotest shores the billows roul'd,
> Th'approaching fate of his great ruler told.

10. La mémoire de Voltaire le trompe. Le mot de Waller n'est pas rapporté par Bayle, mais par les *Menagiana*, éd. de 1715, t. II, p. 46.

11. Waller n'était pas né à la cour, mais à Coleshill (Hertfordshire) ; il vécut surtout à Beaconsfield (Buckinghamshire), où il mourut le 21 octobre 1687.

12. Ces noms sont réunis dans la seconde édition des *Œuvres* de Rochester (voir n. 1 de la présente lettre), dont voici le titre : *The Works of the Earls of Rochester, Roscommon and Dorset ; the dukes of Devonshire, Buckinghamshire, etc.* (Londres, 1731, 2 vol, in-12). Roscommon, 1633-1685 : neveu du comte de Strafford. Dorset : Charles

Sackville, comte de Dorset, 1638-1706. Devonshire : William, premier duc de Devonshire, 1641-1707. Les deux ducs de Buckingham (Voltaire écrit « Boukinkam ») : George Villiers, 1628-1687, et John Sheffield, 1648-1721. Halifax : Charles de Montague, comte de Halifax, 1661-1715.

XXII. SUR M. POPE ET QUELQUES AUTRES POÈTES FAMEUX

Page 142.

1. On a vu dans la préface (p. 10) l'espèce de fascination qu'exerça sur Voltaire le destin de Matthew Prior. Voici comment il le présente dans une addition à ce texte figurant à partir de l'édition de 1756 :

« Le plénipotentiaire Prior était originairement un garçon cabaretier, que le comte de Dorset, bon poète lui-même, et un peu ivrogne, rencontra un jour lisant Horace sur le banc de la taverne, de même que Milord Aïla [Islay] trouva son garçon jardinier lisant Newton. Aïla fit du jardinier un grand philosophe [Edmond Stone], et Dorset fit un très agréable poète du cabaretier.

« C'est de Prior qu'est l'*Histoire de l'âme :* cette histoire est la plus naturelle qu'on ait faite jusqu'à présent de cet être si bien senti et si mal connu. L'âme est d'abord aux extrémités du corps, dans les pieds et dans les mains des enfants; de là elle se place insensiblement au milieu du corps dans l'âge de puberté; ensuite elle monte au cœur, et là elle produit les sentiments de l'amour et de l'héroïsme; elle s'élève jusqu'à la tête, dans un âge plus mûr; elle y raisonne comme elle peut, et dans la vieillesse on ne sait plus ce qu'elle devient : c'est la sève d'un vieil arbre qui s'évapore et qui ne se répare plus. Peut-être cet ouvrage est-il trop long : toute plaisanterie doit être courte, et même le sérieux devrait bien être court aussi.

« Ce même Prior fit un petit poème sur la fameuse bataille de Hochstaedt. Cela ne vaut pas son *Histoire de l'âme.* Il n'y a de bon que cette apostrophe à Boileau :

> Satirique flatteur, toi qui pris tant de peine
> Pour chanter que Louis n'a point passé le Rhin.

« Notre plénipotentiaire finit par paraphraser en quinze cents vers ces mots attribués à Salomon, que *tout est vanité.* On en pourrait faire quinze mille sur ce sujet; mais malheur à qui dit tout ce qu'il peut dire!

« Enfin, la reine Anne étant morte, le ministère ayant changé, la paix que Prior avait entamée étant en horreur, Prior n'eut de ressource qu'une édition de ses œuvres par une souscription de son parti; après quoi il mourut en philosophe, comme meurt ou croit mourir tout honnête Anglais. »

Effectivement, Prior était de naissance modeste, et avait été recueilli par un oncle qui tenait « the Rummer Tavern near Charing Cross » : c'est là que Dorset l'aurait découvert. En tout cas, il fit ses études à la Westminster School avec Charles Montague (plus tard comte de Halifax, voir n. 12 de la lettre XXI), puis, toujours avec Montague à Cambridge. En 1688, à l'âge de vingt-quatre ans, il fut élu *fellow* au collège Saint-Jean de cette université. Devenu secrétaire d'ambassade à La Haye, il participa aux négociations qui aboutirent à la paix de Ryswick. Il fut ensuite nommé secrétaire à l'ambassade de Paris. Revenu à Londres, il siégea au parlement en 1701, et devint l'homme de confiance de Harley (plus tard comte d'Oxford) et de Saint-John (plus tard Bolingbroke). De 1712 à 1714, il mena les négociations à Paris comme plénipotentiaire (sans avoir le titre d'ambassadeur). Ce n'est que lorsqu'il fut rappelé, après la mort de la reine Anne, qu'il écrivit l'ouvrage dont parle Voltaire, *Alma, or the Progress of the Mind* (titre traduit tendancieusement par Voltaire) et *Solomon, or the Vanity of the World*. Il mourut en 1721 à Wimpole, dans le Cambridgeshire, chez le comte d'Oxford, auprès de qui il vivait.

2. Voltaire écrit « Dom-Guichote », conformément à l'orthographe et à la prononciation du temps. Le rapprochement entre *Hudibras* (1663-1668) et *Don Quichotte* avait été fait par l'abbé Dubos, dans ses *Réflexions sur la poésie et la peinture* (1719 ; éd. de 1760, I, p. 134). Dans l'édition de 1756, Voltaire donne le nom de l'auteur de *Hudibras*, Samuel Butler, et traduit un extrait du poème, en indiquant que le héros était un personnage réel, Samuel Luke (noter que la dernière strophe ne figure pas dans l'édition de 1756 ; elle n'apparaît qu'en 1770) :

Quand les profanes et les saints
Dans l'Angleterre étaient aux prises,
Qu'on se battait pour des églises
Aussi fort que pour des catins,
Lorsque anglicans et puritains
Faisaient une si rude guerre,
Et qu'au sortir du cabaret
Les orateurs de Nazareth
Allaient battre la caisse en chaire ;
Que partout, sans savoir pourquoi,
Au nom du Ciel, au nom du roi,
Les gens d'armes couvraient la terre ;
Alors monsieur le chevalier,
Longtemps oisif, ainsi qu'Achille,
Tout rempli d'une sainte bile,
Suivi de son grand écuyer,
S'échappa de son poulailler
Avec son sabre et l'Évangile
Et s'avisa de guerroyer.

Sire Hudibras, cet homme rare,
Était, dit-on, rempli d'honneur,
Avait de l'esprit et du cœur :
Mais il en était fort avare.
D'ailleurs, par un talent nouveau,
Il était tout propre au barreau
Ainsi qu'à la guerre cruelle,
Grand sur les bancs, grand sur la selle,
Dans les camps et dans un bureau ;
Semblable à ces rats amphibies,
Qui, paraissant avoir deux vies,
Sont rats de campagne et rats d'eau.
Mais malgré sa grande éloquence
Et son mérite et sa prudence,
Il passa chez quelques savants
Pour être un de ces instruments
Dont les fripons avec adresse
Savent user sans dire mot,
Et qu'ils tournent avec souplesse :
Cet instrument s'appelle un sot.
Ce n'est pas qu'en théologie,
En logique, en astrologie,
Il ne fût un docteur subtil ;
En quatre il séparait un fil,
Disputant sans jamais se rendre,
Changeant de thèse tout à coup,
Toujours prêt à parler beaucoup,
Quand il fallait ne point s'étendre.

D'Hudibras la religion
Était, tout comme sa raison,
Vide de sens et fort profonde
Le puritanisme divin,
La meilleure secte du monde,
Et qui certes n'a rien d'humain,
La vraie Église militante,
Qui prêche un pistolet en main,
Pour mieux convertir son prochain
À grands coups de sabre argumente,
Qui promet les célestes biens
Par le gibet et par la corde,
Et damne sans miséricorde
Les péchés des autres chrétiens
Pour se mieux pardonner les siens,
Secte qui toujours détruisante
Se détruit elle-même enfin :

Tel Samson, de sa main puissante,
Brisa le temple philistin;
Mais il périt par sa vengeance,
Et lui-même il s'ensevelit,
Écrasé sous la chute immense
De ce temple qu'il démolit.

Au nez du chevalier antique
Deux grandes moustaches pendaient
À qui les Parques attachaient
Le destin de la République.
Il les garde soigneusement,
Et si jamais on les arrache,
C'est la chute du parlement :
L'État entier, en ce moment,
Doit tomber avec sa moustache.
Ainsi Taliacotius [Tagliacozzi],
Grand Esculape d'Étrurie,
Répara tous les nez perdus
Par une nouvelle industrie :
Il vous prenait adroitement
Un morceau du cul d'un pauvre homme,
L'appliquait au nez proprement;
Enfin il arrivait qu'en somme
Tout juste à la mort du prêteur
Tombait le nez de l'emprunteur :
Et souvent dans la même bière,
Par justice et par bon accord,
On remettait au gré du mort
Le nez auprès de son derrière.

Notre grand héros d'Albion,
Grimpé dessus sa haridelle,
Pour venger la religion
Avait à l'arçon de sa selle
Deux pistolets et du jambon;
Mais il n'avait qu'un éperon.
C'était de tout temps sa manière,
Sachant que, si sa talonnière
Pique une moitié du cheval,
L'autre moitié de l'animal
Ne resterait point en arrière.
Voilà donc Hudibras parti :
Que Dieu bénisse son voyage,
Ses arguments et son parti,
Sa barbe rousse et son courage!

Voltaire insiste alors sur le fait qu'un homme qui aurait de l'imagination se garderait bien « de traduire *Hudibras* », auquel il faudrait un commentaire. C'est évidemment parce que les « railleries de ce livre tombent sur la théologie et les théologiens », et sur tout fanatisme, que pour sa part il a pris la peine de le traduire.

Page 143.

3. Jugement très sévère sur Swift, que Voltaire n'a pas modifié dans l'édition de 1756, où la présente lettre est pourtant profondément remaniée. Dans la cinquième des *Lettres à S. A. Mgr le prince de* *** (1767), où il traite de Pope et du *Conte du tonneau*, Voltaire conclura moins durement : « Swift était bien moins savant que Rabelais ; mais son esprit est plus fin et plus délié : c'est le Rabelais de la bonne compagnie. » Mais il ne songe pas plus qu'ici à faire la part de l'époque dans le ton des œuvres.

4. Dans l'édition de 1756, Voltaire développera le jugement sur Swift en trois alinéas dont le second est le plus intéressant :

« Ce fameux *Conte du tonneau* est une imitation de l'ancien *Conte des trois anneaux indiscernables* qu'un père légua à ses trois enfants [conte de Boccace]. Ces trois anneaux étaient la religion juive, la chrétienne et la mahométane. C'est encore une imitation de l'*Histoire de Méro et d'Enégu*, par Fontenelle. Méro était l'anagramme de Rome, et Enégu de Genève. Ce sont deux sœurs qui prétendent à la succession du royaume de leur père. Méro règne la première. Fontenelle la représente comme une sorcière qui escamotait le pain et qui faisait des conjurations avec des cadavres. C'est là précisément le Milord Pierre, de Swift, qui présente un morceau de pain à ses deux frères, et qui leur dit : "Voilà d'excellent vin de Bourgogne, mes amis ; voilà des perdrix d'un fumet admirable." Le même Milord Pierre, dans Swift, joue en tout le rôle que Méro joue dans Fontenelle. »

Page 144.

5. L'*Essai sur la critique, Poème traduit de l'anglais avec un discours et des remarques* (Paris, in-8°, 1730) est annoncé par le *Journal des savants* comme venant de paraître en juin 1730. La lettre *Sur M. Pope* a donc été composée peu avant cette date. Dans une lettre à Thibouville du 20 février 1769 (t. IX, p. 790, lettre 11106), Voltaire dit qu'il a « fait la moitié [des] vers » de du Resnel. Cela rend compte de la présente annonce.

6. Voici le texte de Pope, tel que le donne la traduction anglaise de 1733 :

> Umbriel, a dusky, melancholy sprite,
> As even sullied the fair face of light,
> Down to the central earth, his proper scene,
> Repairs to search the gloomy cave of spleen.

Swift on his forty pinions flits the gnome,
And in a vapour reached the dismal dome.
No cheerful breeze this sullen region knows,
The dreaded east is all the wind that blows.
Here, in a grotto, shelter'd close from air,
And screen'd in shades from day's detested glare,
She sighs for ever on her pensive bed,
Pain at her side and Megrim at her head,
Two handmaids wait the throne : alike in place,
But diff'ring far in figure and in face,
Here stood Ill-nature like an ancient maid,
Her wrinkled form in black and white array'd;
With store of prayers for mornings, nights and noons,
Her hand is fill'd, her bosom with lampoons.
There Affectation, with a sickly mein,
Shows in her cheek the roses of eighteen,
Practis'd to lisp, and hang the head aside,
Faints into airs, and languishes with pride;
On the rich quilt sinks with becoming woe,
Wrapt in a gown, for sickness and for show.

7. Un Français : Rapin-Thoiras, *Histoire d'Angleterre* (continuée par David Durand), 13 vol. in-4° (1724-1735).

Page 145.

8. Ce trait est souligné par les observateurs, par exemple Addison, qui note dans son *Spectator,* n° 125, que, même lorsqu'il n'aboutit pas à la guerre civile, l'esprit de parti entraîne « falsehood, detraction, calumny, and a partial administration of justice ».

9. Voltaire pense au *Tacite,* de Gordon, en 2 vol. in-f° (1728 et 1731). Mais Thomas Gordon, auteur des *Cato's Letters,* pamphlets parus en 1720 et 1721, était loin d'être exempt de l'esprit de parti.

10. Rapin de Thoiras : voir la n. 7 de la présente lettre.

XXIII. SUR LA CONSIDÉRATION QU'ON DOIT AUX GENS DE LETTRES

Page 146.

1. Cette lettre, qui se rattache par son sujet à la lettre XX, commence presque de la même façon que la suivante (XXIV). C'est apparemment l'indice — confirmé par d'autres faits — que les *Lettres philosophiques* ont été composées en plusieurs fois, dans un ordre plus ou moins aléatoire, avant d'être revues, puis rangées de façon aussi satisfaisante que possible, mais pas entièrement préméditée.

2. Toutes les puissances maritimes (France, Angleterre, Hollande, Espagne) avaient offert des récompenses considérables à qui trouverait le moyen de déterminer correctement les longitudes. Le problème majeur était la mesure exacte du temps : les pendules, découvertes par Huyghens au milieu du XVIIe siècle, ne pouvaient pas être transportées commodément sur mer. Entre les cartes des différentes nations, les indications de longitude différaient souvent de plusieurs degrés.

3. Ancien *fellow* d'Oxford, Addison avait certes de grands talents littéraires. Mais il sut les mettre au service de ses amis politiques, du *Poem to his Majesty* de 1695 qui lui valut une pension de trois cents couronnes au poème de *The Campaign* (1704) composé pour célébrer, à la demande de Godolphin et par l'intermédiaire de Lord Halifax, la victoire de Marlborough à Blenheim. C'est peu après (1706) qu'il fut nommé sous-secrétaire d'État de Charles Hedges, puis de son successeur, le comte de Sunderland. Il entra aussi plus tard au parlement.

Page 147.

4. Congreve fut notamment secrétaire de la Jamaïque.

5. Sur Prior, voir la n. 1 de la lettre XXII.

6. Comme Addison, Swift avait mis sa plume au service sinon de ses convictions, du moins de ses amis politiques. C'est ainsi qu'en 1711, Harley, futur comte d'Oxford, alors premier ministre, le gagna à la cause des tories ; Swift écrivit *The Conduct of the Allies* (novembre 1711) pour soutenir la politique de paix du ministère ; mais il n'en fut récompensé, en avril 1713, que par le décanat de la cathédrale Saint-Patrick de Dublin et non, comme il l'avait espéré, par l'épiscopat de l'Église d'Angleterre.

7. De même qu'il sous-estime systématiquement le rôle des vicissitudes politiques dans la carrière des écrivains dont il parle, Voltaire renvoie à une incidente le fait essentiel : la tolérance qu'il vante chez les Anglais ne les empêche pas d'exclure les catholiques de toutes les fonctions publiques : ils sont en effet exclus de l'acte de tolérance (voir n. 8 de la lettre IV). Effectivement, l'*Iliade* et l'*Odyssée* avaient rapporté à Pope environ 9 000 livres sterling, soit 225 000 francs. C'est même apparemment ce qui donna à Voltaire l'idée de publier sa *Henriade* à Londres par souscription : elle lui rapporta 150 000 francs.

8. Il s'agit de Crébillon le père et de Racine le fils. Dans son *Épître à Boileau* (1769), Voltaire précisera ses critiques :

> Je l'ai vu [Fleury] refuser poliment inhumain
> Une place à Racine, à Crébillon du pain.

Elles sont injustes. Louis Racine lui-même expliqua un jour à Jean-Baptiste Rousseau que c'était Fleury qui, en le recommandant à Fagon, lui avait procuré une place lucrative d'inspecteur, puis de directeur des Fermes. Quant à Crébillon, pauvre après l'échec de

Sémiramis (1717), avant le ministère de Fleury, il fut au contraire sous ce ministère nommé censeur royal et entra à l'Académie.

9. Effectivement, lors de l'enterrement de Newton, les cordons du poêle furent portés par ses nobles confrères de la Royal Academy, dont le lord chancelier.

10. Morte le 22 octobre 1730, Mlle Oldfield (Voltaire écrit ce nom Ofils) fut portée à Westminster le 26.

Page 148.

11. Allusion certaine au fait que Mlle Lecouvreur, morte trop subitement pour avoir eu le temps de renoncer à sa profession de comédienne, n'avait pas été enterrée en terre chrétienne.

12. Fille de notre Henri le Grand : Henriette de France (cf. n. 4 de la lettre XII).

13. Seuls les prêtres anglicans avaient le droit de porter la soutane en public. Prynne, puritain fanatique, comme le rapporte Bayle (article « Prynne »), qui fit des traités contre les fards, le port de la perruque, etc., ne voudrait pas être pris pour un anglican idolâtre. — L'édition Jore inverse les mots « une soutane » et « un manteau court ».

14. Bayle (article cité) mentionne l'ouvrage de Prynne (en latin) contre les « hérétiques, schismatiques, idolâtres », etc. Quant au livre contre le théâtre, l'*Histrio-Mastix*, dont Voltaire rend compte de façon fantaisiste, comme le montre Lanson, il fut effectivement condamné, ainsi que l'auteur, comme le rapporte Rapin-Thoiras, VII, p. 384-385, dont Voltaire s'inspire pour la fin de ce paragraphe.

Page 149.

15. Senesino (que Voltaire appelle : Senozini) était un castrat italien, venu à Londres en 1721, et qui y était encore en 1733, après avoir passé quelque temps en Italie ; la signora Cuzzoni était chanteuse à l'Opéra de Londres pendant le séjour de Voltaire en Angleterre (1726-1728).

16. Voltaire pense sans doute à Marie Leszczynska, qui, après avoir accordé à Voltaire une pension de 1 500 livres sur sa cassette en 1725, applaudit aux représentations de *Zaïre* en 1732 ; voir la préface p 14.

17. Les *Discours sur la comédie* du père Le Brun, publiés en 1694, venaient d'être réimprimés en 1731.

XXIV. SUR LES ACADÉMIES

Page 150.

1. Il en coûtait en effet « 40 shillings en entrant et treize par quartier [trimestre] » (Henri Misson, *Mémoires et observations faites par un voyageur en Angleterre...*, 1698).

Page 151.

2. Le comte d'Oxford : rappelons qu'il s'agit de Robert Harley (voir n. 5 de la lettre V).

Page 152.

3. Voltaire est bien renseigné sur ce projet (peut-être par Bolingbroke, comme le suggère Lanson). Le projet de Swift était intitulé *A Proposal for Correcting, Improving, and Ascertaining the English Tongue, in a Letter to the most Honourable Robert Earl of Oxford and Mortimer* (Londres, 1712). Mais dès cette époque Oxford et Bolingbroke ne s'entendaient plus. Bolingbroke fit renvoyer Oxford en 1712, et fut lui-même obligé de quitter le pays à l'avènement de George Ier tandis qu'Oxford était mis à la tour de Londres.

4. Comme le remarque Lanson, Perrin n'a pas été de l'Académie, et c'est sans doute pourquoi Thieriot supprima son nom de la liste dans son édition.

5. Voltaire n'est pas seulement en contradiction avec ce qu'il a dit plus haut, il est injuste. Il oublie le *Dictionnaire* et les travaux grammaticaux de l'Académie (projet d'éditions commentées d'auteurs, par exemple). En outre, tous les discours publiés (206 en tout) tenaient en trois volumes, publiés respectivement en 1698 (t. I) et 1714 (t. II et III). Enfin, contrairement à ce qu'il dit plus loin, certains discours de réception, avant celui que prononcera Voltaire lui-même en 1746, contenaient autre chose que des éloges, notamment ceux de Bossuet et de La Bruyère.

6. « Vice de l'époque plutôt que d'un homme. » L'idée, sinon exactement la citation, est fréquente chez Sénèque, comme l'a remarqué Lanson.

Page 153.

7. Voltaire pense à l'ouvrage de Henri Morin (1655-1728), *Des privilèges de la main droite* (*Mémoires de l'Académie*, 1723, t. III, p. 68-72). Il ne s'agit pas de Louis Morin (1635-1715), médecin et herboriste, dont Fontenelle a fait l'*Éloge*, mais d'un historien des institutions dont l'œuvre est estimée.

Page 154.

8. On trouve l'*Éloge de Renau* dans les *Œuvres* de Fontenelle (éd. de 1742 en 6 vol.), t. VI, p. 87-121. C'était un excellent ingénieur naval, inventeur des galiotes à bombes qui bombardèrent Alger en 1682; il fut aussi l'élève de Vauban et son remplaçant dans plusieurs sièges. Son ouvrage intitulé *Théorie de la manœuvre des vaisseaux* (1689) souleva, sur un point de mécanique, une polémique avec Huyghens à laquelle Malebranche prit part; voir Fontenelle, ouvrage cité, p. 98-100.

9. Le nom de Delmet désigne sir Peter Delmé, lord-maire de Londres en 1723-1724, qui laissa en mourant, en 1728, une fortune de 650 000 livres anglaises ; c'était le beau-frère de Falkener, ainsi que l'a remarqué André M. Rousseau. Bernard est Samuel Bernard, le fameux financier à qui Louis XIV fit les honneurs de Marly.

10. Voltaire fait ici preuve d'une étroitesse de vues qui frappe d'autant plus quand on la compare à l'intelligence avec laquelle Fontenelle appréhende les rapports entre la science pure et ses applications ; voir sa préface sur l'utilité des mathématiques et de la physique et sur les travaux de l'Académie des sciences, en tête des *Éloges des académiciens de l'Académie royale des sciences morts depuis 1699* (*Œuvres,* éd. cit., t. V, p. [3]-23), qui commence comme suit : « On traite volontiers d'inutile ce qu'on ne sait point ; c'est une espèce de vengeance ; et comme les mathématiques et la physique sont assez généralement inconnues, elles passent assez généralement pour inutiles. »

11. Le manque de sens historique de Voltaire, en fait de littérature et de langue du moins, apparaît ici de manière éclatante. C'est cette même absence de tout sens de l'évolution de la langue et du goût qui inspirera son *Commentaire sur Corneille* (1764). Du reste, à partir de 1752, Voltaire ajoutera à cette lettre un long paragraphe dans lequel il condamne les « douze ou treize dernières tragédies » de Corneille, dont « le style est très mauvais ». Il termine ce développement en exprimant la crainte que le succès de certaines tragédies mal écrites fasse « retomber [la langue] dans son ancienne barbarie, dont les soins assidus de tant de grands hommes l'ont tirée ».

XXV. SUR LES *PENSÉES* DE M. PASCAL

Page 156.

1. Dans toute cette lettre, le mot *Pensées,* dans l'original, est crit sans majuscule et en caractères romains. On notera, d'autre part, que Voltaire cite les *Pensées* d'après l'édition de Port-Royal (1670) qui est divisée en trente-deux chapitres. Sans que les chapitres soient modifiés, l'édition de 1678 apporte de nouvelles pensées par rapport à celle de 1670. Mais c'est encore, comme on le verra plus loin (voir n. 22 de la présente lettre), d'une édition postérieure, comprenant quelques additions, sans modification du nombre des pensées, que s'est servi Voltaire. Comme Lanson, nous donnons les références qui suivent à l'édition Desprez et Desessarts, Paris, 1714, in-12, qui est la plus courante lorsque Voltaire écrit et qui contient ces additions. On a ajouté le numéro de l'édition Brunschvicg, donné par Lanson, et celui de la meilleure édition actuelle disponible, établie par Michel Le Guern (2 vol., collection Folio, 1977).

2. Il est impossible de préciser quand Voltaire a écrit ces remarques ; ce n'est qu'à propos de la remarque VI que le sujet pourra être abordé. La première mention qu'en fasse Voltaire apparaît le 1er juillet 1733 (voir la préface, p. 25). C'est à ce moment aussi qu'il en annonce l'envoi à Thieriot, mais il était dès lors trop tard pour les introduire dans l'édition anglaise, qui était imprimée ; peut-être aussi Thieriot ne vit-il pas l'intérêt de les faire figurer dans des *Lettres sur des Anglais.*

Page 157.

3. Voltaire pense probablement au livre de l'abbé Houtteville, *La Vérité de la Religion chrétienne prouvée par les faits* (Paris, 1722, in-4°). On accusait l'auteur de forger des objections contre la religion chrétienne pour avoir la gloire de les réfuter. En outre, des critiques tels que Mathieu Marais, qui consacre à l'ouvrage plusieurs pages de son *Journal,* et l'abbé Desfontaines, dans le *Dictionnaire néologique,* lui reprochent une « obscurité métaphorique », une constante affectation, en un mot, comme dit Marais, un style « persévéramment étudié ».

4. A partir de 1739 et, pour la dernière phrase, de 1748, Voltaire substitue à cette dernière phrase un texte plus élaboré : « Au reste, on ne peut trop répéter ici combien il serait absurde et cruel de faire une affaire de parti de cette critique des *Pensées* de Pascal. Je n'ai de parti que la vérité. Je pense qu'il est très vrai que ce n'est pas à la métaphysique de prouver la vérité de la religion chrétienne, et que la raison est autant au-dessous de la foi que le fini est au-dessous de l'infini. Il ne s'agit ici que de raison, et c'est si peu de chose chez les hommes que cela ne vaut pas la peine de se fâcher. » Outre le rejet de l'accusation d'être antijanséniste, Voltaire souligne que son but est de prouver la faiblesse de la démarche pascalienne dans un domaine qui n'est pas de l'ordre de la raison. Il n'insiste pas sur un autre aspect de son propos, qui est d'encourager l'activité des hommes dans le domaine qui leur est imparti.

5. I : Port-Royal III, 1, p. 30 ; Brunschvicg 430 ; Le Guern 139.

6. Le recours aux dogmes siamois et le rapprochement entre leur dieu Sommonocodon et le Christ avaient été faits depuis le voyage au Siam du père Tachard en 1696 ; voir les nombreuses références à la religion siamoise dans les *Difficultés sur la religion* de Robert Challe.

7. Nouvelle allusion à l'abbé Houtteville ; voir n. 3 de la présente lettre.

8. Mais en refusant de « réduire » le christianisme à la métaphysique, Voltaire le réduit à une pure morale, vaguement inspirée par le déisme.

Page 158.

9. II : P.-R. III, 1, p. 31-32 ; B. 430 ; LG. 139.

10. III : P.-R. III, 8, p. 37 ; B. 434 ; LG. 122.

11. Même argument dans les *Difficultés sur la religion,* éd. cit. p. 163.

Page 159.

12. Le raisonnement est encore le même dans les *Difficultés sur la religion,* mais il est formulé d'une façon beaucoup plus imagée et plus vigoureuse ; ainsi, Robert Challe compare les passions au bois d'un arc qui « porte toutes les parties de la corde vers ses extrémités » et la raison à cette corde qui « résiste à l'effort et à l'impression de l'arc, le retenant dans son juste état » (p. 248).

13. IV : P.-R. III, 11-13, p. 38 ; B. 430 et 417 ; LG. 139 et 536.

Page 160.

14. *Duplicité* est en italique, parce qu'en dehors du sens moral, le mot est encore à l'époque un terme technique ; il se dit en optique d'un objet qu'on voit double.

Page 161.

15. V : P.-R. VII, 2, p. 51 ; B. 233 ; LG. 397.

16. Même argument dans les *Difficultés sur la religion :* « Je confesse que si je suis de ce petit nombre [d'élus], on peut me demander cet amour de Dieu ; mais il y a cent mille fois plus à craindre qu'à espérer » (p. 54). Voir aussi, p. 56, l'argumentation de Challe contre le pari.

Page 162.

17. VI : P.-R. VIII, 1, p. 57 ; B. 693 ; LG. 184.

18. Il s'agit de Falkener, si l'on en croit une note insérée à partir de l'édition de 1739 : « Il a depuis été ambassadeur et est devenu un homme très considérable. Sa lettre est de 1728. » Noter que Falkener ne se rendit à Constantinople qu'en 1733. Si Voltaire fait allusion à une lettre réelle de Falkener, il pourrait s'agir d'une lettre que celui-ci lui aurait envoyée pour le remercier de la dédicace de *Zaïre* (février 1733). Cette hypothèse, qui fournirait une date à la composition de cette remarque, reste pourtant fragile.

Page 163.

19. VII : P.-R. VIII, 1, p. 60 ; B. 619 ; LG. 424.

20. VIII : P.-R. VIII, 1, p. 62 ; B. 620 ; LG. 421.

Page 164.

21. C'est Henri Estienne qui, dans son *Thesaurus,* remarque que le mot de *nomos* est inconnu d'Homère et n'apparaît que dans Hésiode.

22. IX : P.-R. VIII, 2, p. 63 ; B. 631 et 630 ; LG. 422 et 454. On observera que la fin de cette pensée (depuis « Cependant ce livre ») n'apparaît pas dans l'édition de 1670 des *Pensées,* ni, si on peut se fier à la réédition de Georges Couton et Jean Jehasse (Saint-Étienne,

1971), dans celle de 1678. Elle se trouve dans l'édition de 1714 décrite plus haut (n. 1 de la présente lettre).

23. Dans les *Difficultés sur la religion*, Challe ajoute un argument : « Ce peuple garde de même le Talmud, rempli de folies bizarres et monstrueuses ; tous les autres peuples de la terre gardent eux-mêmes et leurs livres et leurs traditions chargées de commandements onéreux » (p. 154).

Page 165.

24. X : P.-R. IX, 3, p. 65 ; B. 479 ; LG. 525.

25. XI : P.-R. IX, 5, p. 66 ; B. 477 ; LG. 397.

26. Amour propre : Voltaire emploie encore ce mot en un sens neutre, non défavorable ; le sens « négatif » moderne apparaît notamment chez Jean-Jacques Rousseau.

27. Cette morale est celle des déistes anglais ; Shaftesbury écrit ainsi dans ses *Characteristics* (éd. de 1733), t. I, p. 121 : « The question wou'd not be who lov'd himself, or who not ? but who lov'd and serv'd himself the rightest, and after the truest manner. »

Page 166.

28. XII : P.-R. X, 12, p. 74 ; B. 571 ; LG. 456.

29. Robert Challe exprime la même idée, mais, à son habitude, d'une façon plus concrète, par une transposition moderne : « Je n'ai qu'à écrire dans toutes les îles de l'Archipel que je suis le libérateur qui leur a été promis, que je viens sauver et délivrer de la servitude où languit le reste de ce peuple autrefois si célèbre, etc. Ils entendront sans doute que je vaincrai les Turcs, et leur rendrai leurs places, leur liberté. Point du tout, ils resteront le jouet d'une nation barbare qui les pille, leur enlève leurs biens, leurs femmes, leurs enfants, mais je débiterai des paraboles et je leur dirai ensuite : *C'est de vos péchés que je viens vous délivrer, c'est de la servitude de Satan.* »

30. XIII : P.-R. X, 13, p. 76 ; B. 757 ; LG. 244.

Page 167.

31. A partir de 1739, Voltaire remplace cet alinéa par un texte qui, à de légères variantes près, subsistera d'édition en édition pour aboutir au texte suivant de Kehl : « *Cette génération ne passera pas que ces choses ne soient accomplies.* Cependant la génération passa, et ces choses ne s'accomplirent point. En quelque temps que saint Luc ait écrit, il est certain que Titus prit Jérusalem, et qu'on ne vit ni de signes dans les étoiles, ni le *Fils de l'Homme* dans les nuées. Mais enfin si ce second avènement n'est point arrivé, si cette prédiction ne s'est point accomplie, c'est à nous de nous taire, de ne point interroger la Providence, et de croire tout ce que l'Église enseigne. » La satire se montre plus à découvert dans cette version.

32. XIV : P.-R., X, 18, p. 78 ; B. 607 ; LG. 270.
33. XV : P.-R. XIII, 2, p. 84 ; B. 642 ; LG. 257.

Page 168.

34. Ce qui signifie que la religion n'est pas davantage prouvée même si nous avons quelque intelligence des prophéties.
35. XVI : P.-R. XIV, 1, p. 95 ; B. 793 ; LG. 290.
36. Si on se reporte au texte de Pascal qui suit, on s'aperçoit qu'il est beaucoup plus clair que ne le dit Voltaire.
37. XVII : P.-R. XVIII, 16, p. 126 ; B. 578 ; LG. 221.
38. Peut-être conscient de la faiblesse de cette remarque, Voltaire l'a complétée comme suit à partir de 1742 : « Que dirait-on à deux témoins qui se contrediraient ? On leur dirait : Vous n'êtes pas d'accord, mais certainement l'un de vous deux se trompe. »

Page 169.

39. XVIII : P.-R. XVIII, 19, p. 127 ; B. 565 ; LG. 410.
40. XIX : P.-R. XVIII, 19, p. 127 ; B. 585 ; LG. 227. En fait, Pascal a écrit « bien manifeste » ; ce sont les éditeurs de Port-Royal qui l'ont corrigé en écrivant « trop manifeste ».
41. XX : P.-R. XIX, 1, p. 128 ; B. 610 ; LG. 423.
42. XXI : P.-R. XXIV, 8, p. 160 ; B. 97 ; LG. 541.

Page 170.

43. XXII : P.-R. XXIV, 12, p. 162 ; B. 172 ; LG. 43.
44. C'est par le mot d' « espérance » que se terminera le *Poème sur le désastre de Lisbonne* (1756) :

> Un calife autrefois à son heure dernière
> Au dieu qu'il adorait dit pour toute prière :
> « Je t'apporte, ô seul roi, seul être illimité [...]
> Les défauts, les regrets, les maux et l'ignorance. »
> Mais il pouvait encore ajouter l'*espérance*.

45. XXIII : P.-R. XXVI, 1, p. 175 ; B. 139 ; LG. 126. Une fois de plus, l'expression relevée et critiquée par Voltaire, « nous ne voyons que nous », n'est pas de Pascal, mais des éditeurs de Port-Royal.

Page 171.

46. Dans la doctrine sensualiste.
47. XXIV : P.-R. XXVI, 1, p. 181 ; B. 139 ; LG. 126.

Page 172.

48. XXV : P.-R. XXVI, 1, p. 182 ; B. 139 ; LG. 126.
49. Boileau, *Épîtres*, I, v. 61-90.
50. XXVI : P.-R. XXVI, 1, p. 183-184 ; B. 139 ; LG. 126.
51. XXVII : P.-R. XXVI, 1, p. 183-184 ; B. 139 ; LG. 126.

Page 173.

52. XXVIII : P.-R. XXVIII, 20, p. 211 ; B. 199 ; LG. 405.
53. XXIX : P.-R. XXVIII, 27, p. 213 ; B. 556 ; LG 419.

Page 174.

54. Même argumentation dans les *Difficultés sur la religion* de Challe, p. 228, où les persécutions contre les chrétiens sont expliquées par leurs « actions purement fanatiques » qui « méritent des punitions dans tout État policé ».
55. XXX : P.-R. XXVIII, 43, p. 223 ; B. 63 ; LG. 574.
56. *Essais,* II, 3.
57. XXXI : P.-R. XXVIII 59, p. 229 ; B. 266 ; LG. 654.

Page 175.

58. *Genèse,* XV, 5.
59. L'ouvrage de Flamsteed, *Historia cœlestis britannica* (1725, 3 vol. in-fol), comportait un catalogue contenant, aux dires de l'annonce du *Daily Post* du 27 février 1727, « plus de trois mille étoiles fixes ».
60. XXXII : P.-R. XXVIII, 71, p. 233 ; B. 194 ; LG. 403.
61. XXXIII : P.-R. XXVIII, 72, p. 233 ; B. 593 ; LG. 672.
62. Même argumentation générale chez Robert Challe dans les *Difficultés sur la religion,* p. 181, même allusion à Flavius Josèphe, ou plus exactement au « témoignage fourré dans Josèphe ». Voltaire fait plus précisément allusion à ce « témoignage » — le *Testimonium Flavianum* dans les *Antiquitates Judaicæ,* XVIII, 63-64 — dans l'article « christianisme » du *Dictionnaire philosophique :* « Plusieurs savants ont marqué leur surprise de ne trouver dans l'historien Josèphe aucune trace de Jésus-Christ ; car tout le monde convient aujourd'hui que le petit passage où il en est question dans son histoire est interpolé. » Si, effectivement, le témoignage de Flavius Josèphe ne peut être authentique dans la version qui en était connue au XVIIIe siècle, il se trouve pourtant qu'on a découvert récemment le texte original qui en confirme la teneur, sinon les termes. Le voici : « A cette époque vivait un sage nommé Jésus. Sa conduite était bonne, et il était renommé pour sa vertu [...]. Nombreux furent ceux qui parmi les juifs et les autres nations devinrent ses disciples. Pilate le condamna à être crucifié et à mourir. Mais ceux qui étaient ses disciples ne cessèrent pas de suivre son enseignement. Ils rapportèrent qu'il leur était apparu trois jours après sa crucifixion et qu'il était vivant ; par conséquent il était peut-être le Messie, celui dont les prophètes ont rapporté tant de merveilles. » Cf. Shlomo Pines, *An Arabic Version of the Testimonium Flavianum and its Implications* (Jérusalem, 1971).
63. XXXIV : P.-R. XXIX, 1, p. 236 ; B. 327 ; LG. 77.

Page 176.

64. XXXV : P.-R. XXIX, 18, p. 243 ; B. 170 ; LG. 123.
65. XXXVI : P.-R. XXIX, 21, p. 244 ; B. 378 ; LG. 468.

Page 177.

66. Voltaire, qui s'est moqué d'Aristote, recourt à une distinction qui vient de lui, celle du « juste milieu », qui n'est pas une moyenne (*mesotès*), mais un point délicat à trouver quelque part entre deux extrêmes (*akrotès*). Ainsi, le courage est entre la lâcheté et la témérité, mais plus près de la seconde que de la première.
67. XXXVII : P.-R. XXIX, 29, p. 248 ; B. 165 ; LG. 702.
68. XXXVIII : P.-R. XXIX, 35, p. 251 ; B. 180 ; LG. 598.
69. XXXIX : P.-R. XXIX, 40, p. 253 ; B. 68 ; LG. 652.

Page 178.

70. *In cauda venenum.* En un mot, Voltaire rappelle toute « l'attention qu'on a à préoccuper l'esprit des enfants avant qu'ils soient en état de juger de ce qu'on leur propose », comme dit Robert Challe dans ses *Difficultés sur la religion*, p. 47.
71. XL : P.-R. XXIX, 41, p. 253 ; B. 62 ; LG. 653.
72. Nicole dans la *Logique de Port-Royal*, III, 20 ; Malebranche dans la *Recherche de la vérité*, II, III, 5.

Page 179.

73. XLI : P.-R. XXVII, 16, p. 198 ; B. 817 ; LG. 625.
74. XLII : P.-R. XXIX, 42, p. 254 ; B. 383 ; LG. 591.
75. Voltaire remplace la morale de l'Évangile (« Aime ton prochain comme toi-même ») par une morale commune.
76. XLIII : P.-R. XXIX, 48, p. 255 ; B. 156 ; LG. 27. Traduction de la citation latine qui, contrairement à ce que croit Voltaire, n'est pas de Tacite mais de Tite-Live, XXXIV, 17 : « nation farouche, qui ne comprend pas la vie sans le port des armes ». Il s'agit de nations auxquelles il avait été interdit de porter les armes, et dont plusieurs membres se tuèrent pour ne pas obéir. Le mot est rapporté par Montaigne, *Essais*, I, 14.
77. XLIV : P.-R. XXXI, 1, p. 277 ; B. 7 ; LG. 465.

Page 180.

78. XLV : P.-R. XXXI, 2, p. 278 ; B. 2 ; LG. 465.
79. XLVI : P.-R. XXXI, 3, p. 281 ; B. 166 ; LG. 128.
80. XLVII : P.-R. XXXI, 5, p. 282 ; B. 392 ; LG. 100. Noter que la mention de la neige et de la couleur blanche a été introduite dans l'édition de Port-Royal : elle ne se trouve pas dans le manuscrit de Pascal. Du reste, Voltaire a supprimé sa remarque dès l'édition Ledet de 1739 en 4 vol.
81. XLVIII : P.-R. XXXI, 6, p. 283 ; B. 274 ; LG. 470.

Page 181.

82. XLIX : P.-R. XXXI, 7, p. 283 ; B. 5 ; LG. 472.
83. L : P.-R. XXXI, 14, p. 285 ; B. 132 ; LG. 45.

Page 182.

84. LI : P.-R. XXXI, 21, p. 288 ; B. 393 ; LG. 656.
85. LII : P.-R. XXXI, 23, p. 288 ; B. 358 ; LG. 572.
86. LIII : P.-R. XXXI, 25, p. 288 ; B. 401 ; LG. 579.
87. LIV : P.-R. XXXI, 27, p. 292 ; B. 72 ; LG. 185.
88. Horace, *Épîtres,* I, 1, v. 28-29. Traduction : « Même si tu ne peux rivaliser pour la vue avec Lyncée, ce n'est pas une raison pour ne pas bassiner tes yeux chassieux. » — Dans la citation, l'édition Jore omet le mot *oculo.*

Page 183.

89. LV : P.-R. XXXI, 29, p. 293 ; B. 39 ; LG. 641.
90. LVI : P.-R. XXXI, 27, p. 292 ; B. 72 ; LG. 185.

Page 184.

91. LVII : P.-R. XXXI, 38, p. 296 ; B. 33 ; LG. 500. Noter la forme ancienne « médecinale » pour « médicinale ».

92. Voltaire crut, plus tard, pouvoir développer ses remarques sur les *Pensées.* On trouvera en appendice 4 celles de ces additions qui se rattachent véritablement à l'histoire des *Lettres philosophiques,* à savoir celles de 1739 et 1742. En outre, à la fin de sa vie, la publication par Condorcet d'une édition des *Pensées* — qui n'apportait du reste rien de nouveau, sauf le texte de l' « amulette trouvée dans l'habit de Pascal » — lui donna l'occasion de produire, en 1777, des *Dernières remarques,* au nombre de cent vingt-huit, dont quatre-vingt-quatorze seulement portent sur Pascal, les autres visant des textes de Condorcet ou des *Réflexions* attribuées à Fontenelle. Elles rappellent les thèses déjà soutenues : l'esprit humain est limité ; il ne peut atteindre à la certitude, mais doit s'en tenir aux probabilités. Il durcit les attaques contre la foi, traitée d' « anéantissement » et menant l'homme à « se mentir à soi-même ». Selon un mot de Naves, Voltaire, « endurci par la lutte », ne prend plus de ménagements, mais pense que le temps est venu pour lui de « dire la vérité », ou du moins sa vérité.

APPENDICES

1. UNE « AVANT-LETTRE ANGLAISE »

Page 204.

1. Le libraire Curll fut poursuivi pour avoir publié divers ouvrages, parmi lesquels *The Nun in her Smock,* traduction de *La Religieuse en chemise,* par l'abbé Duprat [Barrin] (Cologne, 1683). L'affaire est rapportée par différents numéros du *Daily Journal* de février 1728 (2211, 2219, 2221).

2. Le surplis symbolise le culte anglican.

3. Voltaire pense à l'effort fait par Charles II pour installer certains catholiques dans les universités (notamment le bénédictin Alban Francis à Cambridge), en dépit du serment qui était exigé pour obtenir quelque charge que ce soit.

4. Pendre tous ceux qui s'opposaient au roi sur le plan politique en se déclarant en faveur du pape, brûler tous ceux qui se déclaraient contre les dogmes de l'Église catholique conservés par les anglicans, et notamment celui de la transsubstantiation, de la Trinité, etc.

2 PREMIÈRE VERSION DE LA LETTRE SUR LOCKE

Page 210.

1. L'opinion de saint Augustin, qui niait la possibilité que des hommes vécussent aux antipodes (sans pourtant damner ceux qui le prétendaient ; voir *La Cité de Dieu,* XVI, 9), est souvent alléguée par les adversaires du christianisme ; voir par exemple Robert Challe, *Difficultés sur la religion* éd. cit., p. 132 et 243.

Page 211.

2. Sur les modifications que Voltaire apporta à cette liste, voir n. 16 de la lettre XIII

3. NOUVELLE FIN DE LA LETTRE SUR LOCKE (1748)

Page 213.

1. Vers d'Ovide, *Métamorphoses,* VI, 67 ; traduction : « [Dans le tissu d'Arachné, mille couleurs brillent ; mais la transition entre ces couleurs échappe à l'œil qui contemple ce spectacle,] tant, au point de contact, elles se confondent ; et pourtant, entre les plus éloignées, grande est la différence. »

Page 215.

2. Voltaire évoque souvent les gymnosophistes, dont l'école, dit-il dans l'*Essai sur les mœurs* (éd. Pomeau, Classiques Garnier, t. II, p. 406), subsiste encore sur les bords du Gange dans la grande ville de Bénarès. « Ils admettent des génies, ajoute-t-il, comme les premiers Persans. Ils enseignent à leurs disciples que toutes les idoles ne sont faites que pour fixer l'attention des peuples, et ne sont que des emblèmes divers d'un même dieu ; mais ils cachent au peuple cette théologie sage qui ne leur produirait rien, et l'abandonnent à des erreurs qui leur sont utiles. » Voir aussi la *Lettre d'un Turc*, à peu près contemporaine du présent texte (*Romans et contes*, Pléiade, p. 131), et l'*Aventure indienne* (*ibid.*, p. 281).

3. Allusion au mythe exposé par Voltaire dans le *Songe de Platon* (*Romans et contes*, p. 15). Le grand Démiourgos, « l'éternel géomètre », après avoir « peuplé l'espace infini de globes innombrables », confie à ses subordonnés le soin de terminer l'ouvrage pour chaque planète. Chacun d'entre eux, comme Démogorgon avec la terre, ne peut faire qu'un travail imparfait, combinant « le bon et le mauvais ».

4. Vers de Sénèque, *Troas*, acte II, chœur final, v. 395. Toland, dans ses *Lettres à Serena*, p. 81-86, cite ce vers dans un passage où il évoque les sectes qui ont nié l'immortalité de l'âme. C'est peut-être là que Voltaire l'a trouvé.

Page 216.

5. Exilé de France, Bonneval était devenu commandant de l'artillerie du Sultan. Voltaire fut en correspondance avec lui en 1724, en 1739 et en 1745.

4. NOUVELLES REMARQUES SUR PASCAL

Page 216.

1. ADDITIONS DE 1739. I : Port-Royal III, 6, p. 35 ; Brunschvicg 434 ; Le Guern 122.

Page 217.

2. Voltaire reprendra cette idée dans une variante de 1756 à la lettre XXII à propos de Pope. Remplaçant les trois derniers paragraphes de cette lettre par un nouveau développement relatif à l'*Essai sur l'homme* de Pope, il écrit en effet : « J'ai été flatté, je l'avoue, de voir qu'il s'est rencontré avec moi dans une chose que j'avais dite il y a plusieurs années : " Vous vous étonnez que Dieu ait fait l'homme si borné, si ignorant, si peu heureux. Que ne vous étonnez-vous qu'il ne l'ait pas fait plus borné, plus ignorant et plus malheureux ? " »

3. II : P.-R. III, 9, p. 37 ; B. 445 ; LG. 589.

4. ADDITIONS DE 1742, premier groupe. I : P.-R. XXIX, 22, p. 224, B. 34 ; LG. 500.
5. II : P.-R. XXIX, 11, p. 241 ; B. 324 ; LG. 93.
6. III : P.-R. XXIII, 6, p. 157 ; B. 347 ; LG. 186.

Page 218.

7. IV : P.-R. XXVI, 1, p. 177 ; B. 139 ; LG. 126.
8. V : P.-R. XXVI, 1, p. 178 ; B. 142 ; LG. 127.
9. VI : P.-R. XXVII, 4, p. 189, B. 487 et 803 ; LG. 680.
10. VII : P.-R. XXVII, 17, p. 200 ; B. 852 ; LG. 696.
11. VIII : P.-R. XXVIII, 28, p. 213 ; B. 223 ; LG. 212.

Page 219.

12. Second groupe. I : Desmolets 302 ; *De l'esprit géométrique.*
13. Voltaire avait déjà procédé à des réfutations de cette pensée et des pensées faisant l'objet des remarques IV, V et VII ci-dessous dans une lettre à s'Gravesande du 1er août 1741 (*Correspondance*, lettre 1554, t. II, p. 576, qui fut publiée dans *Le Fanatisme, ou Mahomet le prophète,* Amsterdam, 1743, p. 106-112), en réponse à un ouvrage anonyme de D.-R. Boullier intitulé *Lettres sur les vrais principes de la religion, où l'on examine le livre de la religion essentielle à l'homme, avec la Défense des Pensées de Pascal contre la critique de Voltaire* (Amsterdam, 1741).
14. II : D. 306 ; B. 134 ; LG. 37.
15. III : D. 306 ; B. 82 ; LG. 41.
16. *Ad populum phaleras.* Citation fameuse de Perse, *Satires,* III, 26. Traduction : « Balivernes bonnes pour le peuple ! »
17. IV : D. 310 ; B. 233 ; LG. 397.

Page 220.

18. Cette « liste des athées » se trouve dans l'ouvrage *Athei detecti,* figurant dans les *Opera varia* du père Hardouin (Amsterdam, 1733).
19. V : D. 311 ; B. 231 ; LG. 397.
20. VI : D. 312 ; B. 628 ; LG. 407.
21. Il est curieux de voir, une fois de plus, que le même exemple est allégué par Robert Challe dans ses *Difficultés sur la religion,* p. 350, comme une de ces « choses manifestement fausses » utilisées pour « infatuer l'esprit des enfants ». C'est l'indice que les arguments employés par Voltaire contre le christianisme font partie d'un fond commun rebattu, transmis essentiellement par voie orale.
22. VII : D. 313 ; B. 556 ; LG. 419.
23. VIII : D. 329 ; B. 915 ; LG. 586.

LETTRES PHILOSOPHIQUES

DOSSIER

DU MÊME AUTEUR

Dans la même collection

ROMANS ET CONTES, *tome I* : Le Crocheteur borgne. Cosi-Sancta. Songe de Platon. Micromégas. Le Monde comme il va. Zadig ou la Destinée. Memnon ou la Sagesse humaine. Lettre d'un Turc. Histoire des voyages de Scarmentado. Les Deux Consolés. Histoire d'un bon bramin. Pot-pourri. Le Blanc et le noir. Jeannot et Colin. Petite digression. Aventure indienne. L'Ingénu. La Princesse de Babylone. *Édition présentée et établie par Frédéric Deloffre avec la collaboration de Jacques van den Heuvel et Jacqueline Hellegouarc'h.*

ROMANS ET CONTES, *tome II* : Candide ou l'Optimisme. L'Homme aux quarante écus. Les Lettres d'Amabed, etc. Le Taureau blanc. Aventure de la Mémoire. Éloge historique de la Raison. Les Oreilles du comte de Chesterfield et le chapelain Goudman. Histoire de Jenni ou le Sage et l'athée. *Postface de Roland Barthes. Édition établie par Frédéric Deloffre avec la collaboration de Jacques van den Heuvel et Jacqueline Hellegouarc'h.*

L'AFFAIRE CALAS et autres affaires : Traité sur la Tolérance. L'Affaire Sirven. Commentaire sur le Livre des délits et des peines de Beccaria. L'Affaire Lally. L'Affaire du chevalier de la Barre. *Édition présentée et établie par Jacques Van den Heuvel.*

LETTRES PHILOSOPHIQUES. *Édition présentée et établie par Frédéric Deloffre.*

DICTIONNAIRE PHILOSOPHIQUE. *Édition présentée et établie par Alain Pons.*

ZADIG OU LA DESTINÉE. *Édition présentée par Jacques Van den Heuvel. Texte établi par Frédéric Deloffre, avec la collaboration de Jacqueline Hellegouarc'h.*

CANDIDE OU L'OPTIMISME. *Édition présentée par Jacques Van den Heuvel. Texte établi par Frédéric Deloffre, avec la collaboration de Jacqueline Hellegouarc'h.*

Impression Bussière Camedan Imprimeries
à Saint-Amand (Cher),
le 20 décembre 2001.
Dépôt légal : décembre 2001.
1er dépôt légal dans la collection : janvier 1986.
Numéro d'imprimeur : 015804/1.
ISBN 2-07-037703-2./Imprimé en France.

10946